AF672744

Werner Schlief: **Xaver Spöttl** – Münchner Szenen

Werner Schlierf

Xaver Spöttl

Münchner Szenen

Lorgnon-Verlag

ISBN: 3-922045-14-6
Copyright Lorgnon Verlag, 85541 Kirchheim
Printed inGermany 2003
Satz: Franziska Steinkamm
Herstellung: Books on Demand GmbH
Bühnenrechte: Lorgnon-Verlag
Alle Rechte vorbehalten
Umschlag nach einem Aquarell von Werner Schlierf

INHALT::

Vorwort

Ein Schauspieler hat das gewisse „Gespür“ dafür, was beim Publikum ankommt und was nicht. Wenn es darüber hinaus auch noch literarisch ist, umso besser. Als ich Werner Schlierfs „Xaver Spöttl“ 1978 zum ersten Mal las, spürte ich, dass diese Figur Aussage hat. Und deshalb spielte ich sie auch. Und der Erfolg gab mir Recht.
Xaver Spöttl ist ein Münchner, der kritisch denkt, ohne eine politische Richtung zu vertreten. Er lässt sich also die Freiheit offen, nach rechts und links zu schießen. Und das ist das Menschliche an ihm.
Im Vordergrund steht immer der Mensch. Das ist sein Anliegen und daran hält er fest. Dass er zwischendurch auch melancholisch und philosophisch ist – und wer ist das schon nicht – macht ihn umso liebenswerter.
Ein Rezensent bezeichnete Xaver Spöttl einmal als „Wanderer zwischen Karl Valentin und Sigi Sommer“.
Vergleiche hinken zwar meist, aber dieser scheint mit gut getroffen zu sein. Ich jedenfalls schlüpfe gerne in die Rolle dieses kauzigen Münchners, den ich 1980 auf der „Kleinen Bühne Schwabings“, zusammen mit Marianne Lindner und Werner Rom aus der Taufe hob.

Willy Harlander

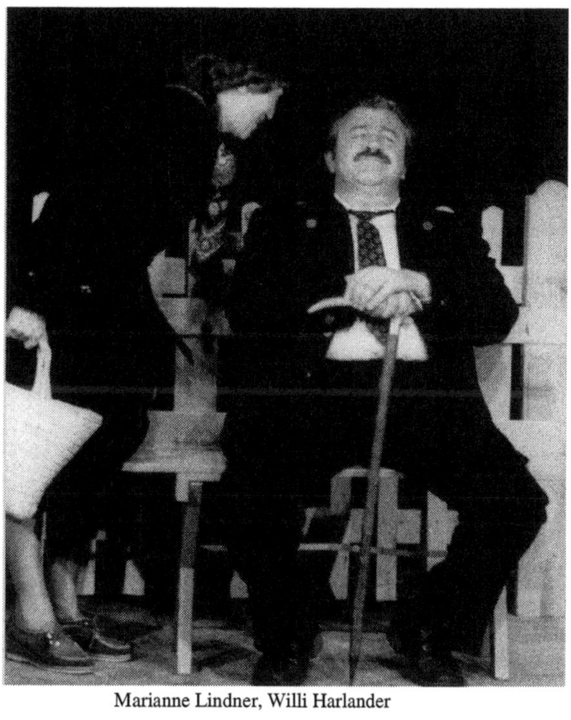

Marianne Lindner, Willi Harlander

Xaver Spöttl stellt sich vor

(Xaver Spöttl schlendert auf die Bühne. Er zündet sich eine Zigarette an und macht einige genussvolle Züge.)

Eingli soit i ja nimmer raucha. Da Arzt moant, daß's Spätschäden gebn kaannt. Spätschäden! – Wann denn? – Heit bin i 50 Jahr oid und spür no nix davo. – Oiß a Kaas. Da oane stirbt am Lungakrebs und den andern fahrt a Auterl z'zamm. Is oans wias ander.
(grinst) Da hab i erst vor kurzem von am Bekannten was Originells erfahrn. Da hat sich so a reicher Industrieller von Norddeutschland drobn'n an' Atombunker mit alle Raffinessen baut. Totsicher! – In dem er's leicht a hoiberts Jahr ausghoitn hätt. Der waar net amoi mit ara Pershing Zwoa im Totalzuih zum Kaputtmacha gwen! – So stabil war der baut! - Aber stelln'S Eahna vor, wia er wieder amoi in sein' Bunker ganga is, zur Probe sozusagn, da foit eahm de schwaare Tür ins Kreiz und er war maustot!
Oiso da raach i scho liaba mei Zigaretterl weida, weil a Lungakrebs guit aa fürs Sterbn. Aber bis heit spann i no nix davo; i bin no guat im Zeigl! – Trotz meiner 5o Jahr.
I find, daß jeder toa soi, was er mag. De Freiheit muaß einfach sei. – Und de ekelhaftesten Nichtraucher san de, de früaher graacht habn wia da Elfezug nach Hagelgnack!
(zieht von der Zigarette; sinnend) 5o Jahr bin i jetzt oid. – Wenn i mir des vorstell! Zwoa Drittel vo meim Leben hab i scho hinter mi bracht. Und wahrscheinlich de zwoa bestn Drittel!
Wia de Zeit eingli vergeht? Es is net zum Glaabn. I moan grad, daß oiß erst gestern gwen waar?
Wenn i mir vorstell, dass ma eingli bloß 70 Weihnachtn auf dem scheena blaua Planetn zuabringa, na kaant i lacha! 70 Weihnachtn! – Was is denn dees scho? – Nix, taat i sagn. – A Schoaßerl vo da Ewigkeit. Und obndrei spring ma mit dene lausign 70 Jaahrl no um, daß' da Sau graust!
(Drückt seine Zigarette aus) Mein Gott, was ma oiß o'gstellt hat ois junger Mensch! Und mit was für Augn daß ma Welt o'gschaut hat! Mit oam Schlag hätt ma oiß verändern woin! Dees steckt in alle junga Leit drin! – Bis oam dann s'Leben d'Zähn zoagt und ma ganz langsam einsehgn muaß, daß hoit net unbedingt oiß Neie aa dees Beste ist.
Heit woaß i, dass dees mit ara kritischn Lebenseinstellung gar nix zum Toa hat.
Ma konn nämlich gega oiß schimpfa, aber wenn ma koa Alternative zum O'bietn hat, na bleibt's hoit bloß a blöds Gemotze.
Natürlich bin i aa heit no kritisch und i zreiß ma s'Mäu, wenn ma was gegan Strich geht. Und da nimm i auf koan' Rücksicht, ganz wurscht, ob er schwarz oder rot is!
Erst neilings is ma wieder was komisch passiert. Und des möcht i Eahne jetzt verzähln…

Gespräch am Zaun

Personen: Xaver Spöttl
Junger Mann

(Junger Mann klingelt am Gartenzaun; Xaver Spöttl erscheint.)

XAVER SPÖTTL: Grüaß Good.
JUNGER MANN: Guten Tag. Sind Sie Herr Spöttl?
XAVER SPÖTTL: Warum?
JUNGER MANN: Nun, auf dem Schild steht „Spöttl".
XAVER SPÖTTL: Genau. Und der bin i aa. Was wolln'S denn von mir, wenn i fragen derf?
JUNGER MANN: Haben Sie ein paar Minuten Zeit für mich?
XAVER SPÖTTL: An Staubsauger kaaf i fei koan. Dees sag i Eahna glei.
JUNGER MANN: Aber nein. Ich will Ihnen doch keinen Staubsauger verkaufen. Nur ein paar Minuten ja?
XAVER SPÖTTL: Oiso guat. A paar Minutn. – Aba net länger!
JUNGER MANN: Gewiss nicht. Nur ein paar Minuten.
XAVER SPÖTTL: Na schiaßn'S los. – Worum geht's'n?
JUNGER MANN: Ich bin soeben aus Stadelheim entlassen worden.
XAVER SPÖTTL: Dees siehgt ma Eahna gar net o. Was habn'S denn ausgfressn?
JUNGER MANN: Darum geht es nicht.
XAVER SPÖTTL: Net? – Um was nacha? Wenn'S scho im Gfängnis warn?
JUNGER MANN: *(anzüglich)* Haben Sie etwa gegen die Resozialisierung von Strafgefangenen etwas?
XAVER SPÖTTL: I? Wia kemma'S denn da drauf? – Dees is mir doch wurscht.
JUNGER MANN: Das sollte Ihnen aber nicht egal sein. Nehmen Sie mich als Beispiel. Ich bemühe mich, wieder Fuß zu fassen in der Gesellschaft.
XAVER SPÖTTL: Na is's ja recht. Aba was geht denn dees mi o?
JUNGER MANN: Solche Leute, wie Sie, Herr Spöttl, machen es ehemaligen Sträflingen sehr schwer, wieder Boden untger die Füße zu bekommen.
XAVER SPÖTTL: Geh redn'S koan soichan Schmarrn. Dees hättn'S Eahna vorher überlegn soin, na waarn'S gar net erst nach Stadlheim kumma. Da konn doch i net krank sei dafür.
JUNGER MANN: Diese satte Gesellschaft, zu der Sie letztlich auch gehören, hatte mich auf die schiefe Bahn gebracht.
XAVER SPÖTTL: Oiso, unverschämt wenn'S werdn, na kenna'S mi gernhabn. Eahm schaugts o, zerscht oan daschlagn, na eigsperrt werdn und na mi dafür verantwortlich macha. Dees is ja dees allerschöna.
JUNGER MANN: Ich sehe schon, dass Sie für Gestrauchelte kein Verständnis aufbringen wollen. – Das ist aber sehr traurig.
XAVER SPÖTTL: Jetzt wenn'S no a Zeitlang weiter redn, na bin i so weit, dass i mi schuidig fuih.
JUNGER MANN: Das sollten Sie auch. Denn es liegt auch an Ihnen, wenn ich wieder rückfällig werde.
XAVER SPÖTTL: Wia moana'S jetzt dees?
JUNGER MANN: Wie ich es gesagt habe.
XAVER SPÖTTL: San Sie vielleicht vo da Zeitung?
JUNGER MANN: Nein, ich bin ein ehemaliger Sträfling.
XAVER SPÖTTL: Was woin'S denn eingli von mir? I konn Eahna net helfa. Bis jetzt hab i koa Wort vastandn, vo dem wo Sie oiwei gredt habn.

JUNGER MANN: Sie lassen mich ja gar nicht zu Wort kommen, guter Mann.
XAVER SPÖTTL: Jetzt langt's ma aba. Wenn'S unverschämt werdn, na kenna'S Eahna glei wieda schleicha. I habs Eahna scho amoi gsagt. – Jetzt redn'S endlich, sunst geh i wieda.
JUNGER MANN: Das ist trarig. Sehr, sehr traurig.
XAVER SPÖTTL: *(wird allmählich wütend)* Nix is traurig, zefix nomoi eini! Was woin'S denn eingli vo mir? Wenn ma Eahna eigsperrt hat, na werd dees aa sein Grund ghabt habn. Für nix und wieda nix sperrt ma heit neamd mehr ei. Suacha'S Eahna a Arbat, na finden'S scho wieda nei in de Gesellschaft, wia'S so schee gsagt haben.
JUNGER MANN: Ich arbeit ja schon wieder.
XAVER SPÖTTL: Davo merk i aba herzlich wenig. Sie habn scheinbar vui mehra Zeit wia i. *(will ab)*
JUNGER MANN: Bitte gehen Sie noch nicht. Geben Sie mir noch eine Chance.
XAVER SPÖTTL: I wissat net wia?
JUNGER MANN: *(kramt aus seiner Tasche drei Illustrierte hervor)* Sehen Sie, ich habe mir ein kleines Zimmer gemietet, für das ich im Voraus einhundert Mark bezahlen muss. Wenn ich das Geld nicht aufbringen kann, setzt man mich wieder an die frische Luft. – Und der nächste Schritt ist dann wieder das Gefängnis.
XAVER SOÖTTL: Aha, daher waaht da Wind. – Sie san da vielleicht a raffinierts Bürscherl. I sag ja oiwei wieda, ma lernt net aus. – A Illustrierte wolln'S ma o'drahn. Und da scheicha'S koa Mittl und lüagn dees Blaue vom Himmi runter. Ja schaama'S Eahna denn gar net? A junger Mensch und net arbatn mögn?
JUNGER MANN: Ich komme wirklich von Stadelheim.
XAVER SPÖTTL: Dees glaab i Eahna jetzt herzlich gern. Mit soichane Praktikn muaß ma ja eigsperrt werdn.
JUNGER MANN: Wenn Sie mir keine Illustrierte für ein Jahr abnehmen, dann weiß ich wirkllich nicht, was geschehen wird.
XAVER SPÖTTL: *(lauter)* Aba i woaß dees ganz genau sogar. Wenn'S Eahna nämlich jetzt net sofort schleicha, nacha ruaf i d'Polizei o und na san'S schneller wieda dort, ois wia'S glaabn! – So a unverschämter Lackl!
JUNGER MANN: *(packt seine Zeitungen rasch zusammen)* Na na, nun beruhigen Sie sich nur wieder, mein Bester. Wenn Sie mir Ihre Hilfe verweigern, müssen Sie das schon mit Ihrem Gewissen alleine ausmachen.
XAVER SPÖTTL: Eahna gib i glei an „Besten"! Solche Leit wia Sie, de tragn dazua bei, dass ma koan Menschn mehr üban Weg traut. De Welt wird doch von Tag zu Tag schlechter.
JUNGER MANN: *(im Abgehen)* Behalte Deine Weisheiten für Dich, kalter Knacker …
XAVER SPÖTTL: Gscheerter Lackl, gscheerter! Arbatsscheier …

Xaver Spöttl beim Zahnarzt

Personen: Xaver Spöttl
Zahnärztin

ZAHNÄRZTIN: Waren Sie schon einmal bei mir in Behandlung?
XAVER SPÖTTL: Naa, bis jetzt net.
ZAHNÄRZTIN: Ihren Namen bitte ...
XAVER SPÖTTL: Xaver Spöttl ...
ZAHNÄRZTIN: Geboren?
XAVER SPÖTTL: Ja
ZAHNÄRZTIN: Wo?
XAVER SPOÖTTL: In München.
ZAHNÄRZTIN: Ein Münchner also
XAVER SPÖTTL: No ja, wenn ma scho da lebt ...
ZAHNÄRZTIN: Nun, Herr Spöttl, wo fehlt es uns denn?
XAVER SPÖTTL: Es is eingli bloß der Zahn. Der muaß raus! Und zwar schnell!
ZAHNÄRZTIN: Welcher ist es denn?
XAVER SPÖTTL: Der da hint' is. Der Stockzahn ...
ZAHNÄRZTIN: Aha, das ist aber ein Weisheitszahn ...
XAVER SPÖTTL: So so. Aber dees is mir wurscht. Raus muaß er!
ZAHNÄRZTIN: Der hat eine ganz nette Wurzel. Da muss ich Lachgas geben, sonst ertragen Sie den Schmerz nicht.
XAVER SPÖTTL: Lachgas? Ja was waar denn dees! Nia im Leben! – I konn a'n Schmerz vertragn. Damois, in Afrika, da hat ma a Dokta a Kugl ohne Narkose aus'm Fuaß zogn! – Wissen'S, dees war a so ...
ZAHNÄRZTIN: Ja ja, das glaube ich Ihnen gerne. Aber spritzen müssen wir auf jeden Fall.
XAVER SPÖTTL: Was kost'n dees?
ZAHNÄRZTIN: Eine Einspritzung kostet Neunundvierzigmarkneunzig ...
XAVER SPÖTTL: Und s'Reißn?
ZAHNÄRZTIN: Das kostet Neunundneunzigmarkneunzig
XAVER SPÖTTL: Na reiß' m'an bloß!
ZAHNÄRZTIN: Das halten Sie nicht aus, mein Guter. Der Zahn hat eine Wurzel wie eine Eiche.
XAVER SPÖTTL: Dees is mir wurscht. I konn an Schmerz vertragn: Damois ...
ZAHNÄRZTIN: Gewiss, gewiss, ich weiß. Damals in Afrika ... Aber das ist etwas ganz anderes. Im Kopf laufen die Nerven zusammen. Da schmerzt es ganz erbärmlich.
XAVER SPÖTTL: Im Kopf sagn Sie? Aha. Aber wia gsagt, i konn scho an Schmerz vertragn. Damois...
ZAHNÄRZTIN: Ich glaube Ihnen ja, dass Sie tapfer sind. Aber diesen Schmerz halten Sie nicht aus. So verstehen Sie doch!
XAVER SPÖTTL: Frau Dokta, i sag Eahna, mir reißn ohne Spritzn. I mach koan Muxa.
ZAHNÄRZTIN: Wenn Sie auch keinen Muxer machen, und wenn Sie auch schmerzunempfindlich sind, einen Schrei tun Sie. Das kann ich Ihnen versichern. Da wären Sie der Erste! – Der Schmerz ist einfach zu stark ...
XAVER SPÖTTL: Frau Dokta, jetzt hab i's Eahna scho a paarmoi gsagt, mir reißn bloß. Und wenn i nur den leisesten Schroa tua, na kriagn Sie von mir extra an Hunderter! OK?
ZAHNÄRZTIN: Also gut. Es hat ja keinen Zweck, Dann reiße ich Ihnen eben den Weisheitszahn ohne Spritze. Das ist das erste Mal in meiner Praxis. Und wenn Sie

tatsächlich keinen Schrei tun, dann erlasse ich Ihnen mein Honorar. Denn dann haben Sie wirklich keinerlei Schmerzempfinden und das zu erleben, ist mir Neunundneunzigmarkneunzig wert.

XAVER SPÖTTL: Oiso, na reiß ma! Nimma z'lang wartn!

ZAHNÄRZTIN: Aber nicht schreien, sonst werden meine Patienten im Wartezimmer unruhig.

XAVER SPÖTTL: I schrei net. Und dees mim Honorar, guit dees?

ZAHNÄRZTIN: Jawohl, das gilt.

XAVER SPÖTTL: Na is oiß recht. Oiso, fang ma o!

ZAHNÄRZTIN: Menschenskind, sitzt dieser Zahn fest. Tut mir leid, aber ich muss ihn lockern! Wie ich schon sagte: eine Wurzel wie eine Eiche! Na endlich, da haben wir ihn ja! Ein schöner Brocken.

XAVER SPÖTTL: Wie, zoagn'S m'an amoi? Ja is dees a Lackl!

ZAHNÄRZTIN: Sie sind mir ein Rätsel. Haben Sie denn wirklich nichts gespürt?

XAVER SPÖTTL: Rein gar nix. Net amoi a bröckl ...

ZAHNÄRZTIN: Haben Sie vielleicht zuvor eine starke Dosis Schmerztabletten geschluckt?

XAVER SPÖTTL: Naa, net oane.

ZAHNÄRZTIN: Warum grinsen Sie denn so? Irgendetwas kann da nicht stimmen.

XAVER SPÖTTL: Oiß stimmt, Frau Dokta. Oiß. Aber was is jetzt, muaß i was zoihn oder net?

ZAHNÄRZTIN: Natürlich brauchen Sie nichts zu bezahlen. Mein Wort gilt. Interessieren würde mich allerdings schon, weshalb Sie nicht den leisesten Schmerz verspürt haben?

XAVER SPÖTTL: Oiso, dees mim Honorar bleibt dabei?

ZAHNÄRZTIN: Gewiss, gewiss ...

XAVER SPÖTTL: Guat, na sag i Eahna, warum i nix gspürt hab. Gestern hat dees verdammte Zahnweh o'gfangt. Und heit hab i's nimmer ausghoitn. Da bin i zu Eahnara Konkurrenz ganga, weil der näher bei mir is. I hab g'fragt, was as Zahnreißn mit Spritzn kost. Da hat er gesagt, daß bei eahm a Spritzn Neinavierzgmarkneinzge kost, und s'Reißen Neinaneinzgmarkneinzge. Unterdessen hat er mi scho gspritzt ghabt.

Da hab i zu eahm gsagt, dass dees ganz schee teier waar und daß Sie garantiert net so vui verlanga taan.

Da hat er gesagt, daß dees net wahr waar, und Sie genau so teier waarn wia er.

Da hab i zu eahm gsagt, daß i mit eahm wettert, dass ma Sie an Zahn glatt umasunst reißn taan. Sozusagen aus purer Menschlichkeit. Und da hat er gsagt, daß i dees ruhig versucha soit und wenn i's zammbraacht, na brauch i eahm de Spritzn aa net zoihn. Und Sie sehgn ja selber, i habs zammbracht!

Oiso, Pfüad Eahna, Frau Doktar.

Schulsystem

Personen: Xaver Spöttl
Tischnachbar
(Ort: Im Wienerwald)

XAVER SPÖTTL: *(schiebt denTeller mit den abgenagten Knochen auf die Seite)* Heit hat er wieda gschmeckt wie ra Fisch, da Gickerl. *(reinigt sich die Finger)* Und oiwei lass i mi wieda dazua verleitn, dass i oan iss.

TISCHNACHBAR: *(überprüft die Rechnung)* Und zsammzähln kennas aa nimmer. Waar ja koa Wunder, wenn's lauter Fremdarbeiter ogstellt haben. – Geh, Herr Nachbar, zähln'S doch amoi Sie nach. Für mi hat se de Bedienung um zwoa Mark varechnet. Zu ihren Ungunsten.

XAVER SPÖTTL: *(addiert)* Nadürle. Genau um zwoa Mark. Ma sollt's eahna direkt nimma zruckgebn; ois Straf'. Aber ma konn halt net so sei.

TISCHNACHBAR: Zum Mond fliagn's aufi, aber zsammzähln kenna's nimma. Es is a Kreiz auf da Welt. Glaabn'S Herr Nachbar, manchmoi bin i froh, dass i scho so alt bin.

XAVER SPÖTTL: Dees kummt daher, weil's in da Schui scho elektronisch rechnen. Woher solln's na no zsammzähln kenna? – Mei Enkl geht aufs Gymnasium. I kaant Eahna a Liadl singa.

TISCHNACHBAR: Und mei Enkl, da kleana, lernt in da Volksschui net amoi mehr s'Alphabet. Der werd se amoi schwer toa, wenn er später amoi a Kartei eiordnen muaß.

XAVER SPÖTTL: Und dabei verlangers oiwei mehra vo de junga Leit. I sag's Eahna wia's is, Herr Nachbar, mir teans heitzutag fast leid. An soichan Stress hat's zu unserer Zeit no net gebn in da Schui. Da braucht ma se gar net wundern, wenn d'Mannsbuida mit dreißg Jahr impotent san, wenn's nix anders mehr im Kopf habn, ois wia Formeln und Gleichunga.

TISCHNACHBAR: Mir habn aa lerna müaßn in da Schui. Aber net so vui Kaas, ois wia eahna heit eitrichtert werd. Heitzutag werdn d'Kinder dressiert.

XAVER SPÖTTL: Freili habn ma aa lerna müaßn. Da sag i ja nix. A junga Mensch muaß lerna. Aber heit muaßt ja scho studiern, wennst a Bäcker werdn wuist. I siehgs no kumma, daß d'Straßenkehrer a Abitur braucha.

TISCHNACHBAR: Da haben'S recht. Denn d'Dreckarbat muaß ja schließlich aa to werdn. Und wenn no sovui studiern.

XAVER SPÖTTL: Für mi is irgendwo da Wurm drin. Mit'n Einipauka alloa erreicht ma garantiert nix. Da valiert ma schee langsam an Blick für's Reelle. Meines Erachtens müaßert da a neis Schulsystem erarbat werdn. Und dees gaang scho bei de Lehrer los. San ma doch amoi ehrlich, wia vui Lehrer habn denn von da Pädagogik no a Ahnung? In erster Linie muaß a Lehrer doch a Einfühlungsvermögn zu de junga Leit haben. Und da beißt's scho greislich aus heitzutag. Psychologie moan i, Herr Nachbar, verstehnga'S mi?

TISCHNACHBAR: Und ob i Eahna versteh. Dees gleiche sag i ja aa oiwei. Aber mir oidn Dackl glaabt ma ja nix mehr.

XAVER SPÖTTL: Dees is ja des Traurige. Schaugn'S her, bei meim Enkl zum Beischpui im Gymnasium, da stelln's oan Verweis nach dem andern aus. Und oft bloß wega a Lappalie. I frag mi, ob de Herrn Lehra dees eingli scho restlos vergessn habn, daß' aa amoi jung gwen san?

TISCHNACHBAR: Und de Benotung! Da draaht's oan ja glei d'Zehanägl auf! Mi wunderts, daß'S no koane „Siebener“ eigführt habn, na brauchatn's net so vui Sechser ins Zeignis schreibn! Dees is doch traurig. Da waar's koa Wunder, dass se sovui Schüler aufhänga.

XAVER SPÖTTL: Weil ses einfach nimma dakraftn. Dees san innerlich scho oide Leit wenn's aus da Schui kemma. Und na soin's schee lustig ins Berufslebn eini, da wo da Stress glei wieder weida geht. Aber dees verstehnga de Herrn Pädagogen am greana Tisch halt net. De san engstirnig, wia im Mittelalter. Und wenn na wirkli amoi oahna für d'Schüler is, und a Reform macha wui, na werd er brüahwarm abgsägt. Traurig is dees.

TISCHNACHBAR: Wia gsagt, i möcht nimma jung sei. I glaab, i daat mi aa aufhänga. – Und manche Eltern san no blöda ois wia d'Lehrer. Vo lauter Geldvodeana habn's für eahnare Kinder koa Zeit mehr. I brauch ja bloß mein Sohn oschaugn. Jetzt hat der aber studiert! – Er kimmt hoam, ziagt seine Schuah aus und – peng – hockt er scho vorm Fernseher. Und wenn ihn mei Enkl was fragn wui, na plärrt er wia ra Jochgeier. I muaß nadürle mei Mäu haltn, sunst schreit er mi aa no zsamm. Mir tuat mei Schwiegertochter und da Bua leid. I geh jetzt oiwei öfter fort, damit i mir dees Gschroa net ohörn muaß. Dabei wohnt er in meim Haus. Was sagn'S jetzt da?

XAVER SPÖTTL: Nix mehr. – Da foit ma grad ei, vielleicht habn'S es aa glesn, daß in Norddeutschlang zwölf Lehrer vom Dienst suspendiert wordn san, weil's d'Fünfer und d'Sechser abschaffa woitn. Endlich habn amoi a paar aufgmuckt und scho hat ma eahna s'Heftl gstricha. Is dees vielleicht koa Schweinerei? Für mi ghörat der, der wo de Kündigung vo de Lehrer veranlasst hat, ganz einfach eigsperrt.

TISCHNACHBAR: Da habn'S recht, Herr Nachbar. Schaung'S, bei meim Enkl is dees a ähnlicher Fall. Er hat lauter guate Notn. In Mathematik hat er sagar an Oanser und in Deutsch aa. Aber wega am Sechser in Englisch und am Fünfer in Religion muaß er oa Jahr wiederholn. Dees is doch direkt zum Lacha. Er hat halt amoi koa Gschick für a Fremdsprach. De konn er später oiwei no nachholn, wenn er's amoi braucha soitat.

XAVER SPÖTTL: Genau. Da geht's scho los. Bloß wega an soichan Schmarrn muaß der arme Bua oa Jahr nachholn. Mi geht's ja nix o, aber i kaant den damischn Englischlehrer vo Eahnan Enkl sauber herfotzn. Der is nämlich dro schuid, wenn Eahna Enkl an Komplex kriagt. – Was sagt denn da Eahna Sohn dazu?

TISCHNACHBAR: Der? Dees hättn'S dalebn soin. Der hat am Buam a paar gschmiert und sei Taschngeld auf drei Mark gstricha. I kaant Gift und Goi schbeim, wenn i dro denk. Aber vo mir kriagt er scho a Gerstl, dees derfa'S glaabn. Da Opa verstehtn und wenn er aa scho a bissl oid is.

XAVER SPÖTTL: Sehgn'S, dees gfoit ma vo Eahna. Sie san hoit a Mensch bliebn. Wenn's no grad mehra von Eahnan Schlag gebn taat.

TISCHNACHBAR: Geh hörn'S auf. I denk bloß no gradaus, dees is oiß. *(kichert)* Aber wissn'S, was mi freut?

XAVER SPÖTTL: I wüßt net was oan da no freun kaannt.

TSISCHNACHBAR: Daß de Rache der Junga net ausbleibn werd.

XAVER SPÖTTL: Wia moana'S jetzt dees?

TISCHNACHBAR: No ganz einfach hoit. De Junga werdn ja aa amoi älter. Und vielleicht sitzn na a paar davo in dene Stelln, da wo d'Rente und d'Pension berechnet werdn. Und na moan i, dass na aa net mit menschliche Maßstäbe grechnet werd, sondern bloß danach, was oana in seim Leben gleist' hat. Und nacha, hab i dees Gfuih, werdn manchn d'Augn aufgeh. Wenn ma de junga Leit scho zu Roboter macht, na werdn's a Roboter bleibn. Sehng'S, und dees gfreit mi.

XAVER SPÖTTL: *(grinst)* Sie san ja a ganz a Hinterkünftiger, Herr Nachbar. Und jetzt lad i Eahna zu'r na Hoibe ei, denn auf dees müaßn mir zwoa oide Deppn trinka. Und wenn se d'Bedienung bei mir aa verrechnet, wia bei Eahna, na schiabn ma dees Pulver ei, mögn'S?

TISCHNACHBAR: Hättn's s'Rechnen glernt und koa Fremdsprach, na taan sa se net verhaun. Irgendwann rächt se oiß auf dera Welt …

Die liebe Gewohnheit

Personen: Beni Meisinger
Xaver Spöttl

(Beni Meisinger sitzt mit seinem Freund, Xaver Spöttl, an einem Wirtshaustisch, Spöttl zündet sich eine Zigarette an.)

BENI: Sag amoi, Xare, raachst' jetzt scho wieder?
XAVER SPÖTTL: Vor zwoa Tag hab i wieder o'gfangt, i Depp.
BENI: I konn mi no guat erinnern, wiast' vor fünf Jahr aufghört hast.
XAVER SPÖTTL: S'dritte Moi.
BENI: Was „s'dritte Moi"?
XAVER SPÖTTL: Damois hab i s'dritte Moi s'Raacha aufghört.
BENI: Und warum hast' dann wieder o'gfanga?
XAVER SPÖTTL: Du woaßt ´as doch selber, daß damois mei Frau vor dera schweren Operation gstandn is, und ihra koa Dokta mehr a Chance gebn hat …
BENI: Ah ja, dees woaß i no. Mit da Dings, no mit da Dings … hat s'es doch ghabt …
XAVER SPOÖTTL: … und da hab i mir denkt, wenn meina Frau was passiert, na mag i aa nimmer leben. – Und na hab i mir a Schachtl Zigarettn kaaft …
BENI: Und na hast' wieder g'raacht?
XAVER SPÖTTL: Wia a Schlot …
BENI: Wia lang?
XAVER SPÖTTL: Bis's ma hoit wieder s'Gstell zammghaut hat. Und na hat mei Frau drauf drunga, dass i endlich s'Raacha aufhörn soi, weil sie net alloa weidalebn möcht.
BENI: Aha, und na hast' wieder aufg'hört?
XAVER SPÖTTL: genau. – Bis i pleite ganga bin mim Zigarrngschäft. Da hab i mir denkt, jetzt is's scho wurscht, na kriagt mei Frau wenigstens mei Lebensversicherung auszoiht, und na geht's scho wieder.
BENI: Du lebst aber heit no.
XAVER SPÖTTL: Was soi i da sagn, da habn ma im Lotto an Fünfer ghabt …
BENI: *(erleichtert)* Und na hat dei Weibi gsagt, daß da s'Raacha wieder abgwöhna soist, oder?
XAVER SPÖTTL: Naa, d'Nachbarn habn se aufgregt, daß i de ganze Nacht oiwei huast wia da Teifi.
BENI: Und na hast wieder aufghört …?
XAVER SPÖTTL: Genau. Und zwar aufn Schlag. – Dees war vor zoa Jahr.
BENI: Na hast oiso zwoa Jahr lang nix graacht?
XAVER SPÖTTL: Koan Stecka …
BENI: *(misstrauisch)* Deina Frau fehlt aber nix?
XAVER SPÖTTL: De is bumperlgsund …#
BENI: … und Huastn hast aa koan mehr?
XAVER SPÖTTL: Nix mehr, dees war bloß a Erkältung gwesn.
BENI: Na frag i mi scho, warum daß'd dann vor zwoa Tag wieder s'Raacha ogfangt hast.
XAVER SPÖTTL: Sag amoi Beni, bist du blind?
BENI: Wiaso?
XAVER SPÖTTL: Vorgestern hab i in da Zeitung glesn, dass dees Ozonloch über der Antarktis oiwei größer werd, und dass dees dazua führn werd, dass de Polkappen schmelzen und dass Hamburg in hundert Jahr unterm Meeresspiegel liegn werd – und

da, da hab i mir denkt, wenn d'Welt kaputtgeht, na is' doch wurscht, und na hab i mir wieder a Schachterl kaaft …

(Licht aus)

Fasching im Trambahnhäusl

Personen: Xaver Spöttl
Junger Mann

(Xaver Spöttl mit Pappnase, Faschingshut, konfetti- und luftschlangenbedeckt, sitzt im Trambahnhäus lund schläft. Aus seiner Manteltasche schaut eine Schnapsflasche heraus. Es ist Nacht. Ein junger Mann erscheint.)

JUNGER MANN: Zefix, jetzt is ma de letzte S-Bahn davo. Da Teifi sois hoin. I hab's ja gwusst; zefix, weil's mi net geh habn lassn. Jetzt steh i in Loam und muaß nach Neuperlach. *(schaut auf den Fahrplan)* Es geht koane mehr. Und in da Früah wieder ins Büro. – I kaannt oiß zsammhaun. *(schlägt mit der Faust an die Wand)*

XAVER SPÖTTL: *(erwacht; angetrunken)* Wer macht denn da an soichan Krach, mittn bei da Nacht? Konn ma denn net amoi in Ruhe sei Räuscherl ausschlafa? Eine Scheißwelt is dees!

JUNGER MANN: Ja sagn'S amoi, frierts Eahna denn net? – Es is doch saukoit?

XAVER SPÖTTL: Dees muaßt'D da merka, Freind, wia d'Titanic unterganga is, hat a Koch überlebt in dem eiskoitn Wasser. Und woaßt'D warum? Haha, weil er a Flaschn Schnaps trunka ghabt hat.

JUNGER MANN: D'Titanic geht aber heit net unter. Net amoi a S-Bahn kaannt heit untergeh, weil nämli koane mehr fahrt. Sie braucha oiso nimmer wartn.

XAVER SPÖTTL: I wart auf koa S-Bahn.

JUNGER MANN: Warum hocka'S na da herin?

XAVER SPÖTTL: I woit me bloß a bröckl ausruahn. Und na hast me Du gstört. Geh weida, hock Di a wengerl her zu mir, heit laaft da nix mehr davo.

JUNGER MANN: Sunst no was! Mi frierts wia an Schellnkini und in da Früah muaß i ins Büro.

XAVER SPÖTTL: Ös seids da vielleicht so Hamperer, ös junga Leit. Wia i no jung war, hab i bis in da Früah gsuffa und tanzt, na bin i zum Donisl, hab ma Weißwürscht und a Weißbier kaaft und na bin in d'Arbat.

JUNGER MANN: Dees mog scho sei. Aber früaher hats aa no koan soichan Stress gebn, ois wia heit. Da muaß ma am Damm sei, sunst is ma weg vom Fenster.

XAVER SPÖTTL: An Stress hats no koan gebn. Da hast'D recht. Aber higlanga hab i scho aa müassn. Vielleicht sogar mehra wia heit. Da wennst'd net gespurt hast, na bist gflogn. Weil gnua andere auf dein Platz gwart habn. So leicht wars früahas aa net. Wo wohnstn Du eingli?

JUNGER MANN: Dees is' ja, in Neuperlach.

XAVER SPÖTTL: Ja da leckst'd mi. Dees is koa kloana Schlauch. An scheena Gruaß vom Teifi!

JUNGER MANN: Sunst foit Eahna nix ei?

XAVER SPÖTTL: Fahrst'D hoit mim Taxi?

JUNGER MANN: Na bin i dreißg Markl los.

XAVER SPÖTTL: Jetzt hock Di amoi her, na überlegn ma zu zwoat. Vielleicht foit mir was ei.

JUNGER MANN: Dees konn was Gscheids werdn.

XAVER SPÖTTL: *(angelt nach der Schnapsflasche)* Jetzt trinkst' amoi richtig, daß's Di net aso friert.

JUNGER MANN: Dees konn ja net schadn. *(trinkt)* Sakkeradi, dees is ja a Birnschnaps! Guat

is der, ehrlich. Den mag i am liabstn.
XAVER SPÖTTL: Und der waarmt, oder net?
JUNGER MANN: Und wia! – Mögn'S a Zigarettn?
XAVER SPÖTTL: I hab zwar heit scho gnua graacht auf da Redout, aber oane konn ja net schadn.
JUNGER MANN: Warn'S auf a'n Faschingsball?
XAVER SPÖTTL: Was moana denn Sie? Hoppala, i glaab, daß i oiwei no an scheena sitzn hab, weil i jetzt auf oamoi Sie zu Dir sag. Nadürle war i auf a'n Ball. Oder glaabst'D vielleicht, daß i oiwei mit a Papadecklnasn umananda saus? – Bist'D vaheirat?
JUNGER MANN: Freili. An mei Weibi derf i gar net denga. De macht se de größtn Sorgn.
XAVER SPÖTTL: Glaab a'n erfahrna Mo was, d'Weiba muaß ma ab und zua a bröckls schwitzn lassn, na werd d'Liab wieder stärker. A Frau, de wo se ihran Mo zu sicher is, werd leichtsinnig. – Da, dring nomoi!
JUNGER MANN: Ah, guat is der. – Der waarmt oan richtig auf!
XAVER SPÖTTL: Gell, jetzt friert's Di scho nimmer so stark?
JUNGER MANN: Koa Bröckl mehr! Jetzt is' ma aa wurscht, dass d'S-Bahn furt ist. So an nettn Mo, wia Eahna, trifft ma net alle Tag. Mit dem wo ma redn ko. Dees is heitzutag a Seltenheit.
XAVER SPOÖTTL: D'Leit haben koa Zeit mehr füranand. Dees is dees Traurige. Aber jetzt gehma zum Donisl und macha uns no a paar nette Stünderl. In d'Arbat kummst Du oiwei no früah gnua …
JUNGER MANN: Genau! Wer woaß, wann i wieder a'n Menschn triff, mit dem i mi auf Anhieb versteh.
XAVER SPÖTTL: Dees sag i aa. – Oiso geh weida, da Donisl wart auf uns!
JUNGER MANN: Net bloß da Donisl! – Wenn i an mei Weibi denk …
XAVER SPÖTTL: *(grinst)* De hat Di no lang gnua!
(beide ab)

Flugabwehr – eine Faschings-Szene

Personen: Xaver Spöttl
Hauptmann Steif
dessen Frau Irene

(An einem Tisch in einem Ballsaal sitzen Spöttl, Hptm. Steif und seine Frau. Ein Paar sitzt eigentlich noch am Tisch, doch es ist nie zu sehen, da es unentwegt tanzt. Eine Damenhandtasche und ein Zigarettenetui befinden sich auf dem Tisch vor den leeren Stühlen. Eine Unterhaltung zwischen Xaver Spöttl und dem Ehepaar Steif kommt nur zögernd in Gang. Vermutlich liegt es daran, dass das Ehepaar Steif nicht aus München stammt. Xaver Spöttl bläst hin und wieder eine Luftschlange über den Tisch und grinst Irene Steif an, die süßsauer zurücklächelt. Ihr Mann qualmt aufgeregt eine Zigarette nach der anderen. Alle drei sind maskiert. Xaver Spöttl trägt über einem normalen Straßenanzug einen grünen Schurz. Sein Gesicht ist nur durch eine rote Pappnase mit Schnurrbart maskiert. Auf dem Kopf trägt er eine Dienstmannsmütze. Hauptmann Steif hat eine Cowboy-Ausrüstung an, fast so, wie sie kleine Jungs tragen. Den Schnurrbart hat ihm seine Frau aufgemalt, die ein Dirndl trägt, und sich Sommersprossen auf die Wangen aufgetüpfelt hat. Soeben hat sich Hptm. Steif eine Zigarette angezündet, als dieses eigenartige elektronische Pfeifsignal aus seiner Tasche wieder ertönt. Er schrickt auf, murmelt zu seiner Frau „Entschuldige bitte“, und verschwindet in Richtung Telefonzelle. Seine Frau seufzt leise, und Xaver Spöttl bläst eine Luftschlange über den Tisch.)

XAVER SPÖTTL: *(unvermittelt)* Eahna Mo is ganz schee gstresst …
IRENE STEIF: *(irritiert)* Wie meinen Sie bitte?
XAVER SPÖTTL: Ich mein, dass ihr Mann ganz schön gestresst ist. Das mein ich …
IRENE STEIF: *(seufzt)* Leider. – Mein Mann ist Hauptmann bei der Bundeswehr, und in diesem Beruf muss man immer einsatzbereit sein.
XAVER SPÖTTL: Immer?
IRENE STEIF: Natürlich immer.
XAVER SPÖTTL: Aha. *(nimmt seine Pappnase ab)* Der Bart kitzelt auf meine Lippen. Dees halt ich nimmer aus …
IRENE STELIF: Aha. *(trinkt von ihrem Sektglas)* Sind Sie allein auf dem Ball?
XAVER SPÖTTL: Ja, ganz allein. – Aber schön ist der Ball, da konn man nix sagen. Ich hab zerscht oft getanzt. – Mit der Spanierin …
IRENE STEIF: Aha. *(trinkt erneut von ihrem Glas)* Und jetzt sind Sie wohl müde?
XAVER SPÖTTL: Überhaupt net! – Aber ich konn Sie doch net allein da sitzn lassen …
IRENE STEIF: *(leise)* Ich tanze auch sehr gerne …
XAVER SPÖTTL: Aha. *(bläst eine Luftschlange zu Irene hinüber).*
IRENE STEIF: *(lacht)* Das kitzelt aber …
XAVER SPÖTTL: Gellns, das glaubt man gar net von so einer kleinen Luftschlange, daß die so kitzeln kann … *(in diesem Moment kommt Hptm. Steif zurück)*
IRENE STEIF: *(räuspert sich; kühl)* War was?
HPTM. STEIF: Nein. *(atmet hörbar auf)* In einer Stunde muss ich mich wieder melden.
IRENE STEIF: Aha.
XAVER SPÖTTL: Aha.
HPTM. STEIF: *(schaut auf Spöttl)* Entschuldigen Sie, dass ich mich noch nicht vorgestellt habe, aber sie konnten ja mitverfolgen, dass ich ständig in Anspannung war. *(stellt sich vor)* Hauptmann Steif.
XAVER SPÖTTL: *(stellt sich ebenfalls vor)* Xaver Spöttl. – Erfreut.

HPTM: STEIF: Ganz meinerseits. – Und das ist meine Frau Irene.

XAVER SPÖTTL: *(erhebt sich und verbeugt sich)* Sehr erfreut. *(schaut auf die leere Sektflasche)* Darf ich Sie zu einem Glas Schampus einladen?

HPTM. STEIF: Oh, das ist aber sehr freundlich von Ihnen. Ich revanchiere mich dafür später.

XAVER SPÖTTL: *(schenkt ein)* Dees brauchts net.

HPTM. STEIF: Wie bitte?

XAVER SPÖTTL: Entschuldigung, aber ich fall' immer wieder in meine Heimatsprache zurück. – Wissen'S, man redet immer so, wie man denkt.

HPTM. STEIF: Das verstehe ich jetzt nicht ganz …

XAVER SPÖTTL: Dees is ganz einfach. Wenn i zum Beispiel denk „heit is schee", dann sag ich auch „heid is schee". – Sie denken „heute ist es schön" und drum sagen Sie auch „heute ist es schön". – Verstehn'S mich?

HPTM: STEIF: Finden Sie es so schön heute?

XAVER SPÖTTL: Ich sag ja nur zum Beispiel.

HPTM. STEIF: Aha. *(zu seiner Frau)* Aber da ist was dran, Irene. – Darüber habe ich noch gar nicht nachgedacht.

XAVER SPÖTTL: Drum ist es auch so schwierig, wenn ein Norddeutscher Bayerisch sprechen will. – Weil er halt immer norddeutsch denkt!

HPTM. STEIF: Aha.

XAVER SPÖTTL: Man denkt halt immer zu wenig nach, über die kleinen Dinge des Lebens …

HPTM. STEIF: Sie sind ja ein richtiger Philosoph. – Ich freue mich aufrichtig, Ihre Bekanntschaft gemacht zu haben.

XAVER SPÖTTL: Man muaß kein Philosoph sein, wenn man ein bissl denkt …

IRENE STEIF: Ich freue mich auch, Herr Spöttl …

HPTM. STEIF: Wissen Sie, über dem Beruf vergisst man das Denken leider allzu oft. Ich bin bei der Flugabwehr, und muss sozusagen immer greifbar sein. – Darunter leidet das Privatleben …

XAVER SPÖTTL: Dees is ja hochinteressant. Aber muss denn das net geheim bleiben?

HPTM. STEIF: *(lacht)* Aber wieso denn, mein Lieber? – In der Bundesrepublik gibt es keine Geheimnisse. – Wir sind ein freies Land … Prost, mein Lieber! *(alle drei trinken)*

XAVER SPÖTTL: Aha. – Ein Hoch auf unsere Bundesrepublik, die keine Geheimnisse hat!

HPTM. STEIF: *(entnimmt seiner Tasche ein kleines, elektronisches Gerät)* Sehen Sie, Herr Spöttl, das ist die Verbindung zu meiner Einheit.

XAVER SPÖTTL: Aha. So klein ist die …

IRENE STEIF: *(tadelnd)* Aber Arnulf, langweile Herrn Spöttl doch nicht mit deinen militärischen Finessen. – Es genügt schon, dass ich von diesem Faschingsball so gut wie nichts habe.

HPTM. STEIF: Entschuldige, meine Liebe …

XAVER SPÖTTL: *(rasch)* Nein, nein, mich interessiert das ganz narrisch, liebe Frau von Steif.

HPTM. STEIF: Siehst Du, meine Liebe, mein Beruf ist doch nicht so uninteressant, wie du immer zu glauben scheinst. – Schließlich entscheidet meine Einheit über das „Sein oder Nichtsein" des Volkes.

XAVER SPÖTTL: Also wenn dees Ding da pfeift, dann müssen'S anrufen? Stimmts?

HPTM. STEIF: Genau so ist es. – Es könnte ja ein Überraschungsangriff erfolgen. Schließlich ist die Maxime der UDSSR immer noch der Weltkommunismus.

XAVER SPÖTTL: Aha. – Aber ich glaub net, dass die Russen so humorlos sind, und mitten im Fasching eine SS 20 zu uns rüberschicken.

HPTM. STEIF: *(ernst)* Das weiß man nie, mein Lieber.

IRENE STEIF: Arnulf, jetzt spielen sie unser Lied, als wir uns kennen lernten. Tanz doch mit mir, bitte!

HPTM. STEIF: *(bedauernd)* Aber ich kann doch nicht, das weißt Du doch. – Das Pips-Signal hör ich auf der Tanzfläche nie.

XAVER SPÖTTL: Fürs Vaterland muss man halt Opfer bringen …

HPTM. STEIF: *(seufzt)* Wenn das nur auch meine Frau verstehen könnte …

XAVER SPÖTTL: Wenn ich mich net täusch, dann warn Sie heut Abend schon dreimal beim Telefonieren?

IRENE STEIF: Leider, lieber Herr Spöttl …

XAVER SPÖTTL: … und es war immer blinder Alarm, weil Sie sind ja wieder gekommen. – Das nächste Mal, wenn Sie telefonieren, tanz ich mit Ihrer Frau, wenn Sie erlauben?

HPTM. STEIF: Aber klar, mein Lieber. – Ich freue mich doch, wenn meine Frau ihr Tanzbein schwingen kann.

XAVER SPÖTTL: Und wenn es dann tatsächlich kein blinder Alarm ist?

HPTM. STEIF: Sie meinen, wenn eine Offensive gegen uns stattfindet?

XAVER SPÖTTL: Genau. – Wenn so eine SS 20 schon auf dem Weg zu uns ist?

HPTM.STELIF: Ja dann, dann komm ich natürlich nicht mehr zurück.

XAVER SPÖTTL: Aha. – Und was tu ich dann mit Ihrer Frau?

HPTM. STEIF: So rasch als möglich einen Schutzraum aufsuchen!

XAVER SPÖTTL: Und wo befindet sich ein solcher?

HPTM. STEIF: Nun, das weiß ich auch nicht genau …

XAVER SPÖTTL: Wie lang haben wir denn überhaupt noch Zeit, bis es kracht?

HPTM. STEIF: Wie lange? – Warten Sie mal. Na, so sechs bis acht Minuten auf jeden Fall.

XAVER SPÖTTL: Aha. – und was tun Sie dann?

HPTM. STEIF: Sofort Gegenmaßnahmen ergreifen, und eine Pershing auf den Weg schicken!

XAVER SPÖTTL: Wie lang braucht die, bis' drüben is?

HPTM. STELIF: Etwas weniger als sechs Minuten.

XAVER SPÖTTL: Aha. – Dann kommen alle beide zur gleichen Zeit an. – Und was hat dees dann für einen Zweck?

HPTM. STEIF: *(aufgebracht)* Zweck, Zweck! – Schließlich kann man sich doch nicht alles gefallen lassen!

XAVER SPÖTTL: Aha. – Jetzt weiß ich endlich genau, worum es geht. *(trinkt Irene zu)* Wenn Sie also nimmer zurückkommen, und das Lied net zu lang dauert, dann haben wir vielleicht grad noch so viel Zeit, dass wir an der Bar ein paar Glasl Schampus trinken können.

HPTM. STEIF: *(irritiert)* Wieso, das versteh ich jetzt nicht?

XAVER SPÖTTL: Is ja net so wichtig. – Es weiß ja kein Mensch was davon …

(In diesem Moment piepst es gerade, und Hptm. Steif zuckt zusammen)

HPTM. STEIF: Ich muss, Irene!

IRENE STEIF: Geh nur, mein Lieber. Solltest Du zurückkommen, und wir sind nicht da, dann findest Du uns an der Bar. *(erhebt sich)* Kommen Sie, lieber Herr Spöttl. *(Hptm. Steif und Xaver Spöttl erheben sich ebenfalls und Irene hakt sich bei Xaver Spöttl ein.)*

XAVER SPÖTTL: Jetzt wolln wir halt net das Schlimmste annehmen, gellns Herr Hauptmann?

(Sie gehen ab und Hptm. Steif schaut ihnen misstrauisch nach. Licht aus.)

Faschingsdienstag

Personen: Xaver Spöttl
Elfriede
Ottmar

XAVER SPÖTTL: *(tritt vor den Vorhang)* De lustigste Beerdigung vom ganzen Jahr findt am Faschingsdienstag statt. Wenn da „Fasching“ eigrabn werd.
Aber zuvor werd no sauber gfeiert! Oder aa net, wias jetzt glei sehng werdn.
(verbeugt sich leicht) Vui Spaß dabei …

(Die Ehefrau Elfriede steht am Bügelbrett und bügelt mit mürrischem Gesicht. Nach einer Weile erscheint Ottmar, ihr Mann, leicht angesäuselt, mit einem Faschingshütchen auf dem Kopf, einer Pappnase, und einigen Luftschlangen um den Hals. Eigentlich war er ja nur beim Arzt...)

OTTMAR: *(aufgekratzt)* Grüaß di, Schneckerl!

ELFRIEDE: Hast' scho auf d'Uhr gschaut, wia spät daß's is?

OTTMAR: *(winkt ab)* Alle Tag werd's später …

ELFRIEDE: *(zänkisch)* I moan grad. Weils d'in da Früah um neine zum Dokta bist, und jetzt um achte kimmst' hoam.

OTTMAR: Stell da vor, Schneckerl, i, i bin ganz gsund. Des is bloß a Gastritis, hat da Dokta gsagt. Nix Ernsthafts. Und ma moant oiwei glei, daß ma an' Krebs hat. Was sagst da du, Schneckerl?

ELFRIEDE: *(schaut ihn scharf an)* Wiaso sagst du andauernd „Schneckerl“ zu mir? – Dees hast' doch no nia gsagt.

OTTMAR: Geh weida? – Na werd's aber Zeit, gell Schneckerl.

ELFRIEDE: *(misstrauisch)* Wo warst' denn de ganze Zeit? – Beim Schorsch hab i ogruafa, da warst' net.

OTTMAR: Da Schorsch war sauer, weil mir am Faschingssonntag net auf seim Hausboi warn. Alle Spezl san da gwen. Bloß du hast natürlich net hiwoin. – Und bloß, weil d'Staudacher Mia da war. *(winkt ab)* Oiwei wieder der oide Schmarrn …

ELFRIEDE: *(bissig)* Moanst' i woaß net, daß d'Staudacher-Schlampn auf di a Aug hat.

OTTMAR: *(winkt erneut ab)* So ein Kaas …

ELFRIEDE: Freili, vielleicht bin i blind!

OTTMAR: *(seufzend)* Heit grabn s'beim Schorsch an Fasching ei. *(bedauernd)* Und mir hocka dahoam. – Schad is dees, daß du an gar nix mehr Interesse hast. Ehrlich schad is dees …

ELFRIEDE: *(misstrauisch)* Warst' oiso doch beim Schorsch nach'm Dokta. Lüagn tuat des Mannsbuid wia druckt. – Denka hätt i mir's ja kenna. Ihr hoits doch alle zsamm. – Und i steh in da Küch und bügelt. Bläd bin i ganz schee …

OTTMAR: Geh ma heit zum Schorsch zum Kehraus, Schneckerl?

ELFRIEDE: Jetzt hör mit dem damischn „Schneckerl“ auf. – I hab koa Zeit zum Furtgeh. An' Haufa Wasch zum Bügeln. Und da Bua hat ma aa wieder an' Haufa bracht …

OTTMAR: Muaß denn des ausgrechnet am Faschingsdienstag sei, wo alle Leit zum Kehraus gehnga? – Versteh konn i des net.

ELFRIEDE: *(kategorisch)* I konn net. I hab koa Zeit. *(bügelt verbissen weiter, während Ottmar unschlüssig herumsteht.)*

OTTMAR: Du gehst ja bloß net, weil du Angst hast, daß d'Staudacher Mia beim Schorsch is.

ELFRIEDE: *(lacht auf)* Geh, moanst du vielleicht, daß i eifersüchtig auf dees gschlamperte

Christkindl bin! – Da lacha ja d'Henna!

OTTMAR: I hab schließlich aa nix gsagt, wias du vorigs Jahr den ganzn Abnd mi'm Heidacher Michi tanzt hast. Sogar wia er dir in da Bar a Bussl gebn hat, hab i nix gsagt.

ELFRIEDE: Dees waar ja no des allerschöna, wenn mir a oida Freind im Fasching koa Bussl auf'n Backa gebn derfat.

OTTMAR: I sag ja, daß i nix sag ...

ELFRIEDE: Du kaannst heit endlich amoi im Bad dees Regal für d'Handtüacha aufmacha. Tausendmoi hab i dir's scho gsagt ...

OTTMAR: Akrat heit? Oiso, i versteh di net.

ELFRIEDE: Was gibt's denn da net zum versteh?

OTTMAR: *(zuckersüß)* Geh weida, Schneckerl, geh ma hoit zum Schorsch sein Kehraus. *(Pause; listig, dabei völlig harmlos)* Da Dings, da Heidacher Michi is aa dort ...

ELFRIEDE: *(interessiert)* Was geht denn dees mi o? Von mir aus san zehn Heidacher Michi dort. ...

OTTMAR: *(setzt seine Pappnase unters Kinn; lauernd)* Oiso na, na mach i hoit dees Regal im Bad auf.

ELFRIEDE: Da Schorsch is bös auf uns, hast' gsagt?

OTTMAR: Und wia! – Gar net zum sagn! – Schließlich bin i sei bester Freind!

ELFRRIEDE: *(schaut auf die Uhr und bügelt lustlos weiter)* Und bloß, weil mir auf seim Hausboi net warn?

OTTMAR: Genau.

ELFRIEDE: *(greift sich stöhnend ans Kreuz)* `s Kreiz tuat ma sauber weh von dera blädn Büglerei ...

OTTMAR: *(nimmt bedächtig seinen Faschingshut ab)* Da Heidacher Michi hat an' scheena Gruaß ogschafft ... - So, aber jetzt mach i dees Regal auf!

ELFRIEDE: Und d'Staudacher Mia is aa drübn?

OTTMAR: De is scho wieda hoamganga, wia i ganga bin.

ELFRIEDE: *(drückt herum)* Oiso vielleicht sollt ma doch a bissl zum Schorsch geh ...?

OTTMAR: I mach jetzt dees Regal auf.

ELFRIEDE: Wenn er uns aber bös is ...?

OTTMAR: Und's Regal?

ELFRIEDE: Schließlich bist du sei bester Freind!

OTTMAR: Jetzt mag i nimmer. – *(schickt sich an zu gehen)* I geh ins Bad ...

ELFRIEDE: *(zieht den Stecker aus der Dose)* Jetzt wart hoit a bissl. I konn doch net oiwei bügeln ...

OTTMAR: *(scheinheilig)* Aber wenn da doch da Bua aa no an' Haufa Wäsch bracht hat.

ELFRIEDE: Schließlich is da Faschingsdienstag bloß oamoi im Jahr ...

OTTMAR: Wo is'n des Regal?

ELFRIEDE: Jetzt sei doch net so stur. Des Regal konnst' doch a anders Mal aa aufmacha. Geh ma hoit zum Schorsch zum Kehraus!

OTTMAR: Und's Regal?

ELFRIEDE: Dees machst' morgn auf.

OTTMAR: *(seufzt)* Wenns d'unbedingt möchst ... - Aber gib net mir d'Schuid, wenn da Staudacher Michi scho ganga is ...

ELFRIEDE: *(entledigt sich rasch ihres Schurzes und richtet sich vor dem Spiegel die Haare)* So ein Kaas. Was geht denn mi da Staudacher Michi o ...

OTTMAR: *(breit grinsend)* Oiso na, wenn's d' scho unbedingt moanst, na geh ma hoit zum Schorsch ...

(Licht rasch aus)

Inkognito oder ein Mensch wie du und ich

Personen: Xaver Spöttl
Minister mit Hütchen
Ballbesucherin mit Hüttchen

(Minister und Ballbesucherin sitzen an der Bar. Vor ihnen steht je ein Weinglas.)

XAVER SPÖTTL: *(schlendert auf die Bühne und deutet auf die Bar)* Ganz normale Leit. Oder vielleicht net? Und doch schlummern bei a'm jedn ganz andere Moralgesetze. *(geht ab*). Na, Sie werdn's gleich selber sehng … Vui Spaß!

SIE: *(mustert ihn von der Seite; plötzlich gibt sie sich einen Ruck)* San Sie net da Minister …?
MINISTER: *(erschrocken)* Pst! Ich bin inkognito hier.
SIE: Aha …
MINISTER: *(mustert sie von der Seite)* Und Sie? Sind Sie allein auf dem Ball?
SIE: *(trocken)* Jetzt scho.
MINISTER: Was heißt das: jetzt schon?
SIE: Er hat a Spanierin aufgrissn …
MINISTER: Eine Spanierin?
SIE: Na ja, sie hat hoit a spanisch' Kostüm o'ghabt. – Aber i kenn de Giasinga Goaß guat!
MINISTER: Aha …
SIE: Sagn'S amoi; Herr Minister, - entschuldigen'S, Sie san ja da Herr Inkognito – warum redn' S denn heit so gschwoin daher? Neilings hab i Eahna im Fernsehn ghört, wie'S in Tuntenhausen gred' habn. Ganz gscheert und net nach da Schreibe …
MINISTER: Aber gute Frau, dort waren lauter Bauern …
SIE: Aha. Und da redn'S anders, wia bei uns in da Stadt …?
MINISTER: Was heißt anders? Man muss sich halt anpassen.
SIE: Aha. *(hebt ihr Glas)* Prost, Herr Inkognito! *(trinkt)* Aber heit is Fasching, da kenna'S scho redn, wia Eahna da Schnabel gwachsn is. - Außerdem hört Eahna sowieso koa Mensch zua …
MINISTER: *(sieht sich verstohlen um)* Oiso dann, Prost Freilein. *(trinkt)* Wia hoaßn'S denn eingli?
SIE: Roswitha hoaß i …
MINISTER: Prost, Roswitha! Ex!
SIE: „Ex" konn i mir net leistn. Mi habn's no kurz vor Weihnachtn abbaut. Kündigt, verstehnga'S mi, Herr Inkognito.
MINISTER: *(trinkt sein Glas leer)* I hoaß Max. Und i möchte Eahna zu a'm Flaschl Schampus eiladn.
SIE: Gehnga'S zua, dees braucht's doch net, Herr …
MINISTER: Max hoaß i!
SIE: Oiso, Prost Max!
MINISTER: Oder kummt Dei Spezi wieder z'ruck? – Der wo mit dera Spanierin abgschobn is?
SIE: Geh, auf den is doch pfiffa! *(leise)* Bist' alloa auf'm Ball? – I moan wega da „Frau Inkognito"?
MINISTER: I bin ganz alloa da. Weil a Minister is aa bloß a Mensch …
SIE: Aha. Aber dees is ma nei …
MINISTER: Wia moanst' jetzt dees?

SIE: Mei, so hoit. Weil i oiwei moan, daß a *(leise)* Minister a ganz a bsonderer Mo sei muaß …
MINISTER: *(geschmeichelt)* Na ja, oiso a bissl, i moan hoit, vielleicht is er doch, oiso es is ja durchaus drin, daß a *(leise)* Minister a bsonderer Mensch sei muaß. Manchmoi zumindest …
SIE: Genau! A *(leise)* Minister muaß a anderer Mensch sei, ois wia mia Normalsterblichen. Sunst kaant er doch von a'm Postminister net zum Verteidigungsminister umwechseln, oder?
MINISTER: *(zögernd)* Na ja …
SIE: … oder von a'm Umweltminister zu a'm Wirtschaftsminister …?
MINISTER: *(gedehnt)* Wirtschaftsminister?
SIE: Oder zu a'm Finanzminister. Dees is doch ghupft wia gsprunga …*(hebt ihr Glas)* Prost, Maxl!
MINISTER: *(irritiert)* Prost, Roswitha …
SIE: *(aufgekratzt)* Aber bei de Minister überanand is dees ja wurscht. Hauptsach, sie kriagn eahnere Diäten und später a saubers Monatsgerstl alle Erstn auf'n Tisch hiblaadlt …
MINISTER: Jetzt tust Du den Ministern aber arg Unrecht, Roswitha!
SIE: Und Du redst scho wieder so gschwoin daher …
MINISTER: Is ja wahr aa …
SIE: Du werst ma doch net eiredn woin, Maxl, daß Dir s'Volk – oiso i – net total wurscht is, wennst nur Du Deine Interessen durchsetzn konnst bei de andern …
MINISTER: Ich bin … i bin a Voiksvertreter, zefix …
SIE: *(lachend)* Ja, wia a Staubsaugervertreter hoit aa. Aber der saugt wenigstens a'n Dreck weg …
MINISTER: I möcht' heit auf dem Faschingsboi net über den ganzn Schmarrn redn …
SIE: *(triumphierend)* Aha! – Gibst' as oiso zua, daß oiß a Schmarrn is!
MINISTER: Schmarrn, nix gib i zua! – Und scho glei gar net, daß' a Schmarrn is!
SIE: Dees hab i mir glei denkt. Ihr gebts ja nia was zua!
MINISTER: Du draahst oam s'Wort im Mund um.
SIE: Wia ihr hoit aa …
MINISTER: Geh weida, trink ma no a Glasl …
SIE: Aber Du muaßt brenna, Maxl, weil i arbatslos bin. Mi hat a Computer ersetzt …
MINISTER: Dees tuat ma leid, Herzi …
SIE: *(schaut ihn verblüfft an)* Herzi?!
MINISTER: *(räuspert sich)* Roswitha, moan i. – Aber wia de Technisierung o'gfangt hat im vorign Jahrhundert, hat's aa gnua Arbatslose gebn. Da Mensch beißt se oiwei wieder durch …
SIE: *(schaut ihn voll an)* Möchst' heit was dalebn, Maxl? I moan, weil Fasching is? Und weil Du, *(leise)* ois Minister, aa bloß a Mensch bist …?
MINISTER: *(seufzt)* Oh mei, Madl, Du woaßt ja gar net, was dees für a Lebn is. Oiwei de Regiererei und dann obndrei no a kranke Frau dahoam …
SIE: Aha. Krank is Dei Weibi. Wahrscheinlich mim Unterleib, oder?
MINISTER: Genau! – Oiso wiast Di Du neidenga konnst … *(rückt nahe zu ihr)*
SIE: In a'n *(leise)* Minister, gell?
MINISTER: … der eingli a ganz a einfacher Mo is …
SIE: Wennts nur grad beim Regiern aa bloß einfache Männa waarts, und net so auf'blasne Klugscheißer, wo nix dahinter steckt …
MINISTER: *(leidenschaftlich)* Genau, Herzi. – Los geh ma hoam zu Dir … Geh weida …
SIE: *(fast verächtlich)* Jetzt tuast ma direkt leid, Herr Inkognito. Weilst' so a arma, arma Mo bist in Deina sexuellen Not. Oiso san d'Minister wirklich bloß ganz einfache Menschn.

MINISTER: Mir is oiß wurscht! Kumm, geh ma zu Dir! – I hoff, daß'D koana Wanzn dahoam hast …?
SIE: *(entrüstet)* Wanzn?? I glaab, Di hat's! I hab a saubere Wohnung!
MINISTER: I moan ja Mikrofone. Abhörmikrofone …
SIE: Geh, so was kaant i in mein' Beruf wirkli net braucha.
MINISTER: *(misstrauisch)* I hab gmoant, Dir haben's ´kündigt?
SIE: Dees stimmt scho. Aber jetzt hab i mir a'n Beruf ausgsuacht, der krisenfest is, und der durch koan Computer ersetzt werdn konn …
MINISTER: Na bist … na gehst …
SIE: Genau. Dees bin i und auf den geh i! Oiso kumm, Maxl, brenna konnst' dahoam bei mir …

(Beide ab)

Strafe muss sein

Personen: Xaver Spöttl
Taxifahrerin
Polizist

(Großstadtkulisse; Verkehrslärm; Streitgespräch zwischen Xaver Spöttl und Taxifahrerin.)

XAVER SPÖTLL: Dees glangt ma scho, wenn a Frau am Steuer sitzt. Na woaß ich scho was's gschlagn hat. Und no dazua in am Taxi. Mit Eahna möcht i aa mitfahrn. Dees waar a glatts Todeskommando!

TAXIFAHRERIN: Dastickas fei net, vor lauter Goafern. Derf i vielleicht aa ra moi was sagn?

XAVER SPÖTTL: Da gibt's gar nix zum sagn. D'Polizei muaß her. Mei Wagn is neu lackiert und jetzt hat er a Trumm Dulln.

TAXIFAHRERIN: A Trumm Dulln? Daß i fei net lach. A kloana Kratzer is's, sunst nix. Und obndrei no selber schuid sei. Dees mag i scho.

XAVER SPÖTTL: Was, i soi schuid sei? – Da hört se doch alles auf.

TAXIFAHRERIN: Wer is den abbogn und hat an' Winker net nausdo? I oder Sie?

XAVER SPÖTTL: I taat ma an Eahna Stell a Bruin mache lassn. Sie san ja blinder wia a Brema. Nix sehgn und obndrei net bremsn kenna, dees mag i. Und so was laßt ma auf d'Menschheit los. Da konn's oam ja Angst und Bang werdn.

TAXIFAHRERIN: Sie habn wohl Eahnan Führerschein aa in da Lotterie gwunna?

XAVER SPÖTTL: Mit soiche Sprüch kenna'S Eahna drucka. De san ja so oid wia da Methusalem. I hab mein' Blinker rechtzeitig raus. Dafür hab i jetzt an Totalschadn. Dees werd Eahnara Versicherung aber teier kumma.

TAXIFAHRERIN: Sie moana hoit Eahna Versicherung? – Mei ganzer Kotflügl is wegga.

XAVER SPÖTTL: Wias Eahna no so was sagn traun. Net amoi an Kratzer hat Eahna Varreckerl davo tragn. Mei Wagn is total hi.

TAXIFAHRERIN: Eahna gib i glei a Varreckerl. Wenn ma in Eahnan Alter no net woaß, was ma für a Markn fahrn soll, na müaßt ma glatt an Führerschein wieder zruck gebn. In so an' Blechhaufa, wia Sie fahrn, taat i mi net amoi neisitzn mögn.

XAVER SPÖTTL: I streit mi doch net mit Eahna rum. Da tuat ma scho d'Zeit leid. Da, unterschreibn'S ma den Zeedl, daß Sie schuid san, na vazicht i auf d'Polizei.

TAXIFAHRERIN: Sunst no was. I bin doch net plemplem. Sie san schuid, dees steht amoi fest. Sie haben koan Blinker naus und san wie ra Wuida abbogn. G'schnittn nennt ma so was in da Fachsprach.

XAVER SPÖTTL: I sag's oiwei wieder, mit de Weiber hat ma nix ois wie ra Gaudi auf da Welt. Wenn's no grad dahoam bleibn taatn, am Ofa, wo's hi ghörn. Aber naa, d'Straßn müaßn's aa no unsicher macha.

TAXIFAHRERIN: Si haben doch vom Verkehr überhaupt koa Ahnung.

XAVER SPÖTTL: Vo dem scho, den wo i moan.

TAXIFAHRERIN: Freili, frech müaßn'S aa o werdn. Glangt scho, daß'S unverschämt san.

XAVER SPÖTTL: I hol jetzt d'Polizei. Na sehgn mas ja, wer Recht hat.

TAXIFAHRERIN: I glaab, dees is dees allergscheida. Sunst vagiss i no, daß i a Dame bin.

XAVER SPÖTTL: A Dame? – Ja gibt's denn dees aa? Dees is ja a glatter Witz! Für mi san Sie a Suffragettn, oder wia de Weiber hoaßn, dene wo a so stinkt, weil eahna koa Schwaanzl gwachsn is.

TAXIFAHRERIN: Sie kenna mi ja gar net beleidign. Dazua san ma Sie ja vui z'blöd. Jetzt hol i d'Polizei, damit Sie's wissen. Net Autofahrn kenna, aber ogebn wia a Gockl!

XAVER SPÖTTL: Wenn'S moana, daß ma alle Zwoa aa no a Straf zahln soin, vo mir aus.
TAXIFAHRERIN: Aha, sehgn Sie's jetzt selber ei?
XAVER SPÖTTL: Gar nix siehg i ei. Aber so schlimm schaugt ja mei Auto aa wieda net aus. Und bei dem Eahnan fehlt ja gar nix.
TAXIFAHRERIN: Wenn i's genau oschaug, muaß i Eahna rechtgebn.
XAVER SPÖTTL: I glaab, dees kenn ma mit a Sprühdosn leicht selber ausbessern. Na habn ma alle Zwoa koa Gaudi mit da Versicherung. San'S einverstanden?
TAXIFAHRERIN: Sehng'S, jetzt redn'S vernünftig. Da konn i net naa sagn. Jeggerl, da kummt a Polizist.
POLIZIST: Ghörn de Auterl da drübn Eahna?
XAVER SPÖTTL: Ja, de ghörn uns. Warum?
POLIZIST: Weil alle zwoa im striktn Halteverbot stehnga.
XAVER SPÖTTL: Dees is a oide Freundin von mir und mir habn uns scho etliche Jahr nimmer troffa. Gell, Traudl? – Geh zwicka'S doch a Aug zua, mir wollten a so grad fahrn.
TAXIFAHRERIN: Ja, grad wollt ma eisteign.
POLIZIST: Dees wissen'S scho, daß dees in Flensburg a paar Punkterl gibt?
XAVER SPÖTTL: Jetzt san'S doch net gar a so stur. Sie san doch a Münchner.
POLIZIST: I bin im Dienst. Da muaß ma stur sei. Sunst bleibt ma ewig a Schaandi. Aber i wui von a Anzeig absehgn. San'S damit einverstanden, wenn a jeda zwanzg Mark zoiht?
XAVER SPÖTTL: Wenn's gar net anders geht? Vo mir aus.
POLIZIST: *(schreibt)* Na seids alle Zwoa no amoi mit am blaua Aug davokemma. Aber jetzt nix wia weg; - geht's halt in a Kaffee, da kennt's vui ungestörter Wiedersehn feiern. *(ab)*
XAVER SPÖTTL: Da hat er eingli Recht. Was is, gehnga'S mit? I lad Eahna ei. Jetzt geht's ma auf an zwoatn Zwanzger aa nimma drauf z'samm.
TAXIFAHRERIN: Vo mir aus. Jetzt interessiert mi nur noch, woher Sie mein Vornama kenna?
XAVER SPÖTTL: Hoaßn Sie vielleicht wirklich Traudl?
TAXIFAHRERIN: Freili hoaß i Traudl.
XAVER SPÖTTL: Jetzt wird's aber Zeit, daß mir Zwoa an Schnaps dringa.
TAXIFAHRERIN: Ois Autofahrer?
XAVER SPÖTTL: Na lass ma hoit d'Wägn steh und nehm ma uns a Taxi …

Aschermittwoch

Personen: Xaver Spöttl
Seine Freundin

(Xaver Spöttl und seine Freundin sitzen essend am Tisch. Es gibt Fisch in allen Variationen.)

FREUNDIN: *(legt das Besteck beiseite und hebt ihr Glas)* I frei mi, daß'd mei Einladung o'gnomma hast. Prost, Xaver!
XAVER SPÖTTL: *(prostet ihr zu)* Prost! – Oiso kocha konnst du, dees is allerhand. Erstklassig, dei Fisch! Du hättst a guate Köchin abgebn, wennst dees Muichwerk vo deim Vadda net übernehma hättst müaßn. *(beide essen mit großem Appetit)*
FREUNDIN: Ohne dei Huif waar i s'letzte Jahr pleite ganga. Buidsauber aa no. *(ergreift ihr Glas)* Da drauf trink ma nomoi. Prost, oida Freind!
XAVER SPÖTTL: A guats Tröpferl. Aus Frankn, oder net?
FREUNDIN: Genau. Der lasst an' Bodn no durchschmecka ...
XAVER SPÖTTL: *(zögernd)* Is der, ist der Wein vielleicht ...?
FREUNDIN: *(grinsend)* Na na, da konnst absolut beruhigt sei. Der Wein is no vor Tschernobyl g'keltert wordn.
XAVER SPÖTTL: *(atmet hörbar auf, trinkt und isst dann weiter)* Aha. Ein pfenningguats Essn
FREUNDIN: Wennst du de dreitausend Tonnen radioaktivs Molkepulver net verschebbert hättst, na kaannt i mir so was nimmer leistn. Dees war da vielleicht ein Super-Fischzug gwesn von Dir ...
XAVER SPÖTTL: *(stutzt plötzlich bei dem Wort „Fischzug" und lässt sein Besteck sinken ER betrachtet fast mit Ekel die Fischrückstände auf dem Teller.)* Fischzug? Du sag amoi ... *(räuspert sich)*
FREUNDIN: *(erschrocken)* Was is denn los? *(schnuppert an der Fischpastete)* Is was mit der Pastetn?
XAVER SPÖTTL: Na na, mit der Pastetn is oiß in Ordnung. *(misstrauisch)* Wo kaafst denn du deine Fisch ei?
FREUNDIN: *(atmet erleichtert auf)* Ach so, du moanst wega ... *(lacht)* Na na, de Fisch san absolut frisch. *(stolz)* I bin seit zehn Jahr an da „Hanna-Fischzucht" beteiligt. Stille Gesellschafterin, vastehtst'. Zu dreißg Prozent ...
XAVER SPÖTTL: *(lässt augenblicklich sein Fischbesteck fallen)* Ja um Gottswuin, dene hab i dei radioaktivs Molkepulver verkaaft ...

(Sofort Vorhang!)

Bekehrung

Personen: Xaver Spöttl
Dirne

(unter einer Straßenlaterne bei Nacht)

DIRNE: Na Opa, wie wär's denn mit uns beiden?
XAVER SPÖTTL: Was moanst' Madl?
DIRNE: Na wat sag ik, ein Münchner!
XAVER SPÖTTL: Genau, Madl. Und a Opa bin i koaner, verstehst'? I war beim Schafkopfa in da „Letztn Einkehr“ und jetzt geh i hoam. – Dees soitest Du aa toa.
DIRNE: I muss noch een paar Märker anschaffen. Verstehst, Kleener?
XAVER SPÖTTL: Oiso a Ausdrucksweise habts ihr, daß ma a Ganshaut übern Buckl abilaaft. – Wia no so a saubers Madl mit am jedn Mo ins Bettstaadl hupfa mag, dees frag i mi. Graust's denn Dir gar net, haa?
DIRNE: Det is nu mal mein Beruf, Opachen. Det mußte schon verstehn.
XAVER SPÖTTL: A scheena Beruf is dees. Dees muaß i sagn. – Aber wenigstens hat s'Finanzamt da seine Finger net drin. Glanga scho de andern. – Oder zoihts ihr jetzt aa Steuern?
DIRNE: Du machst mir Spaß, Opa. – Also, wie ist es mit uns beiden? Willste oder willste nich? Ik machs Dir janz schön, det schwör ik Dir. Mit hundert Mark biste dabei!
XAVER SPÖTTL: Du moanst, daß i nimma ko, haa? Aber da werst' Di brenna. I bin no ganz guat beinand. Da brauchst' bloß d'Schmiedin“ fragen.
DIRNE: Gewiss, gewiss, det gloob ik Dir och. Na wat is jetzt? Ik steh mir schon die Beene in den Bauch.
XAVER SPÖTTL: I gaang ja ganz gern mit Dir mit, Maadl. Aber i hab de Befürchtung, daß das Du net a so machst, wias i gern hätt.
DIRNE: Jetzt schlägts aber Dreizehn. Wat gloobste wohl, wat ik nich alles schon vernascht habe? Da biste aber schief jewickelt, Opa.
XAVER SPÖTTL: Dees ko scho sei. Aber trotzdem glaab i, daß das Du net so konnst, wias i möcht. D'Schmiedin, de machts aso. Dee woaß genau, wias i mag.
DIRNE: *(lacht)* Biste vielleicht gar noch pervers auch, auf Deine alten Tage?
XAVER SPÖTTL: Pervers bin i net. Bloß Du konnst as hoit net a so, wias i möcht. Da konn ma hoit nix macha.
DIRNE: Ik hab Mulatten und Neger schon im Bette jehabt. Und da gloobst Du, dat ik Dir nich vernaschen könnte? – Du spinnst, Opa.
XAVER SPÖTTL: Schad, daß d'Schmiedin scho schlaft. Sunst kaannst' as fragen, wias i mag.
DIRNE: Für mich haaste keen Geld nich, oder?
XAVER SPÖTTL: Siehgst', jetzt täuschst Di scho wieda.
DIRNE: Na, nu sag mir doch endlich, wie Du es jerne möchtest!
XAVER SPÖTTL: Willst' as wirkli hörn? – Und Du daschrickst net?
DIRNE: Jetzt mach's nich so spannend. Mich kann nichts mehr erschrecken auf dieser Welt. – Also, wie willste es haben?
XAVER SPÖTTL: Bloß a so, wias d'Schmiedin macht. Na bin i scho z'friedn.
DIRNE: Um Himmelswillen, wat biste Du nich kompliziert! Ik mach's Dir jarantiert so, wie es Deine Schmiedin macht.
XAVER SPÖTTL: *(schaut sie an)* Moanst' daß Du dees zsammbringast? *(fest)* Naa, dees

konnst Du eifach net, Madl.
DIRNE: Jetzt mach mich aber nich böse, Opa! – Wie macht's denn diese dämliche Schmiedin bei Dir?
XAVER SPÖTTL: *(grinst)* D'Schmiedin machts bei mir oiwei umsonst….

Party

Personen: Xaver Spöttl
Snob
Gastgeber

GASTGEBER: *(abgehetzt zu seinem Freund)* Oiso i sag das, den blödn Arsch lad i nimmer ei. *(schenkt zwei Gläser voll)* Da, trink mit mir an Schluck, sunst kriag i an' Herzkasperl. Prost Xare!

XAVER SPÖTTL: Prost Oida! – Du stehst ja knapp vor am Herzinfarkt.

GASTGEBER: Sag i ja! – Der Heini, der versnobte, bringt mi no um an' Verstand.

XAVER SPÖTTL: Warum ladst' na soiche Glätzn überhaupt ei? – Deine Partys werdn aa oiwei schlechter ...

GASTGEBER: D'Monika lad dees Gschwerl ei. Sie sagt, daß dees lauter Intellektuelle san und so was taat am Image guat. Verstehst Du, was sie moant?

XAVER SPÖTTL: I suachat ma an Deina Stell an andern Hasn. D'Monika is doch net ganz frisch. *(bezeichnende Geste zur Stirn)* De hat doch von da Intelligenz a Ahnung, wia a Papagei vom Brustschwimma.

GASTGEBER: Du redst fei aa an' ganz an' scheena Schmarrn daher, mei liaba Xare. – Was bessers foit da net ei?

XAVER SPÖTTL: Jo, vui was bessers: i geh jetzt nacha, weil ma dees versnobte Gschwerl bei Dir net gfoit. Den Blabla konn si doch koa hoibwegs gsunder Mensch ohörn. Da schnallt ja a jeda ab, der no an gradn Verstand hat. I hör bloß oiwei Nietzsche, Schopenhauer, Kant und Freud. Dees Gschreibats vo dene habn's scheints alle auswenig glernt. Weil's a jeder aberleiert wia in da Schui an Schiller sei Bürgschaft. – Prost Oida, dees Glasl trink i no, na verzupf i mi. Da schaug i ja liaba no dahoam ins Glotzophon nei. Da brauch i na wenigstens koa Antwort gebn auf a blöde Frag.

GASTGEBER: Um Gottswuin, laß me bloß Du net alloa mit dem Gsindl!

XAVER SPÖTTL: Du hast doch Dei Monika. De unterhalt sich doch guat.

GASTGEBER: De redt doch den gleichn Kaas. De hat bloß an' Nietsche im Kopf und an' Kolle in da Unterwäsch!

XAVER SPÖTTL: Mit dera verdeppst Du komplett, dees sag Dir i. Hau's doch naus zum Tempe, mitsamt ihrane intellektuellen Freinderl!

GASTGEBER: *(lacht gequält)* Hast Du a Ahnung, was dees für a hysterischer Besen is! De macht ma an' Zirkus, daß's nimmer höher geht. Wega da Monika hab i jetzt scho dreimoi d'Wohnung gwechselt.

XAVER SPÖTTL: Na wechselst as jetzt zum viertn Mal und d'Monika gibst' ois Dreingab zu Dei'm Schlafzimmer dazua. Laßt ihr an' Nietzsche da und Dei Gfriertruha mit de Fressalien, na wird's scho recht werdn.

GASTGEBER: Oh mei, Du redst Di leicht. *(trinkt und schaut in den anderen Raum; erschrickt plötzlich sehr und verschluckt sich)* Um Gottswuin, jetzt kimmt der Zitaten-Heini pfeilgrad auf uns zua. – Xare, jetzt trifft mi da Schlag! Sei so guat und hilf ma, sunst hast Du an' Freind ghabt!

XAVER SPÖTTL: Aha, dees is oiso dees intelligente Arschloch! – Laß mi nur macha, dem erzähl i jetzt brüahwarm amoi a bissl was, was er no net woaß. – Du hoitst Dei Mäu und sagst nur „Feili" oder „ja ja" wenn i Di oschaug.

(Der Snob kommt mit einem Glas näher.)

SNOB: *(zum Gastgeber)* Da steckst Du also, mein Bester. Monika konnte Dich auch nicht finden.

XAVER SPÖTTL: *(leise)* A Preiß is er aa no!

SNOB: Was meinten Sie soeben!

XAVER SPÖTTL: I? – Nix. – I hab bloß zu mein Freind gsagt, daß da Nietzsche a unbandig schlauer Kopf war.

SNOB: *(von oben herab)* Was kennen Sie denn von Nietzsche? – Nietzsche war kein schlauer Kopf, wie Sie sich auszudrücken belieben, Nietzsche war ein Gigant des Geistes. – Ein Genie gewissermaßen!

XAVER SPÖTTL: Dees hat mei Freind aa gsagt. – Zum Beispui dees gfoit ma guat von eahm: „Wer die Menschen kennt, kann keine Götter lieben!" – I glaab ausn Zarathustra is der Spruch, oder?

SNOB: *(verwirrt)* Wie? – Ja. – Gewiss, aus Zarathustra. – Und dieser Spruch umreißt alles, was es darüber zu sagen gibt.

XAVER SPÖTTL: Genau. – Da Nietzsche hat scho gwußt, was er schreibt. – I find aa den Spruch vo eahm guat: „Wo der Wurm am größten, ist das Fleisch am besten." – Da habn ma grad gredt davo, net Oida?

GASTGEBER: Freili.

SNOB: *(zögernd)* Auch aus Zarathustra, nicht? – Wenn ich mich nicht irre, auf Seite 230? Hab ich Recht?

XAVER SPOÖTTL: Naa, der Spruch is aus der „Fröhlichen Wissenschaft".

SNOB: Richtig. Ich hatte es verwechselt. – Ein enormes Geisteswerk für die deutsche Denkweise. Richtungsweisend, gewissermaßen. – Respekt, Sie kennen sich ja glänzend aus in Nietzsches philosophischem Werk.

XAVER SPÖTTL: Na ja, so weit is'net her damit. I lies halt a bröckl, dees is eigentlich scho oiß. Wissen'S, i konn net eischlaffa, wenn i net a bissl was zum Lesn hab. – Jessas, da foit ma no a guata Spruch ei: „Die Religionen sind Stufen zu Gott".- Wia finden'S jetzt dees? *(zum Gastgeber)* Du kennst as ja sowieso.

GASTGEBER: Ja ja.

SNOB: *(verlegen)* Wohl auch aus der „Fröhlichen Wissenschaft", nicht?

XAVER SPÖTTL: Aber aber! – Kenna Sie an Nietzsche so schlecht?

SNOB: *(sehr verlegen)* Eigentlich nicht. – Doch Nietzsche schrieb unendlich viel.

XAVER SPÖTTL: So schlimm is dees na aa wieder net. De fünf Büacherl, de wo er verfasst hat. Und de Paar Gedichte. An' Nietzsche hab i komplett in zwoa Wocha glesn ghabt. – Sie wissen scho, im Bett.

SNOB: Von wem stammt dieser Ausspruch dann, wenn er nicht von Nietzsche ist?

XAVER SPÖTTL: Vom Kant seiner „klaren Vernunft". Net Oida? Du hast ja an' Kant aa glesn!

GASTGEBER: An' Kant? – Kaannt scho sei …

XAVER SPÖTTL: Mim Kant hab i de andern zwoa Wocha verbracht. – Na is da Schopenhauer dro kemma …

SNOB: *(ehrfürchtig)* Sie sind ja ein äußerst belesener Mann.

XAVER SPÖTTL: No ja, fürn Hausgebrauch geht's scho. – I konn halt sunst net eischlaffa. Bloß oan Spruch, den hab i net ganz verstandn. Vielleicht kenna ma Sie den erklärn? – „Wähle dir deine Freunde nach dem Gesichtspunkt der Notwendigkeit!"

SNOB: *(überlegt)* Stammt wohl wieder von Nietzsche, nicht? – *(lacht unsicher)* Sie wollen mich wohl aufs Glatteis führen? Aus Zarathustra oder aus der Fröhlichen Wissenschaft?

XAVER SPÖTTL: Weder noch. – Der Spruch stammt von mir, drum versteh i'n ja net.

SNOB: *(lacht sehr laut)* Na na na! – Sie sind mir so ein Schlingel! Beinahe hätten Sie mich dran gekriegt. *(ihm ist nicht wohl in seiner Haut)* Nun muss ich mich aber wieder um die arme Monika kümmern. – Alle Achtung, Sie kennen sich aber aus bei unseren großen Denkern. – *(zum Gastgeber)* Dein Freund ist ein Gewinn für Deine Party. – Weshalb verstecken Sie sich denn im Nebenzimmer? – Die anderen Gäste wären entzückt davon,

Sie kennen zu lernen. – Kommen Sie doch mit! – Ich kümmere mich um Monika, ja? *(rasch ab)*

XAVER SPÖTTL: So, Oida, jetzt trink i no a Glasl, aber na geh i wirkli.

GASTGEBER: Oiso dem Glätzn hast'as aber gebn. – I hab gar net gwußt, daß de Du so guat mim Nietzsche und mit de andern auskennst? – I hab direkt Respekt vor Dir. – Und zu mir sagst', daß da du net amoi oa Gedicht auswendi merka konnst. Und dabei hast den ganzn Nietzsche im Kopf!

XAVER SPÖTTL: *(lacht unbändig)* Net oa Wort hab i im Kopf, Oida! – Net a oanzigs Wort! – De Sprüch hab i mir doch grad alle selber ausdenkt. – Da siehgst Du amoi wieder, wia weit daß's mim Intellekt her is bei dene Glätzn! – Lauter Angeber. – I find', Du sollst Dei Wohnung wechseln mitsamt da Monika und Deine ganzn Gäst'. De san doch alle nix wert …

Nostalgie

Personen: Xaver Spöttl
Geschäftsmann

(Runder Tisch in einer Konditorei)

XAVER SPÖTTL: Habn'S den Bamsn da drübn gsehng, wia der mit seina Prinzregententortn umgeht, Herr Nachbar? Wenn dees mei Bua waar, na tat i eahm s'Hinterleder strammziagn. Mit da Gabel umananda stecha und na liegn lassn.

GESCHÄFTSMANN: Die Leute haben zu viel Geld heutzutage. Und da sind die Dinge nichts mehr wert.

XAVER SPÖTTL: Da haben'S recht, Herr Nachbar. Wenn i da zruckdenk, wias nach m'Kriag war, da hätt ma uns gstrittn um a Stückl Prinzregententortn. Wissen'S de Zeit no?

GESCHÄFTSMANN: Natürlich erinnere ich mich an die Zeit noch genau. Vierfruchtmarmelade und Kunsthonig hatten wir, wenn wir Glück hatten.

XAVER SPÖTTL: Und nix zum Hoazn im Winter und oiwei de damische Stromsperre. – Schaugn'S no grad nüber. Jetzt bstellt's dem Fratzn a Ernusstortn. Da werd er aa bloß wieda umananda stecha. I kaannt stocknarrisch werdn.

GESCHÄFTSMANN: Und in anderen Ländern verhungern die Leute zu X-tausenden. In dieser Beziehung kann man sich den Kommunismus gut vorstellen.

XAVER SPÖTTL: Erinnern'S Eahna no, Herr Nachbar, wia ma mit de Lebensmittelkartn oiwei o'gstandn san, wenn's irgendwo wieder amoi a bissl was zum Beißn gebn hat? – Dees glaabt ja heit koa Mensch mehr.

GESCHÄFTSMANN: Der Deutsche ist ein Arbeitstier. Er rauft sich immer wieder in die Höhe. Schaun Sie nach England, die haben den Krieg gewonnen und stehen schlechter da, als wir. Das ist reine Mentalitätssache. Wir werkeln immer wie die Ochsen.

XAVER SPÖTTL: Bei uns in Giasing habn's in dem strenga Winter 1946ge im Block neba meina dees ganze Stiagnglaanda vahoazt. Und de hoizan Treppn aa no dazua.So hat's ausgschaut damois.

GESCHÄFTSMANN: Sehen Sie mich an. Ich habe nach dem Krieg mit Null Mark angefangen, und heute liege ich in einer Steuerprogression von 54 Prozent. Ist das kein Erfolg? Aber gearbeitet wie ein Stier. Von Urlaub war zwanzig Jahre keine Rede.

XAVER SPÖTTL: Was i gsagt hab. Jetzt sticht der Hundsgribbi wieder bloß mit da Gabel umandanda. I wart bloß no da drauf, bis eahm sei Muadda wieder an' neia Kuacha bstellt. Aber na geh i nüber und wisch dem Saubuam a paar. So was konn i net mit o'schaugn.

GESCHÄFTSMANN: Manchmal frage ich mich, wofür ich mich tagtäglich abschufte, wenn mir das Scheißfinanzamt mehr als die Hälfte wieder aus der Tasche zieht! Unser halbes Leben arbeiten wir für den Staat ...

XAVER SPÖTTL: Soichene Leit, wia dene da drübn, taat i direkt wieda amoi a schlechte Zeit wünschn. Damits s'Essn wieda mehra schätzn lerna. Was heit an Essn oiß weggschmissn wird, schreit zum Himmi.

GESCHÄFTSMANN: Jeder fährt einen mordstrumm Wagen. Natürlich alle zwei Jahre einen neuen. Jeder hat eine Pfundswohnung mit Fernseher und Gefriertruhe. Trotzdem sind sie unzufrieden und neiden dem Klein-Unternehmer sein Einkommen. So lange, bis der Arbeitgeber nicht mehr mitspielt. Dann werden alle Augen machen ...

XAVER SPÖTTL: Was i gsagt hab. Tss. Jetzt kriagt der Bankert an Obstkuacha! Mit am'

Haufa Schlagrahm drauf! Den werd er jetzt na glei auf d'Leit schmeißn. Und sagn derfst'd aa nix, sunst hoaßt's glei wieder, daß ma d'Kinder net mag. Dees macht oiß de antiautoritäre Erziehung. D'Eltern o'schbeim wenn ma was net kriagt, steht heit auf da Tagesordnung. Dees werd se aber oiß no amoi rächa.

GESCHÄFTSMANN: Früher war man glücklich, wenn man Arbeit hatte. Heute möchte jeder Wicht im Betrieb mitbestimmen. Aber natürlich kein Risiko eingehen! Nur das Maul aufreißen ...

XAVER SPÖTTL: Wo dees no hiführt, möcht i wissen. Früaha hab i a Zwanzgerl kriagt für s'Radlaufpassn; und heit muaßt' oam an' Zwanzger gebn, daß er dir s'Radl net vaziagt! – Schaugn'S hi, was i gsagt hab, jetzt verschmiert er an' Schlagrahm auf da Tischdecka. Und d'Muadda schaugt eahm zua, weil er „kreativ" tätig is, ihr Scheißer.

GESCHÄFTSMANN: Die Großindustrie verdrückt sich ins Ausland, oder fusioniert, und wir Kleinunternehmer werden vom Staat ausgebeutelt. Aber das sag' ich Ihnen, bald mag ich nicht mehr.

XAVER SPÖTTL: Recht habn'S, Herr Nachbar. Wenn'S tot san, gibt Eahna koa Mensch mehr was dafür. – Aber jetzt laß i Eahna a Ruah, sunst kemma'S ja net amoi dazua, daß'S Eahna Ernusstortn essn kenna.

GESCHÄFTSMANN: *(probiert die Torte)* Nein, die mag ich nicht, die ist mir viel zu fett! Igitt, die kann ein anderer essen!

XAVER SPÖTTL: Na verschmmiern S'es hoit auf da Tischdecka. Vielleicht werd a „Kunstwerk" draus ...

Demonstration

Personen: Xaver Spöttl
Junger Mann
Wirt

XAVER SPÖTTL: *(trinkt seinen Krug leer)* Geh weida, Schorsch, bring ma no a Hoibe.
WIRT: Heit is wieda allerhand los auf da Straß. De ganze Sonnenstraß habn's gsperrt, weil's demonstriern.
XAVER SPÖTTL: Gega was denn scho wieda?
WIRT: So vui i woaß gega den numeros clausos, oder wia dees hoaßt.
XAVER SPÖTTL: So so. I glaab dees hoaßt numerus clausus. Is ja wurscht. Aber wenn a jeda studiert, wias heitzutag da Foi is, na müassn's halt a'n Riegl vorschiabn. Was tean ma denn mit dene Haufa studiertn Leit? De san ja alle arbeitslos später.
WIRT: Dees Demonstriern is halt a neie Mode wordn. De oana demonstriern gega den Paragraph 218, de andern für d'Emanzipation und wieda andere für's Reinheitsgebot vo unserm Bier. Demonstriert muaß einfach werdn heitzutag. Sunst is eahna net woih.
XAVER SPÖTTL: Da sag i ja nix. Heit san ma Gottseidank so weit, daß ma was sagn derf. Ma braucht se nimmer oiß gfoin lassn, wia früaher. Stinka tuat a mir bloß da, daß de meistn, de wo bei a Demonstration mitlaafa, net amoi wissn, gega was daß' demonstriern. Dees san de hauptberuflichn Demonstrantn, de wo ma bloß im Rudl o'trifft.
WIRT: Richtig, Xaver. Dees hab i mir aa scho oft denkt. De Hamperer laafa überall mit und führn se auf ois wia a Steign voi Affn. Wenn's nur grad a Transparent tragn derfa, na is eahna scho woih. I hätt gar koa Zeit dazua, weil i arbeitn muaß. Zum Beispui de Demonstration vo heit. I hab mas o'gschaugt, wia i vom Großmarkt kumma bin. I hab bloß zwoa Transparent gsehng, de gega den numeros clausos warn. De andern habn alle an Hammer und a Sichl ghabt. Da frag i mi fei ehrlich, was der ganze Scheiß soi. Echt.
XAVER SPÖTTL: Hab i's net gsagt? Unter dem Deckmantl vo irgendeiner Sach', bringas eahnare kommunistischn Parolen. Für mi habn's alle koa Hirn mehr heitzutags. Aber dees kimmt daher, weil de meistn nimma arbeitn woin und trotzdem an Haufa Gerstl kassiern mächatn. Da stimmt dees oide Sprichwort wieda: „Wenns am Esel zu woih werd, na geht er aufs Eis!"
WIRT: Genau. I taats alle eisperrn.
XAVER SPÖTTL: Du scho. Aber so leicht geht dees heit nimmer. Heit hat a jeda dees Recht zur persönlichen Meinungsäußerung. Und wenn de Meinung aa no so verkehrt und dappig is. Geh weida, Schorsch, bring ma mei Bier, sunst demonstrier i amoi gega d'Wirt.
WIRT: Bloß dees net! – Da bring i Dir scho liaba a frische Hoibe. *(ab)*
(Junger Mann in Blue Jeans und amerikanischer Militärjacke erscheint. Er blutet an der Stirne.)
JUNGER MANN: *(zu Spöttl)* De Scheißkerle habn me gwaachelt wia an kloana Buam! Derf i amoi telefoniern?
XAVER SPÖTTL: Da müaßn'S an Wirt fragen. – Warn'S bei da Demonstration dabei?
JUNGER MANN: Freili. Aber in unserm Polizeistaat derf ma ja nix mehr sagn. Sunst lassn's oan umanander, daß' grad aso staubt!
XAVER SPÖTTL: Wen woin'S denn o'ruafa?
JUNGER MANN: Sie san guat; d'Polizei nadürle!
XAVER SPÖTTL: *(grinst)* Jetzt haut's mi vom Stuih abi! D'Polizei hat Eahna aufdünst' und dees woin'S bei da Polizei o'zoagn? Dees is a Logik, de wo i nimmer versteh auf meine

oidn Tag.

JUNGER MANN: Wenn ma se oiß gfoin laßt, na öffnat ma da Brutalität Tür und Tor. De Demonstration war o'gsagt und genehmigt. Da hat oiß sei Richtigkeit ghabt. Und auf oamoi habn d'Polypn s'Stänkern o'gfangt und einidroschn was no grad ganga is. A so geht's net!

XAVER SPÖTTL: Es konn aber doch genauso guat gwen sei, daß d'Demonstrantn o'gfangt habn. Habn Sie dees genau gsehng, daß d'Polizei zerscht zuagschlagn hat?

JUNGER MANN: Mein Gott, gsehng hab is freilich net. Auf jedn Foi hat mir so a haglbuachana Schandi sein Gummidiezl aufn Kopf ghaut.

XAVER SPÖTTL: Oiwei hackt ma auf da Polizei rum. Wenn de an Kriminellen oane naufbrennt, na ziahgts Presse glei durchn Dreeg. Ja soin de vielleicht zerscht an jedn Lumpn a Einladungskartn schicka? Oder soin sa se zerscht daschießn lassn? I zweifelt scho boid am gsundn Menschnverstand.

JUNGER MANN: Aha, Sie ghörn oiso aa zu dera Sortn, de dees guat hoaßt, wenn ma vo da Polizei traktiert werd.

XAVER SPÖTTL: Naa, gwiß net. Aber i siehg dees ums varrecka net ei, daß ma unser Polizei oiwei ois Gwoitmenschn histellt.

JUNGER MANN: Und was is nacha dees an meim Kopf? I bluat ois wia a Sau und Sie sagn, daß d'Polizei na net gwalttätig waar? A Gmüat habn Sie, wia a Metzgerhund. Ehrlich.

XAVER SPÖTTL: Jetzt macha'S nur net a soichas Weeda, wega dem bröckl Bluat. Mir habn früahas graaft ois wia deWuidn und trotzdem habn ma uns guat unterhoitn.

JUNGER MANN: An Dokta brauch i und net Eahnan guatn Rat. Der muaß mi mindestens für a Woch krankschreibn. Vielleicht bleibt ma sogar was.

XAVER SPÖTTL: So seids ihr junga Leit. – Mir san früahas mit am Loch im Kopf in d'Arbat gaanga. Da hat's bei uns nix gebn. Wenn ma raafa ko, na konn ma aa arbatn.

JUNGER MANN: I hab ja gar net graaft! Mi hat d'Polizei gschlagn! Und dees laß i mir net gfoin. Wo lebn ma denn überhaupts? I hab's meine Spezl versprocha, daß i was ungernehma wer. So leicht laß i mi net schlagn! I net!

XAVER SPÖTTL: I mächat scho ganz gern wissn, was Sie unternehma woin?

JUNGER MANN: Dees wern'S jetzt na glei spanna. De ganze Polizei steckt doch unter oam Huat. De helfa alle z'samm, de Schlawiner. Aber i helf eahna scho eini in d'Schuah. De Spezlwirtschaft regt mi scho lang auf.

WIRT: So, Xaver, da hast' Dei Bier. Es hat a wengerl länger dauert, weil i frisch o'zapft hab.

JUNGER MANN: San Sie da Wirt?

WIRT: Dees bin i.

JUNGER MANN: Derf i bei Eahna amoi kurz o'ruafa?

WIRT: *(grinst)* San'S in a Faust nei glaafa?

JUNGER MANN: Naa, bloß unter a'n Gummiknüppel von am Schandi.

WIRT: Aha; habn'S demonstriert heit? Ja mei, da konn so was scho passiern. S'Telefon steht nebn da Küch vorn. Ruafa'S nur Eahna Muadda o.

JUNGER MANN: Mei Muadda ruaf i net o, aber mein Vadda. Der soi amoi a bröckl schaugn, was er für Deppn ei'stellt.

XAVER SPÖTTL: I hab gmoant, Sie woin d'Polizei o'ruafa?

JUNGER MANN:. Dees tua i ja. Mei Vadda is da Polizeipräsident …

Zwiegespräch in Daglfing

Personen: Xaver Spöttl
Stallbursche

XAVER SPÖTTL: Umananda loahna tuast Du, wia wenn's koa Arbat gaab.
STALLBURSCHE: I arbat ma gnua an ganzn Tag.
XAVER SPÖTTL: Dees siehg i.
STALLBURSCHE: A bröckl ausruahn werd ma se ja wohl no derfa, oder?
XAVER SPÖTT: Net aufmümpfig werdn, gell! – Hast' an „Tristan" überhaupt scho gstriegelt?
STALLBURSCHE: Freili.
XAVER SPÖTTL: Hast'n aa scho gfuadert heit?
STALLBURSCHE: Gfuadert?
XAVER SPÖTTL: Ja, gfuadert.
STALLBURSCHE: Freili, gfuadert is er aa scho.
XAVER SPÖTTL: Hast' eahm deesmoi a bröckl mehra gebn, an „Tristan"?
STALLBURSCHE: A bröckl mehra?
XAVER SPÖTTL: Jessas, is dees a Kreiz mit Dir. I hab da doch gsagt, daß'D eahm deesmoi mehra gebn sollst, weil er am Sonntag so schee ganga is.
STALLBURSCHE: I hab eahm ja a bissl mehra gebn.
XAVER SPÖTTL: Na is's ja recht. Laß Dir doch net a jeds Wort rauskitzln.
STALLBURSCHE: Is ja wahr aa. Weil'S oiwei so schrein müaßn.
XAVER SPÖTTL: Dees waar koa Wunder net. Heit hört ja koaner mehr, wenn ma normal redt. – Hast' eahm an Hafer aa nei?
STALLBURSCHE: An Hafer? – Da war ma durchaus nix bekannt.
XAVER SPÖTTL: Dees kummt davo, weilst' oiwei bloß hoibat hihörst, wenn i was sag; und koa Arbeitsmoral mehr hast'.
STALLBURSCHE: I arbat ma gnua. Und von am Hafer war mir nix bekannt.
XAVER SPÖTTL: Zefix, hast' eahm jetzt oan nei oder net?
STALLBURSCHE: Jessas na, da daschrickt ma ja glei. – Freili hab i eahm oan nei.
XAVER SPÖTTL: Warum sagst' as dann net glei? Du bist da vielleicht so a Hachtn. – Hast' eahm gnua nei, weil er doch am Mittwoch wieder o'schiabn muaß?
STALLBURSCHE: Freili. Gstricha voll hab i eahm an Barrn gmacht.
XAVER SPÖTTL: Und gfuadert hast'n aa ausreichend?
STALLBURSCHE: Wenn i's doch sag; an ganzn Haufa hab i eahm nei to. A hoibats Fuada, glaab i, war's sogar!
XAVER SPÖTTL: Ja bist denn Du ganz narrisch! Du bringst mi no ins Grab, Du Hirsch. A hoibats Fuada! – Da überfrisst se ja mei „Tristan" glatt.
STALLBURSCHE: Jetzt dafanga'S Eahna nur wieda; so vui war's na aa wieda net, wia Sie moana.
XAVER SPÖTTL: Glaab mas, i kaannt stocknarrisch werdn mit Dir. A Maß und a Zui hast Du scheint's um koa Fünferl net. Hast' eahm vom Hafer vielleicht aa so vui vor gebn?
STALLLBURSCHE: Naa, vom Hafer hab i eahm net vui nei to.
XAVER SPÖTTL: Du bist im Stand und überfuadast ma an „Tristan" und na taugt er nix mehr. A Rennross ghört mit Gfuih behandlt.
STALLBURSCHE: Herrschaftseitn, i sag's Eahna doch andauernd, daß i eahm so vui aa wieda net gebn hab.
XAVER SPÖTTL: Jetzt machst' mi aber boid windig! Wiavui hastn eahm jetzt na eingli gebn?

STALLBURSCHE: Wenn i mir's recht überleg, na glaab i, hab i an „Tristan" no net gfuadert.

Der Prototyp

(Schalter einer Kfz-Zulassungsstelle. Ein Tisch, zwei Stühle, einige Nummernschilder.)

BEAMTER: *(Sitzt am Tisch und isst einen Leberkäs. Aus einer Thermosflasche trinkt er Tee.)* Aah. Ein Zitronentee tut halt gut.

(XAVER SPÖTTL tritt auf. Er bleibt unschlüssig stehen, schnäuzt und räuspert sich. Der Beamte nimmt keine Notiz von ihm, er isst ungeniert weiter. Plötzlich schlägt die Uhr und der Beamte räumt rasch alles weg und wendet sich Xaver Spöttl zu. Er bedeutet ihm mit einer Handbewegung, Platz zu nehmen.)

BEAMTER: Wo brennt's?

XAVER SPÖTTL: *(erstaunt)* Brennen? – Nirgends! *(schnuppert)* Das tät ich doch riechen.

BEAMTER: Na, wo es fehlt, möchte ich halt wissen?

XAVER SPÖTTL: *(erstaunt)* Fehlen? *(er tastet seine Kleidung ab)* Nix fehlt mir, gar nix. *(macht mit der Hand eine Bewegung des Stehlens)* Passiert das manchmal da herin bei Ihnen?

BEAMTER: *(ungeduldig)* Schmarrn. Gar nix passiert da herin bei mir. – Aber jetzt sagen'S mir doch endlich, was Sie eigentlich möchten. Ich hab meine Zeit doch auch nicht gestohlen.

XAVER SPÖTTL: Das glaub ich Ihnen gerne. Sie sind gewiss kein Dieb nicht. Wissen'S, die Diebe haben einen verschlagenen Ausdruck. *(schaut ihn genau an)* Nein, nein, Sie stehlen net.

BEAMTER: *(ärgerlich)* Das ist doch die Höhe. Sind Sie jetzt so dumm oder tun Sie nur so?

XAVER SPÖTTL: Ja, also ich glaub, daß ich schon so dumm bin. Was glauben Sie von mir? Meinen'S, daß ich mich so verstellen könnt?

BEAMTER: *(seufzt)* Solche Leute, wie Sie, möchte ich mehr haben. Dann käm ich nicht von der Stelle.

XAVER SPÖTTL: *(bückt sich und schaut auf seine Beine)* Ja sagen'S einmal, laufen Sie vielleicht unterm Sitzen?

BEAMTER: Sind Sie denn ganz blöd?

XAVER SPÖTTL: Wenn'S mich so fragen, ich glaub schon. *(bewundernd)* Daß Sie das gleich merken. Das ist ja allerhand. Und ich hab immer gemeint, die Beamten sind stur. Das stimmt aber gar nicht.

BEAMTER: *(schaut auf die Uhr)* Was kann ich also für Sie tun?

XAVER SPÖTTL: Eigentlich gar nix.

BEAMTER: Weshalb sind Sie dann gekommen?

XAVER SPÖTTL: Der Freund von meinem Nachbarn seiner Frau hat gesagt, daß ich mein „Viecherl" anmelden muß.

BEAMTER: Aha. Jetzt kommen wir der Sache schon näher. Ihr *(zögert),* wie sagten Sie gleich …

XAVER SPÖTTL: Mein „Viecherl".

BEAMTER: Ihr „Vehikel" meinen Sie doch sicherlich, nicht?

XAVER SPÖTTL: Ja wissen'S, ich weiß des net so genau, wie Sie dazu sagen. Ich bin ja noch fremd da. Bei mir daheim, in „Großdingkleinding" sagt man halt „Viecherl". Aber wenn's Ihnen lieber ist, na sag ich halt auch „Vehikel".

BEAMTER: Mir ist das wurscht, wie Sie sagen. *(beginnt zu schreiben)* Also, was ist es für eine Marke?

XAVER SPÖTTL: Mei, das ist schlecht zu sagen.

BEAMTER: *(wird immer ungeduldiger)* Das ist doch net schwer zu sagen. Den Hersteller mein ich halt.

XAVER SPÖTTL: *(fängt schallend zu lachen an)* Sie machen aber Witze, zwei waren's halt.
BEAMTER: Also zwei. Das ist aber eine besondere Marke. Ein Prototyp sozusagen?
XAVER SPÖTTL: Ja, das glaub ich auch. Und wenn Sie mich darin bestärken, dann weiß ich sogar sicher, daß es ein Prototyp ist.
BEAMTER: Bewegt er sich auf vieren fort?
XAVER SPÖTTL: Freilich. Was glauben Sie denn. Wenn es auch ein Prototyp ist, aber krank ist er noch lange nicht.
BEAMTER: Es könnte ja auch ein Dreirad sein.
XAVER SPÖTTL: *(schaut ihn eine Weile an)* Das glaub ich nicht. Sie sind ja auch kein Zweirad, weil'S zwei Füaß haben.
BEAMTER: *(schreit)* Jetzt reicht's mir aber! – Ich will eine klare Auskunft, sonst können Sie hingehen, wo der Pfeffer wächst.
XAVER SPÖTTL: *(ruhig)* Ist das auch in diesem Gebäude?
BEAMTER: *(schreit)* Ruhe!
XAVER SPÖTTL: *(eingeschnappt)* Ich sag schon nichts mehr.
BEAMTER: Hat er schon ein Nummernschild?
XAVER SPÖTTL: Wer?
BEAMTER: Na ihr komischer Prototyp.
XAVER SPÖTTL: *(aufgebracht)* Nein. Und komisch ist der net. Das sag ich Ihnen aber! Und zwar sofort!
BEAMTER: Also, dann brauchen Sie ein neues Nummernschild für Ihr Vehikel.
XAVER SPÖTTL: Viecherl.
BEAMTER: Von mir aus, sagen Sie wie Sie wollen! – Da nehmen Sie ein rechteckiges. *(deutet auf ein Nummerschild)*
XAVER SPÖTTL: Meinen'S net, daß das zu groß ist für ihn? Das schleift er ja am Boden nach.
BEAMTER: Dann müssen Sie es halt fest anschrauben.
XAVER SPÖTTL: Das lässt er sich bestimmt nicht gefallen.
BEAMTER: Das ist mir wurscht. Angeschraubt muss es werden. Und von oben beleuchtet.
XAVER SPÖTTL: *(überlegt)* Also, das geht nicht. Zur Not kann ich's noch anschrauben, aber beleuchten kann ich's nicht. Das geht unter gar keinen Umständen.
BEAMTER: Von mir aus tun Sie was Sie wollen. Jedenfalls hab ich Sie darauf hingewiesen, nach Paragraph 6789 ist eine Beleuchtung des Kennzeichens Vorschrift.
XAVER SPÖTTL: So einen komischen Paragraphen kann's doch gar nicht geben. Das wäre eine Tierschinderei!
BEAMTER: Es tut mir leid, aber ich muss Ihnen sagen, daß Sie spinnen.
XAVER SPÖTTL: Das weiß ich schon. Aber trotzdem ist es eine Tierschinderei. Ich kann ihm doch keine Batterie auf den Buckel binden.
BEAMTER: Wem?
XAVER SPÖTTL: Na, meinem Prototypen, oder wie Sie ihn im Beamtendeutsch heißen.
BEAMTER: *(misstrauisch)* Hat Ihr „Prototyp" vielleicht vier Beine?
XAVER SPÖTTL: Ja freilich. Ich hab's Ihnen doch schon gesagt.
BEAMTER: *(noch misstrauischer)* Und vielleicht gar einen Schwanz?
XAVER SPÖTTL: Eigentlich schon.
BEAMTER: *(schreit)* Was heißt eigentlich? Hat er nun einen Schwanz oder nicht?
XAVER SPÖTTL: Beim Raufen hat ihm ein Bernhardiner den Schwanz abgebissen. Jetzt kann er nimmer richtig wedeln damit.
BEAMTER: *(zerreißt das Formular energisch und erhebt sich; er sagt ganz ruhig)* Sie möchten also Ihren Hund anmelden?
XAVER SPÖTTL: *(erleichtert)* Ja freilich, von dem red ich ja die ganze Zeit.

BEAMTER: *(sehr ruhig)* Dann sind Sie falsch bei mir. Hier werden nur Autos angemeldet. *(schreit plötzlich furchtbar)* Also hinaus mit Ihnen! Raus! Aber sofort! Raus!

XAVER SPÖTTL: *(erhebt sich und geht erschrocken rückwärts zur Türe)* Das hätten'S mir aber gleich sagen können, wo ich doch meinen Mercedes auch noch zulassen muss. *(Geht ab; der Beamte bricht am Tisch zusammen)*

Ein schlauer Kopf

Personen: Xaver Spöttl
Kellnerin

XAVER SPÖTTL: *(zur Bedienung)* Mir bringa'S a Bratwurscht, Freilein. – Dees hoaßt, wenn's frisch is?

KELLNERIN: Aber erlaubn'S amoi, Herr, ois wia wenn mir gstinkerte Würscht verkaafa taan. – Oiso, oa Bratwurscht! *(ab)*

XAVER SPÖTTL: Dees sagt ja koana …

KELLNERIN: *(stellt einen Teller vor ihn hin)* Bittscheen, da Herr, Eahna Bratwurscht.

XAVER SPÖTTL: *(schnuppert daran)* Na oiso, was i gsagt hab, de riacht doch schon a bissl?

KELLNERIN: *(entrüstet)* Sie braucha'S ja net essn!

XAVER SPÖTTL: Genau. – Geh nehma S'es wieder mit und bringa'S ma liaber a Glasl Wein dafür.

KELLNERIN: *(bringt ihm den Wein)* Bittscheen da Herr, a Viertl Weißn …

XAVER SPÖTTL: *(probiert)* Aha, dees laß i mir gfoin. – Dees is a guater Tropfa! *(Trinkt das Glas aus, stellt es auf den Tisch zurück, erhebt sich und will gehen.)*

KELLNERIN: *(verblüfft)* Ja was is denn dees? – Woin Sie vielleicht scho geh? – *(streng)* Na müaßn'S aber scho zerscht zoihn, bittscheen!

XAVER SPÖTTL: *(schaut sie überrascht an)* Zoihn? – Was soll i denn zoihn?

KELLNERIN: Ja Sie san guat, den Wein hoit!

XAVER SPÖTTL: Ja was foit denn Eahna net ei, Freilein? – Dafür hab i Eahna ja de Bratwurscht gebn!

KELLNERIN: *(unsicher)* De habn'S ja aa no net zoiht!

XAVER SPÖTTL: De hab i aa net g'essn …

Lange Leitung

Personen : Xaver Spöttl
Stimmen

(Telefontisch, an dem Xaver Spöttl telefoniert. Sein Gesprächspartner ist jeweils eine andere Stimme, die vom Tonband kommt.)

STIMME: *(bewegt)* ...und Du Xaver, ruafst' de andern Freund' o. Es is scho a rechts Kreuz, daß'den arma Schorsch so schnell vom Stangl ghaut hat. Doch a scheene Leich war's. Da kaannt er nix sagn.

XAVER SPÖTTL: *(ebenfalls mit bewegter Stimme)* Der arme Schorsch. Da siehgt ma amoi wieda, wia schnell daß so was geh ko. Heit spuist' no a Herzsolo und morgn ... Aber d'Beerdigung war schee. Da kaannt er nix sagn. *(Pause)* Oiso, i ruaf scho o. Pfüadi nacha. – Übrigens, warst, scho im Urlaub?

STIMME: Naa, i no net. Und du?

XAVER SPÖTTL: I aa no net. – Oiso Pfüadi.

STIMME: Oiso na, Pfüadi Xaver. Und vagiss net, zwengs'n Schorsch ...

XAVER SPÖTTL: Du konnst Di valassn. – Pfüadi ...*(hängt ein; nimmt das Telefonbuch zur Hand)* Scheidbrenner, Scheidhammer, Scheidmeier, Sch... Sch... *(zögert und blättert um)* Scheidhofer. Aha. Da habn man ja. *(wählt)*

STIMME: Hier Scheidhofer.

XAVER SPÖTTL: Da Maxl selba?

STIMME: Ja, wer is'?

XAVER SPÖTTL: I bin's. Da Xaver.

STIMME: *(erfreut)* Aha, Du bist as. – Was is'n nacha?

XAVER SPÖTTL: *(bewegte Stimme)* I wollt Dir bloß sagn, daß mir heit an' Schorsch eigrabn habn.

STIMME: *(erschrocken)* Was, an' Schorsch? Ja sag amoi, der war doch frisch, ois wia a Lercherl. Naa so was. Wia is'n dees zuaganga?

XAVER SPÖTTL: Ja mei, wia halt so was zuageht. – Da Schlag hat'n troffa. Und na war's aus. – Drei Tag später is er gstorbn. – Der arme Schorsch.

STIMME: *(lamentiert)* Der arme Schorsch. Naa naa, so was. Und so schnell. – Aber warum habt's zu mir nix gsagt? I hätt eahm de letzte Ehr scho erwiesen?

XAVER SPÖTTL: Es is halt alles zu schnell ganga. Und jetzt is' ja scho vorbei. – I ruaf bloß no de andern Spezl alle o, de wo's no net wissn.

STIMME: Aha. Na dank i Dir halt schee. Und woaßt' scho: i waar scho kumma! Der arme Schorsch. Jetzt is' aus mit'm Schafkopfa. *(Pause)* Warst' scho im Urlaub?

XAVER SPÖTTL: Im Urlaub? – naa, i net.

STIMME: *(erfreut)* Woaßt', mir fahrn zwoa Wocha lang nach Rimini.

XAVER SPÖTTL: So, nach Rimini. Dees gfreut mi für Di. *(wieder traurig)* Aber jetzt muaß i no a paar oruafa.

STIMME: *(ebenfalls traurig)* Freili, freili, vasteh i scho. – Der arme Schorsch. Oiso, Pfüadi und dank Dir schee für d'Nachricht. *(hängt ein)*

XAVER SPÖTTL: Oamoi schwarz. *(blättert wieder im Telefonbuch)* Brausekopf, Brausemann, - naa, Nama gibt's da scho – Brauseknecht. Oiso, da is er ja. *(wählt die Nummer)*

STIMME: Brauseknecht.

XAVER SPÖTTL: Spöttl.

STIMME: Ah, da Xaver. Wo brennt's den?

XAVER SPÖTTL: An' Schorsch habn ma heit eigrabn.
STIMME: Was an' Schorsch? Was hat eahm denn gfehlt?
XAVER SPÖTTL: Da Schlag hatn troffa.
STIMME: Was da Schlag! Dees muaß a scheena Schlag für sei Familie gwen sei. Und wo er doch so gern Schafkopf gschpuit hat. – Sowas. *(erfreut)* Du i fliag nach Spanien! Was sagst' jetzt da?
XAVER SPÖTTL: Nach Spanien? – Was tuast'n da?
STIMME: Der is guat! Was wer i denn da scho toa. – Urlaub macha!
XAVER SPÖTTL: Ach so, Urlaub macha. Dees is schee. Dees freut mi für Di. – Oiso du woaßt' das: heit war d'Beerdigung. Pfüadi.
STIMME: Ja, dank da schee für'n Anruf. Pfüadi; und i schreib da scho a Kartn. *(hängt ein)*
XAVER SPÖTTL: *(seufzt)* Oiß fahrt in Urlaub. *(blättert im Telefonbuch)* Treueheim, Treuefreund. Treugott. Aha. *(wählt)*
STIMME: Hallo?
XAVER SPÖTTL: Is dort Treugott?
STIMME: Ja und wer is dort?
XAVER SPÖTTL: Da Xaver.
STIMME: Ah, da Xaver. Was is'n los? – Woaßt mir pressierts.
XAVER SPÖTTL: Fahrst' in Urlaub?
STIMME: Freili.
XAVER SPÖTTL: Nach Spanien?
STIMME: Naa, was taat i da drunt? I fahr an d'Nordsee. Woaßt: Nordseewellen, Badestrand, Kabinen, Hasen – na Du woaßt scho, was i moan.
XAVER SPÖTTL: Ja ja, i woaß scho. – Du da Schorsch is gstorbn.
STIMME: Was, da Schorsch?
XAVER SPÖTTL: Ja da Schorsch. Gell da schaugst'?
STIMME: Wia is'n dees ganga?
XAVER SPÖTTL: Schlaganfall!
STIMME: So, da Schlagfluß. – Is koa scheena Tod. *(seine Frau ruft ihn)* Oiso, nix für unguat, Xaver, aber mir pressierts. I muaß packa! – Pfüadi nacha. *(hängt ein)*
XAVER SPÖTTL: Sauber sag i. Da legst' di nieder. Jetzt no de zwoa und na kennas ma an' Buckl runter rutschn. *(blättert im Telefonbuch)* Maierthaler, Maierhofer, Maierbauer. Sodala. *(wählt)*
STIMME: *(weiblich)* Maierbauer. Grüß Gott.
XAVER SPÖTTL: Spöttl. Grüaß Gott. Is da Mo da?
STIMME: Wer spricht?
XAVER SPÖTTL: Xaver Spöttl. Is da Mo da?
STIMME: Ah, da Herr Spöttl. – Naa, da Franz is net da. Aber warum laßn'S Eahna denn gar nimma sehng?
XAVER SPOÖTTL: Ja mei, d'Zeit is halt arg wenig. – Aber i kimm scho wieda. Wart's scho im Urlaub?
STIMME: Naa, morgn fahrn ma. Zu meiner Schwester nach Holland.
XAVER SPÖTTL: *(schwärmerisch)* In Holland muaß' schee sei. Da gibt's doch de Haufa Tulpn?
STIMME: Und den guatn Käs!
XAVER SPÖTTL: So so, den aa? Da wollt i scho lang amoi hin. Mei da muaß' a scheens Lebn sei.
STIMME: Und na fahrn ma zum Meer nauf. *(schwärmerisch)* Zum echtn Meer!
XAVER SPÖTTL: Da möchte i glei mitfahrn. *(besinnt sich)* Jessas, was i no sagn wollt: da Schorsch is tot!

STIMME: Wer is tot?

XAVER SPÖTTL: Da Schorsch. No, der mit da Plattn.

STIMME: Aha, jetzt kann i mi erinnern. I sag's am' Franz. – Aber nach Holland müaßatn'S unbedingt amoi fahrn. In da Tulpenzeit.

XAVER SPÖTTL: So vui gern taat i dees. So vui gern scho. – Aber jetzt muaß i Schluss macha, Frau Maierbauer. Pfüat Gott und an' scheena Gruaß an' Franz. Und an' scheena Urlaub.

STIMME: Dankscheen, Herr Spöttl. Und mir schreibn Eahna scho. Oiso, pfüat Gott. *(hängt ein)*

XAVER SPÖTTL: *(träumerisch)* Mei nach Holland wollt i scho oiwei. Dees is a Land! De Windradln und de Kanäle. Und nacha erst de Holländerinnen! Mit eahnare Haubn! Schee muaß dees sei. I fahr doch no amoi hi. Vielleicht glei heier. – Warum eingli net? I leist ma's einfach! Herrgott, dees waar a Fest. *(besinnt sich plötzlich)* Fest, Fest, Jessas Maria, an' Festl muaß i no verständigen. Dees hätt i jetzt glatt vergessn. *(blättert im Telefonbuch)* Käsbohrer, Käsbichler, - und dann erst, wenn d'Tulpen blüahn. Mei dees waar as Allherhöchste. – Käsbauer, aha! *(wählt)* Und der guate Kaas ...

STIMME: Ja, Käsbauer, wer dort?

XAVER SPÖTTL: *(aufgeregt)* I bins, da Xaver.

STIMME: *(erfreut)* Ja da Xaver. Was gibt's Neis?

XAVER SPÖTTL: *(noch aufgeregter)* Was sagst' jetzt Festl, i fahr heier nach Holland.

STIMME: Bis da nauf. Du dees wünschert i mir aa scho lang. Wo i doch unterm Kriag drobn war. – Aber mei Alte möcht unbedingt wieder nach Italien.

XAVER SPÖTTL: Oiso, da find i gar nix dro. Da drunt is' ma z'hoaß. I fahr liaba nauf. *(schwärmerisch)* Woaßt', zu de Tulpen! Und zum Käs! Und zu de Windradln!

STIMME: Mach ma koan Appetit! I konn net! Mei Alte bsteht drauf! – I muaß, ob i mag oder net. Dabei de Bluatshitz, da drunt! Da druntn holt mi no amoi da Teifi!

(bei dem Wort „Teifi" besinnt sich Spöttl)

XAVER SPÖTTL: Jessas, da Schorsch is gstorbn.

STIMME: So, da Schorsch. – Aber moanst', daß net mir zwoa amoi, so übers Wochenende, nach Holland fahrn kaanntn? Mim Fliaga geht's doch gschwind?

XAVER SPÖTTL: *(begeistert)* Dees müaßat scho geh. Mir kaanntn ja sagn, daß ma gschäftlich wegga müaßatn? – Wega Deina Altn!

STIMME: Du waarst' ma da Rechte! So weit is'na aa no net. – Vielleicht wenn ma vom Urlaub zruck kemma?

XAVER SPÖTTL: Ja, dees waar ma grad recht. – Jessas, bevor i's vagiß: heit war d'Beerdigung.

STIMME: Vo wem?

XAVER SPÖTTL: No vom Schorsch.

STIMME: Ach so. – Wars schee?

XAVER SPOÖTTL: Es is gaanga. *(interessiert)* Du vielleicht hängatn ma no an' Tag o? Was moanst Du?

STIMME: Dees auf alle Fälle. Sunst rentiert's a se ja net.

XAVER SPÖTTL. Oiso, abgmacht – nach Holland.

STIMME: Nach Holland!

XAVER SPÖTTL: Und sags Deina Frau aa.

STIMME: Was?

XAVER SPÖTTL: No, dees vom Schorsch. Sie hatn doch guat kennt.

STIMME: Wega was glei wieda?

XAVER SPÖTTL: No, daß er halt gstorbn is.

STIMME: *(erleichtert)* Ach so. Ja ja, i vagiß' net. Oiso nach Holland. Pfüadi Xaver.

(Willy Harlander)

XAVER SPÖTTL: … und daß heit d'Beerdigung war …
STIMME: Vo wem?
XAVER SPÖTTL: Geh weida, vom Schorsch.
STIMME: Ach so, vom Schorsch. I vagiß' net. Pfüadi Xaver!
XAVER SPÖTTL: Pfüadi Festl. *(hängt ein; leiser werdend)* Und nach Holland, nach Holland fahr i …

Petri Heil

Personen: Xaver Spöttl
Vereinsmitglied

(Das Vereinsmitglied sitzt auf einem Fischerstuhl an der Isar und angelt. Neben ihm steht ein Weidenkorb. Xaver Spöttl mit Angelausrüstung erscheint.)

XAVER SPÖTTL: Petri Heil . – Geht was?
MITGLIED: *(mürrisch)* Jetzt nimmer.
XAVER SPÖTTL: *(baut seinen Stuhl auf und beginnt sein Angelzeug auszupacken. Aus seinem Rucksack schaut ein Teil einer Zeitschrift heraus.)* Es is a Kreiz, ganz seltn kimm i zum Fischn.
MITGLIED: Und dees muaß akkurat heit sei?
XAVER SPÖTTL: Wia moana'S jetzt dees, Herr Nachbar?
MITGLIED: Weil heit d'Forelln so guat bissn habn.
XAVER SPÖTTL: Und jetzt beißn's nimmer?
MITGLIED: Naa. – Weil jetzt s'Wasser z'unruhig werd.
XAVER SPÖTTL: Fischn'S scho lang an dera Stell?
MITGLIED: Scho länger, ois wia Sie a Angelzeig in da Hand hoitn.
XAVER SPÖTTL: San'S heit mim linkn Fuaß aufgstandn, weil'S so freindlich san?
MITGLIED: Habn Sie eingli an Ausweis ois Isarfischer? – *(aufgeregt)* Jetzt hat oana bissn! *(drillt)* Dees muaß a Trumm sei! I derf gar net dro denga, wenn dees jetzt a Huachn waar!
XAVER SPÖTTL: Sie müaßn eahm mehra Schnur gebn, bis er besser gschluckt hat.
MITGLIED: Geh redn'S koan Kaas net! Na haut er ab und reißt se los!
XAVER SPÖTTL: Gebn'S eahm doch mehra Schnur! Sie san da vielleicht so a Fischer!
MITGLIED: Vo Eahna laß i mir s'Fischn no lerna! So schaugn'S aus! Naa, muaß der Kerl akkurat heit kumma! Wo da Tag so guat o'gfangt hat!
XAVER SPÖTTL: Habn eingli Sie anAusweis, der Eahna berechtigt, da zum Fischn?
MITGLIED: Und ob i den hab! In was für an Verein san denn Sie?
XAVER SPÖTTL: Beim „Petri Heil", wenn Eahna der was sagt.
MITGLIED: Und ob ma der was sagt! Da bin i nämlich Gründungsmitglied! Da muaß i amoi mit unserm „Chronistn" a Wörtl redn, daß der was drüber schreibt,was für Waschl in unserm Verein san.
XAVER SPÖTTL: Kenna Sie an"Chronistn" persönlich?
MITGLIED: Dees net, aber i bin guat bekannt mit eahm. – Sakkerament, jetzt is ma der Trumm Huacha abkemma. Da san bloß Sie schuid mit Eahnam Schmarrn!
XAVER SPÖTTL: I hab's Eahna ja glei gsagt, daß' eahm mehra Schnur gebn hättn solln. Dees war für mi klar, daß Sie den Fisch net landn kenna. Übrigens war dees koa Huacha, sondern a Forelln.
MITGLIED: Dees werdn jetzt na Sie wissn. – Dees war a Huacha mit mindestens zehn Pfund. Wenn er net gar zehn Kilo ghabt hat!
XAVER SPÖTTL: Geh hörn'S auf. A soichana Fisch ziagt Eahna ja ins Wasser nei!
MITGLIED: Bläd daherredn konn jeda. Und a soicha Glätzn wia Sie, muaß mir übern Weg laaffa. Jetzt zoagn'S ma amoi Eahnan Ausweis?
XAVER SPÖTTL: Wenn'S net so a gscherta Hachtn waarn, na taat i Eahna mein Ausweis zoagn. Aber a so mag i net.
MITGLIED: Frech werdn'S aa no? Wahrscheinlich san'S sogar a Schwarzfischer! I besteh jetzt drauf, daß i Eahnan Ausweis o'schaugn ko! Oiso, was is jetzt?

XAVER SPÖTTL: Da kenna'S wartn, bis' schwarz werdn. I fisch jetzt und Sie lassn ma mei Ruah, bevor i pelzig wer!

MITGLIED: Wenn'S ma jetzt net auf da Stell Eahnan Ausweis zoagn, na hol i d'Polizei!

XAVER SPÖTTL: Sehng'S wia dumm, daß Sie san. Wenn Sie d'Polizei hoin und i wirklich a Schwarzfischer bin, na bin i doch längst davo, bis Sie wieda da san. A Hirn habn Sie, wie ra Forelln. De hat aa bloß s'Fressn im Sinn. Da bin i jetzt direkt froh, daß mir in unserm Verein an „Chronistn" haben, der wo über so bläde Fischer, wia Sie oana san, schreibt.

MITGLIED: Aus Eahnam Rucksack schaugt unser Vereinszeitung raus. Haben'S de überhaupt scho glesn? Na taan'S nämlich wissen, wia unser „Chronist" über Leit, wia Sie, schreibt.

XAVER SPÖTTL: Soi i Eahna auswendig sagn, was da drin steht? – I habn nämlich gschriebn. I bin da Chronist.

MITGLIED: Zoagn'S ma an Ausweis. *(Spöttl übergibt ihn und das Vereinsmitglied wird sehr klein; nimmt militärische Haltung an)* Verzeihn'S bittschön, Herr Chronist. Dees hab i ja net wissn könna. Heit war a guata Tag, derf i Eahna a paar Forelln mitgebn ...

Im Abteil

Personen: Xaver Spöttl
Kontrolleur

(Fahrkartenkontrolle)

KONTROLLEUR: Fahrkarten bitte!
XAVER SPÖTTL: *(schläft)*
KONTROLLEUR: *(lauter)* Fahrkarten bitte!
XAVER SPÖTTL: *(dreht sich auf die andere Seite)*
KONTROLLEUR: *(stößt ihn an)* Haben Sie eine Fahrkarte?
XAVER SPÖTTL: *(mürrisch)* Was is los?
KONTROLLEUR: Fahrkartenkontrolle. – Ich möchte Ihre Fahrkarte sehen.
XAVER SPÖTTL: Moana'S, daß i a Schwarzfahrer bin?
KONTROLLEUR: Das wird sich ja gleich herausstellen.
XAVER SPÖTTL: *(kramt in seiner Tasche; murmelt)* Ja wo is denn der Scheißfahrschein glei wieder...?
KONTROLLEUR: *(mit spöttischem Grinsen)* Aha ...
XAVER SPÖTTL: *(findet endlich den Schein)* Ah, da is er ja. – *(reicht ihn dem Kontrolleur)* Bittscheen...
KONTROLLEUR: *(nimmt den Schein sichtlich enttäuscht und studiert ihn genau. Ein erneutes Grinsen huscht über sein Gesicht.)* Da sind'S aber im falschen Zug, mein Lieber!
XAVER SPÖTTL: Wiaso? – Fahrt der net nach Kolmpointsried?
KONTROLLEUR: Natürlich fahren wir nach Kolmpointsried ...
XAVER SPÖTTL: Na oiso. – Na stimmt doch oiß ...
KONTROLLEUR: Sie sitzen aber im Schnellzug und haben nur für einen Personenzug bezahlt!
XAVER SPÖTTL: *(grinst und lehnt sich wieder in seinen Polster zurück)* Ach so, wega dem. – Na fahrn'S hoit a bissl langsamer, mir pressierts net ...*(schläft weiter)*

Philosophie beim Bier 1987

Monolog

*(Xaver Spöttl sitzt an einem Biertisch und hinter ihm kann man auf einem Schild lesen: zu GLEIS 13.
Er unterhält sich mit einem imaginären Publikum. Irgendwo in der Ferne das Rattern eines Einfahrenden Zuges, ein Pfiff oder etwas ähnliches, das uns zeigt, dass wir uns in einem Bahnhofsrestaurant befinden).*

XAVER SPÖTTL: Fräulein, bittschön a Maß Helles.
(Spöttl zieht verstohlen aus einer Platiktüte eine Eisenbahner-Mütze hervor)
I war net bei der Bahn. Obwohl i immer bei der Bahn sei hätt mögn. *(setzt die Mütze auf)*
Und in die weite Ferne hinausfahrn.
Nach Tirol. – Oder noch weiter …
Außerdem hat man vor einer Uniform immer Respekt
Als Uniformträger ist man wer.
(seufzt)
Ich war leider in einer Fabrik.
Ein ganzes Leben lang.
Dabei hätt ich so gern den Zügen nachgschaut, wenn's in der Ferne verschwunden sind.
Pfeifend und pfauchend …
(dreht sich um)
Was is denn mit meim Bier?
In der Fabrik hab ich dreißig Jahr lang immer denselben Handgriff taan.
Immer das gleiche. Tag für Tag.
Mich wundert's, daß ich net blöd wordn bin?
Das waren meine Träume von den Zügen! Die haben mi davor abghoitn!
Da wett i!
(schaut an sich herunter)
Na ja, abgangen is ma nix.
(lachend)
Aber es heißt doch, daß die „Dicken" gemütliche Leut sind!
(dreht sich ärgerlich um und schreit)
Ja, Kruzefix, wo bleibt denn mei Bier!
Oiso, i hab mi vorzeitig in d'Rente schickn lassn.
Wer woaß, ob ich im Erlebensfall noch eine Rente kriagt hätt?
Ich trau dem Staat nimmer so ganz.
Vielleicht hätt i mir dann von meinem Rente-Geld grad noch ein paar Socken kaufn können?
Wegen der Entwertung. Geldentwertung, mein ich natürlich.
*(Kellnerin bringt das Bier und stellt es schweigend auf den Tisch.
Spöttl betrachtet die zu dreiviertel eingeschenkte Maß)*
Na ja, eine Maß stell i mir anders vor.
Aber mei, i mag an' Schaum im Bier.
Und die meistn, die reklamiern, die laßn dann einen viertelleeren Maßkrug stehn. Hab i alles scho erlebt. Auf da Wies'n.
(trinkt)
Ah, a Bier is halt immer was Guats.

Da konn ma sagn, was ma will.
Wenn ma a guats Bier hat, na nimmt ma viel in Kauf.
B'sonders bei uns in Bayern.
S'Bierpantschen dürfn's net o'fanga, sonst gibt's an' Aufstand!
Und koan kloana!
Wenn ma zu dem ganzn Chemie-Graaffe aa no a Chemie-Bier trinka müaßn, na schäwat's bei uns in Bayern!
Und dees net wia!
(schaut in die Ferne, wo gerade ein Zug verschwindet)
Jetzt fahrt er davo. Nach Genua.
(seufzend)
Da hockat i jetzt gern drin!
In die blaue Ferne.
An fremde Strände.
(verbissen)
Weg von dahoam, da wo da d'Tieffliage fast durchs Wohnzimmer fliagn!
Und unser Verteidigungsminister is so gscheert,
und schaugt uns für glatte Deppn o.
Ois wia wenn mir net wissn taan, daß im Ernstfall da Kriag durch a Knöpferl begonnen und entschiedn wird.
Was soin oiso de komischn Düsenjäger am Himmi?
Von wegn: de brauchatn mir!
(trinkt vom Bier)
Aber naa, da müaßn scho no zerscht a par Hundert Leit ins Gras beißn, bevor ma de gottverdammten Düsenjäger-Tiefflüge abschafft.
Scheene Politiker habn mir gwählt.
De genau dees tean, dees wo mir net woin.
Aber so was is wahrscheinlich DEMOKRATIE.
(überlegt)
Oiso i bin mir net gwieß, obs a Demokratie überhaupt gebn konn.
Weil, i sag ma, wenn i a Partei wähl de i möcht, und de Partei kriagt dann z'wenig Stimmen, na geht's genau mit dera Partei a Koalition ei, de i ums Varrecka net mag!
Und so was is ja dann scho wieder DIKTATUR!
Oder vielleicht net?
Wenn's mir a Partei aufdiktiern, de i ums Varrecka net mag.
(Wischt mit der Hand durch die Luft)
Aber mit uns Wähler kenna's es ja macha.
De meistn gehnga doch sowieso bloß zumWähln, wenn eahna dees Schnacklköpferl gfoit auf dem Wahlplakat.
Und so schaugt's doch aus bei uns.
Oiso, i sag:
NIEDER MIT DE TIAFFLIAGA; UND HER MIT DE FAHRRADL!
(trinkt; grinsend)
Der Schönhuber in Berlin? – Oiso naa …
Wenn i net wissat, daß er früaha a Kommunist gwen is, na taat i glatt moana, er is a Nazi.
Auf jedn Fall hat da Hitler damois aa kloa o'gfangt.
Aber es is hoit a so, daß de Berliner d'Schnauzn von de Chaoten voll habn.
Und manche sogenanntn Asylanten, san ja nix anders, ois wia Rauschgifthändler.
Und da lüag i net!

Hinter meim Block in Giasing – wo i wohn – is dees Asylantenheim.
Und seitdem mir de Kameradn da habn, passiert alle Augnblick was anders.
Und da konn ma natürlich scho pelzig werdn.
Schad is bloß, daß de anständigen Ausländer dadurch aa betroffa werdn.
Und in Berlin, in Kreuzberg, is' desselbe.
Drum hat da Schönhuber so vui Stimmen eifanga kenna.
(rückt an seiner Eisenbahnermütze)
Oiso, i bin ja da weltoffener.
Weil's bei uns aa gnua Chaoten und Arbatsscheue gibt.
Net bloß bei de Asylanten.
Mir müaßn uns schee langsam an den Gedankn gwöhna, daß alle Menschn gleich san.
So hoaßt's doch in da Bibel, oder net? In dem religiösen Märchenbuach.
Und ausgrechnet de Partei, de se oiwei dees NÄCHSTENLIEBE-MANTERL rumhängt, und
de sich CHRISTLICH schimpft,
is am meistn gega de Asylanten.
D'Sozi und de Greana san da vui menschlicher, wenn ma ehrlich san!
Na ja, aber dees woaß ma ja, daß d'Macht und d'Kircha
scho oiwei zammghoitn hat.
Da beißt d'Maus koan Fadn ab.
I bin für d'Europäer und waar dagegn, wenn ma a Nega-Regierung hättn!
Doch i bin aa dafür, daß' in Arfrika koa weiße Regierung gibt!
Aber solang's no so an' verbohrtn Religionsfanatiker wia den komischn Ayatholla gibt, kenna mia Bayern hoit aa mit a Moschee net vui o'fanga.
I trau ma heit scho wettn, daß' in hundert Jahr mit de Religionen und eahnam Oberhaupt anders ausschaugn werd.
Sunst is d'Menscheit erledigt.
Da muaß sie vui toa.
Hundertprozentig.
Schließlich san mir alle Erdnbewohner.
Und zwar auf Pump!
Denn ewig geht gar nix auf dera schöna Kugl!
Oamoi hat's scho so a ähnliche Epoche gebn.
ZEIT DER AUFKLÄRUNG HAT MAS GHOASSN:
Und jetzt lebn ma in so a ähnlichen Umbruchzeit.
Deesmoi müaßn d'Religionen dro glaabn.
Und zwar alle!
Sonst is da Ofa aus!
Und zwar endgültig.
Bis jetzt warn's vonnöten; bis heit habn's d'Menschen braucht. Aa eahna Brutalität.
Aber jetzt san's hinderlich.
Und der eiskoite Kirchnfanatiker in Rom drunt tuat oiß,
um dees unausweichliche Schicksal von seina Kircha abzuhaltn.
Aber es glingt eahm nimmer.
Es is scho z'spät.
Er hätt liabe mit dene Abermillionen, de er auf seine Weltreisn verbraucht hat, in der sogenannten DRITTEN WELT Kinderdörfer baun soin, na hätt i gsagt, noja, er moant's wenigstens guat, und wenn er scho d'Antibabypille verbietet, na soll er wenigstens für de arma Hosenscheißa Kinderdörfer baun.
Aber na, liaba hat er's touristisch verluadert!

Und seitdem is er für mi gstorbn!
(trinkt vom Bier)
Jetzt is da Franz Josef tot.
Und komisch: wia er no glebt hat, hat ma se dees gar net vorstelln kenna, daß er amoi nimmer auf da Welt sei sollt.
Und heit?
San ma amoi ganz ehrlich, geht's ohne eahm genauso.
Ja, schee langsam vergisst ma'n sogar.
Da wird's Zeit, daß er sei Straß kriagt!
Bevor ihn koa Mensch mehr kennt.
Denn mit seim Mausoleum im Hofgartn is' nix wordn.
I bin gspannt, was sei Nachfolger draus macht.
(trinkt vom Bier und schaut einem unsichtbaren Zug nach)
Schee langsam kriag i wieder Fernweh.
Is ja heitzutag koa Problem mehr.
Unser Welt is zammgschrumpft in Punkto Reisen.
In a paar Stund hock i in a Bar in Manhattan.
Vorausgsetzt, daß i in Manhattan in a Bar wui!
Und daß der Vogel, der mi nach Manhattan bringt, net runterfoit!
Na ja, dees guit aa für's Sterbn.
Und an a Leben nach'm Tod glaab i sowieso net,
weil d'Viecher aa an koa Leben nach'm Tod glaabn.
Und mir san doch aa Viecher.
Bloß a bißl intelligenter,
und drum stehnga mir aa an da Spitze!
Aber sunst ...?
(aufgeregt)
Jetzt kimmt der Zug aus Sizilien reigfahrn!
Da war i aa no nia drunt.
Und i möcht so vui gern amoi abi!
Scho alloa zwengs da Mafia!
Ma siehgt so vui im Fernsehn drüber, daß' mi in Wirklichkeit scho amoi interessiern taat.
Irgendwann fahr i gwieß amoi nunter.
(trinkt vom Bier)
Aber jetzt muaß i zum Biesln ...
(erhebt sich und geht ab)

Licht aus!

Mein Fehltritt beim Auftritt

Monolog
(Der Schauspieler, alias Xaver Spöttl tritt beschwipst auf die Bühne und setzt sich auf einen Stuhl. Er steht kurz vor einem Auftritt. Er räuspert sich und seufzt.)

SCHAUSPIELER: Entschuldigen Sie,
entschuldigen Sie, aber i hab ein Glasl zuviel getrunken.
Genau dees werd i sagn.
Dees kann schließlich einem jeden passieren, oder net?
I hätt heut net zusagn solln, am 1. Juni 1987.
Sozialer Zweck hin, sozialer Zweck her!
Kaum einer von meinen „berühmten" Kollegen hat zugsagt außer mir!
Die pfeifen auf eine kostenlose Vorstellung
Zugunsten der – wia hoaßt's jetzt gleich wieder?
(wischt mit der Hand durch die Luft)
Is ja wurscht.
Jedenfalls sind die net so dumm wia i.
Über die Abrüstung soi i was sagn.
Und über den Umweltschutz.
Über die Arbeitslosen und über Leihmütter!
(klopft sich vor die Brust)
I, über d'Leihmütter!
Da muaß i grad außilacha.
Lauter Schlagworte,
de in aller Munde san.
An' Umweltschutz habn's meiner Meinung nach scho längst zu Tod' diskutiert.
Oiß habn's zu Tod' diskutiert.
Und dees wo's no net zu Tod' diskutiert habn,
dees diskutiern's no zu Tod'!
Zu Aids soll i Stellung nehma,
und was i über d'Volksabstimmung denk, soll i sagn.
Aber i wer eahna was huastn!
I bin doch net blöd und spinn!
Über de 35-Stunden-Woch' soll i was sagn.
Und übern weltweiten Terrorismus.
Für mi spinna de ganz schee.
Übern Katalysator und übern Rhein-Main-Donau-Kanal!
(lacht lauthals)
Und über Tschernobyl!
Dabei denkt da scho koa Mensch mehr dro.
Dees is doch längst scho koita Kaffä.
I hab dees Manuskript durchglesn,
genau durchglesn,
dees wo i jetzt na bringa soi.
Aber da könna's lang wartn;
so was sag i nia!
Da habn's ja oiß neipackt, was in de letzn Jahr gschehng is!
Aa über de Ami steht was drin.

Daß sie wieder Atombombenversuche
in Nevada gmacht habn.
Und daß sich unser Welt dees boid nimmer gfoin lassn werd.
Lauter soichene Sachen soi i sagn.
Weil sich scheinbar koa anderer Schauspieler dees sagn traut.
Und i sags aa net, weil i net spinn.
De werdn überrascht sei, wenn i eahna ganz andere Anekdoten erzähl.
I jedenfalls sag koa Wort gega d'Ami.
I woaß no guat, wia's ma Chesterfield und Pall Mall gschenkt habn,
nachm Kriag. Und Erdnussbutter und Eipulver.
De meistn GI warn nett zu uns,
obwoihs d'Hitlerjungend mit de Panzerfäust' ganz schee traktiert habn.
De blödn Hammeln, de blödn!
Aber so was sagat i heit Abnds aa net.
Ich hock mi doch net freiwillig in d'Brennessln nei!
Heizutag derfts' nix Guats über d'Ami sagn!
Na ja, sie san aa nimma dees, wa's für uns nach'm Kriag warn.
(zögernd)
Obwoih, wenn i ehrlich bin, na muaß i sagn,
daß da Reagan und da Gorbatschow de bestn Politiker nach'm 2. Weltkriag warn.
Oder is bloß d'Zeit für sie günstig gwesn? Dees konn natürlich aa sei ...
(wischt durch die Luft)
I woaß's net und de andern gwieß aa net.
Oiß bloß Klugscheißerei!
Jedenfalls halt i heit Abnds mein Mund.
(schaut auf seine Armbanduhr)
Dees hoaßt: in a paar Minuten muaß i naus.
Was werd denn für a Publikum da sei?
De Malifiz-Benefiz-Vorstellungen mag i gar net.
Lauter gladne Gäste, de se wunder was erwartn.
Und i, i ganz alloa, soi an' schwarzn Peter kriagn!
Drum habn's mir den Text gebn.
De andern singa bloß oder lesn bekannte Dichter vor,
und i soi bloß granteln und Gift und Goi spucka.
Naa, meine liabn Veranstalter!
Da schreibt se heit nix.
(grinsend)
I bin gspannt, was' für Gsichter macha,
wenn i eahna de Gschicht mim Gwaahrreinigen erzähl.
Damois, wia i no bei da Bereitschaftspolizei war.
(lachend)
I hab einfach keinen Dunst ghabt, was Waffen anbelangt.
Ehrlich, net um einFünferl.
Und dees erzähl i dene Kameraden.
(tippt sich vor die Stirne)
Von wegen: Aids und Katalysator!
I hab oan in meim Wagn drin.
Im Vergleich zu dene, de bloß oiwei davo redn,
aber no lang net bleifrei fahrn.
Dees san ma sowieso de liabern,

de bloß oiwei gega de Umweltverbrecher losziagn,aber selber jedn Hugo und jeds Papiertaschentuach auf d'Straß schmeißn.
Oder de, de fürn Sozialismus san, aber monatlich vom Staat x-tausend Markl kassiern ois Beamte.
Links denka und rechts kassiern is hoit vui verbreiteter. Sogar heit no, ois wia bloß denka und nix kassiern!
(lacht laut)
Aber i bin doch net blöd und sag so was laut!
Da haun's de doch sofort in d'Pfanna bei uns.
Bei uns muaß oiß korrekt sei:
Bist' für d'Umwelt, bist' a Greana.
Bist' für's Arbatn, bist' a Schwarzer.
Bist' gega d'Korruption, bist' a Roter.
Bist' für d'Umwelt, für d'Arbat und gega d'Korruption, bist' a Depp!
A so schaugt's aus bei uns.
Da waar's koa Wunder, wenn ma ab und zua a Glasl trinka taat.
Damit ma seine Gedankn wieder ins richtige Lot bringt.
Jedenfois sag i heit Abnds koa Wort von dem, was' ma aufgschriebn habn.
Sunst bin i abgstempelt.
Bei uns geht dees schnell.
Da bist' schneller a Terrorist, bevor du dees Wort fehlerfrei schreibn konnst.
Oder a Faschist, a Nazi und wia de Schlagwörter alle hoaßn.
I bin direkt froh, daß i Schauspieler und koa Schriftsteller bin.
Ehrlich, da wissat i wirklich nimmer, was is toa soit.
Ois Schriftsteller wennst' ernst gnomma werdn wuist, na muaßt' di an irgendeine Partei o'wandeln. Und dees kräftig!
Sunst werst' wahrscheinlich nia in d'Höh kumma.
So schlimm is' bei uns Schauspieler no net.
Obwoih daß du dir aa vui leichter taatst, wenn's di einordnen kaanntn.
In a'n Schubladn!
Ois Schwulen, Kommunisten, Faschisten, Weiberaufreißer oder Intriganten.
Wobei dees letztere fast a jeder is, der vorwärtskumma wui.
Aber i wer mi hüatn, so was laut zum sagn!
I bin doch net blöd und schaufelt ma mei eigns Grab.
(schaut auf die Uhr)
Aber jetzt derf i mi zammrichtn.
Hoffentlich merkt ma nix, daß i ganz sche bsuffa bin.
Normalerweise trink i koan Tropfa vor am' Auftritt, aber dees Manuskript, dees wo ma da Redakteur in d'Hand druckt hat, dees hab i trocken net runterwürgn könna.
(grinsend)
Und dabei wer i jetzt nacha glei koa oanzigs Wort davo sagn!
Gage könna's ma net streicha, weil i sowieso koane kriag.
Und den ganzn Schmarrn verzapfa, den's alle verzapfa, oiso naa, da soins ma echt mei Ruah lassn.
I jedenfois wer mir mei Mäu net verbrenna.
Und dees obndrei no umasunst!
(blickt sich nach allen Seiten um)
Nachdem koa Mensch da is, wer i mir no a Schlückerl vergunna.
(trinkt aus einem Flachmann)

Damit i dees Benefiz-Gschwerl leichter ertragn konn.
Oiso, wia gsagt: sunst trink i koa Tröpferl vor einem Auftritt!
Aber dees heit is koa Auftritt sondern a Fehltritt!
Dees werd i de zuständigen Redakteure natürlich aa net sagn,
weil de in eahnarer Empfindlichkeit mein Nama sunst total vergesssn!
Und ohne de bist' ois Schauspieler aufgschmissn.
Auf mei Agentur konn i mi alloa net verlassn.
De meistn Aufträg ziahg i an Land!
Und na liefert i schee brav meine Prozente bei meiner Agentur ab.
(winkt ab)
Eigentlich is oiß a Schwindel, wo ma hischaugt.
A Schmiererei und a Schwindel.
Qualität is heitzutags nimmer gfragt.
Heit hoaßt's: Popularität!
Populär wennst' bist, na schmeißn's da d'Aufträg nach.
Fast jeder Fuaßboistar schreibt heit a Buach, bsingt a Plattn und schpuit in irgendeinem Fuim oder Stück a Roin.
Vorausgesetzt: er ist populär!
So schaugt's heit bei uns aus.
Aber in Amerika is' dees gleiche.
Dees san die Zeichen unserer Zeit, zum Ende des Jahrhunderts und des Jahrtausends hi.
(abwehrend)
Aber i wer mi hüatn, oa Wort da drüber zu verliern!
Net um vui Geld!
Und heit gibt's obndrei koa Mark.
(Stimme über Lautsprecher ertönt: Harlander, bitte auf die Bühne!)
Aha, jetzt kimm i dro.
I bin gspannt, was' sagn, wenn's merka, daß i eahnan ganzn Text ignorier!
Vielleicht engagiern's mi nimmer?
Is ja wurscht jetzt!
Oiso los, aufgehts!
Ma derf se oiß erlaubn, bloß s'Publikum derf ma net wartn lassn ...

(ab und das Licht erlischt)

Nach Italien

Personen: Mutter
Bub (wird von einem Erwachsenen in kurzen Hosen gespielt)

(Ort: Im Omnibus – zwei Stühle)

MUTTER: Tua di schee hisitzn, Buale.
BUB: Mi zwickt d'Unterhosn. *(bezeichnende Geste)*
MUTTER: Jetzt stell di net so o. – Dafür fahrn ma nach Italien.
BUB: Wann kummt den da Vesuv, Mama?
MUTTER: Der kummt scho. Jetzt san ma grad über d'Grenz …
BUB: Ui, da schau naus, Mama, da Babba mim Auto!
MUTTER: Geh, du dummer Bua, da Babba is doch in da Arbat.
BUB: *(eigensinnig)* Dees war da Babba. I kenn doch sei Frisur …
MUTTER: … sei Plattn moanst' hoit. – Aber er is trotzdem in da Arbat. *(Schweigen)*
BUB: Mama, i muaß biesln.
MUTTER: Dees geht jetzt net. *(deutet durch ein imaginäres Fenster)* Schau, de scheene Landschaft …
BUB: Ui, da habn's a Katz zammgfahrn …
MUTTER: Dees war a Plastiktütn …
BUB: *(eigensinnig)* Naa, des war a Katz.
MUTTER: Na war's hoit a Katz. *(Schweigen)*
BUB: Mama, i schwitz wia a Sau.
MUTTER: Pst! – Bist' net glei staad. Dees sagt ma net.
BUB: Aber da Babba sagt dees aa oiwei …
MUTTER: Da Babba is älter …
BUB: Na derf ma ‚Sau' bloß sagn, wenn ma älter is?
MUTTER: *(deutet durchs Fenster)* Schau, de scheena Mohnbluma …
BUB: Wann kummt denn da Vesuv?
MUTTER: *(ärgerlich)* No lang net. – I hab d'as doch grad gsagt. Da müaß ma scho no a scheens Stückl fahrn.
BUB: Wia lang no. Mama?
MUTTER: No lang.
BUB: Wia lang?
MUTTER: Herrschaftseitn, bist du heit wieder lästig.
BUB: Wenn i aber biesln muaß.
MUTTER: Da Fahrer muaß aa net biesln. Reiß di hoit a bißl zamm.
BUB: Dees nützt nix, weil i so schwitz wia a … *(Mutter schaut streng auf ihn)* … i sag scho ‚Sau' net.
MUTTER: *(stöhnend)* Is dees heit a Kreiz mit dir.
BUB: I hab gmoant, da Babba muaß nach Hamburg?
MUTTER: Da fahrt er morgn nauf … *(Schweigen)*
BUB: Mama, i hab Hunger.
MUTTER: Glei ess' ma was.
BUB: Kriag i a Eis?
MUTTER: Dees kummt drauf o, wo mir hoitn.
BUB: Warum?
MUTTER: Weil i net woaß, ob's da a Eis gibt, wo mir hoitn …

BUB: I schwitz wia a … *(bezeichnende Geste mit den Händen)* ganz a kloans Schweinderl … *(grinst)*
MUTTER: Muaßt' no biesln?
BUB: Freili. Notwendig muaß i biesln.
MUTTER: Hoitst ´as no aus bis zum Ristorante?
BUB: Nia! – I bieslt in d'Hosn. Mir is' wurscht …
MUTTER: Jetzt wart hoit no a bißl. – Wia ma no a soicha Schwächling sei konn?
BUB: Wann kummtn da Vesuv?
MUTTER: Boid.
BUB: Wann boid?
MUTTER: In drei Stund vielleicht …
BUB: So lang hoit i dees nia aus …
MUTTER: Was?
BUB: S'Biesln …
MUTTER: Da Busfahrer hoit's aa aus.
BUB: I woaß gwieß, daß dees da Babba war. Mit da Fräu'n Irlmeier.
MUTTER: *(misstrauisch)* Mit wem?
BUB: Mit da Fräu'n Irlmeier.
MUTTER: Schmarrn. D'Fräu'n Irlmeier muaß in da Metzgerei aushelfa.
BUB: Aber wenn i's doch gsehng hab.
MUTTER: Und da Babba is in Hamburg.
BUB: I hab gmoant, daß er erst morgn fahrt …?
MUTTER: Dees moan i ja. Du machst mi ganz deppert.
(Busfahrer muss abrupt bremsen)
MUTTER: So ein Depp, so ein damischer! *(zum Buben)* Hast' den gsehng, wia der Mercedes unsern Bus gschnittn hat?
BUB: Der Depp, der damische.
MUTTER: Sei staad, dees sagt ma net.
BUB: Du hast' as aa grad gsagt.
MUTTER: Mir is dees rausgrutscht …
BUB: Mir aa …
MUTTER: Hast du wirklich d'Fräu'n Irlmeier gsehng?
BUB: Freili. In unserm Ford is' dringsessn.
MUTTER: *(nicht mehr so überzeugt)* Du muaßt' di ´täuscht habn …
BUB: Mama, jetzt hoit i's wirklich nimmer aus …
MUTTER: Allmählich muaß i aa.
BUB: *(deutet zum Nachbarn hinüber)* Mama, is der Mo tot?
MUTTER: *(schaut hin)* Naa, der schlaft bloß.
BUB: Der hat a'n Mund ganz weit offn. – Vielleicht muaß er aa biesln?
MUTTER: Herrschaftseitn, jetzt gib amoi a Ruah. *(Schweigen)*
BUB: I glaab, da Busfahrer schlaft …
MUTTER: Du taatst mi frein …
BUB: Schau, wia sei Kopf wackelt …
MUTTER: Dees is de schlechte Straß. Da schau hi, tausend Meter zum Ristorante. Jetzt konnst' glei biesln.
BUB: Und wann kummt da Vesuv?
MUTTER: Boid. *(sie legen sich in die Kurve)* Jetzt bin i froh, wenn ma hoitn …
BUB: Da schau hi, da steht unser Ford.
MUTTER: Wo?
BUB: Ja siehgst du schlecht? – Da, neba'm Eingang.

MUTTER: *(erschrocken)* Pfeilgrad!
BUB: *(triumphierend)* Was i gsagt hab. Und d'Fräun'n Irlmeier werd mim Babba grad a Eis essn.
MUTTER: *(resolut)* Dees werdn ma glei sehgn. Der Schlawiner, der schlechte.
BUB: Laß ma uns jetzt scheidn, Mama?
MUTTER: Schau, schau amoi hi. Dees is ja ganz a andere Nummer.
BUB: Pfeilgrad. Aus Rosenheim.
MUTTER: *(atmet auf)* Dees hab i mir ja glei denkt. Sowas tuat unser Babba net.
BUB: Wann kummt jetzt endlich da Vesuv, Mama?
MUTTER: Ja Herrschaftseitn, du werst a's dawartn kenna. – Jetzt geh endlich zum Biesln.
BUB: Jetzt muaß i nimmer …

(erheben sich von den Stühlen und „steigen" aus)

Gleichberechtigung

Personen: Xaver Spöttl
Wirt

(Xaver Spöttls Stammtisch)

XAVER SPÖTTL: Geh weida, Schorsch, hock Di a bröckl her zum Dischkriern. Heit is' a so staad bei Dir herin. Schenk Dir a Hoibe ei auf mei Rechnung und mir bringst' aa no oane mit.

WIRT: I bin a so ferti mit da Arbat. Da leids scho a Hoibe. – Magst' an Kirschgeist dazua? Der geht auf mei Rechnung.

XAVER SPÖTTL: Dees is a Wort, Schorsch. Da bin i glei dabei.

WIRT: Woaßt', es muaß oiwei a Ausgleich sei auf unsra Welt. Net bloß oana, der wo zoiht.

XAVER SPÖTTL: Da ghörst Du aber zu a Ausnahm, Freind.

WIRT: *(bringt Bier und Schnaps)* Prost, oide Hüttn!

XAVER SPÖTTL: Soist' lebn, Schorsch! – Ah, dees is hoit a Geist. So oan laß i mir eigeh'.

WIRT: Du werst as net glaabn, aber der is aus Jugoslawien. An Schnaps brenna's ganz guat d'Kommunistn.

XAVER SPÖTTL: Wast' net sagst. Der laßt se dringa. – Aber den werdn in Jugoslawien aa bloß d'Funktionäre saufa. – Da hab i kürzlich a intressante Fernsehsendung gsehng.

WIRT: Interessant sagst'? Ja gibt's denn so was beim Fernsehn aa?

XAVER SPÖTTL: Ganz seltn, da hast' recht. De müaßn halt eahnare Leit beschäftigen, drum bringa's oiwei so an Kaas. – De Sendung, de wo i moan, hat vo da Gleichberechtigung ghandlt. Daß' a Gleichberechtigung eingli gar net gibt und aa nia oane gebn werd. Weil da Mensch von Natur aus individuell veranlagt ist. Wenn's aa oft net danach ausschaugt, wenn ma dees Gschwerl a so betracht. – Brauchst' ja bloß uns zwoa o'schaugn? Jeda vo uns lebt andas. Jedn vo uns gfreit was andas. Und jeda vo uns zwoa vadeant andas. Oiso san mir zwoa scho net gleich.

WIRT: Aber gleichberechtigt san ma alle zwoa. Da hast' an Knopf nei bracht, Xare.

XAVER SPÖTTL: Dees hab i aa gmoant. Aber der Reporter hat dees schee anschaulich bracht. Daß' aa a einfacher Mensch, wia i oana bin, versteh hat kenna. Gleichberechtigt vorm Gsetz san ma nadürle alle mitnand. Da gibt's koan Zweife. De Gleichheit vorm Gsetzgeber habn ma nadürle alle mitnand. Aber de Gleichheit, de wo Deine Schnapsbrenner in Jugoslawien moana, de gibt's net. Vastehst' mi?

WIRT: Wenn i ehrlich sei soi, net ganz.

XAVER SPÖTTL: Schau, Schorsch, de Kommunistn möchtn doch alle gleichmacha. Ob's jetzt a Mannderl oder a Weiberl is, a Gstinkata oder a Fleißiga. Da soi a jeda dees gleiche habn. Und da beißt's scho aus. Weil hoit a jeda Mensch mit am andern Hirn ausgrüst wordn is. – Freili, so hat der Reporter gsagt, wia d'Menschn früahas ausbeut' wordn san, da is a Reform nötig gwesn. Aber heit, wo sogar a Arbeitsscheua sei Auskumma hat, hat se de Idee vo am Kommunismus erübrigt. Heit taat sogar a Lenin anders denka. Hat der Reporter gsagt.

WIRT: Dees wundert mi, daß de a soichane Sendung zualassn habn. Aber es stimmt scho: „Links" denka und „rechts" kassiern. Du brauchst' da ja bloß s'Programm o'schaugn …

XAVER SPÖTTL: Siehgst as, jetzt habn mas scho. Und mit dem wo's schreibn, vadeanas a'n Haufa Geld. Da Weg zum Imperialismus führt schnurstracks übern Kommunismus. Schaug da d'Sowjetunion o, wiavui Reiche daß' da drübn scho wieda gibt?

WIRT: Und dees hat oiß der Reporter gsagt?

XAVER SPÖTTL: Genau. Und no vui mehra. – Weil dees einfach mit dem menschlichn Geist net vereinbar ist, daß a jeda aus dem gleichn Hafa frisst. – Aber am besten hat ma dees gfoin: „Wenn oana mit zwanzg Jahr koa Kommunist is, na hat er a harts Herz. Aber wenn oana mit vierzig Jahr oiwei no a Kommunist is, na hat er a weiche Birn.“ Na was sagst' dazua?

WIRT: *(grinst)* Dees find i bärig. – Magst' no an Schnaps?

XAVER SPÖTTL: Oana no, kaannt net schadn. – Und na hat er a Beispui bracht. – Pass auf, Schorsch. Weilst' grad vom Schnaps gredt hast, foit ma dees wieda ei.

WIRT: Wart a bissl, i hol zerscht an Kirschgeist. Sodala, jetzt drink ma auf den Reporter. Der Mo is ma scho sympathisch. Prost, Xare!

XAVER SPÖTTL: Prost, Schorsch! – Oiso, jetzt pass auf. Wennst' Du jetzt beischpuimasse saufa taatst und i net, sondern bloß raacha und a jeda vo uns oa Flaschn Schnaps und oa Stanga Zigarettn jeds Monat kriagat, na waars boid soweit, daß oana vo uns reicher werad, ois wia da anda. Und zwar der, der wo se zsammreißn kaannt. Hast' mi?

WIRT: Ja moanst' denn Du, daß i bläd bin? Freili hab i Di. Weil i Dir für Dei Flaschn Schnaps mei Stanga Zigarettn gaab und den Schnaps saufat und Dir für de nächste Flaschn wieda meine Zigarettn gebat.

XAVER SPÖTTL: Genau. Oder aa umdraaht. Aber jetzt stell da vor, wenn oana net raacht und net sauft, obwoih dees recht seltn is, was moanst', wia schnell daß der an Haufa Gerstl hat?

WIRT: Dees gaang schnell, da hat da Reporter recht.

XAVER SPÖTTL: So, und jetzt kaamat der Säufer daher und mächat dem, der wo gspart hat, sein ganzn Schnaps nehma, weil a'n ja net sauft.

WIRT: Daschlogn taatn i. Ehrlich, Xare, richtig daschlogn.

XAVER SPÖTTL: Und mit dem Beischpui hat da Reporter an Nagl aufn Kopf troffa. Sowas muaß ma ganz einfach begreifa, wenn man net komplett damisch is. Na gaab's nämlich auf da Welt koan Handel und koa Kultur, wenn's überall an Kommunismus gaab. Und an Ehrgeiz und an Fleiß gaab's aa koan mehr. Wenn i genau so vui kriag, ois wia da anda, obwoih i vui mehra schuft und da anda faul wie ra Strick is, na müaßat i ja a Hirnbrand sei, wenn i no was toa taat.

WIRT: Genau a so denk i aa. Und wahrscheinli alle, de a'n Herrgott a'n guatn Mo sei lassn und alle Tag aufs Neie wieda o'schiabn mim Hirn.

XAVER SPÖTTL: De oanzign de wo mim Kommunismus vodeana, san de, de wo'n verbreitn. Hat da Reporter gsagt. Dees is genauso wia mit da Religion.

WIRT: A Schneid hat er ghabt, der Reporter. Dees muaß i sagn. Wahrscheinli werdn ma den im Fernsehn nimma sehgn.

XAVER SPOÖTTL: Richtig, Schorsch. Und weil i dees woaß, woaß i zugleich, daß mir aa koa Gleichberechtigung habn....

Nicht alles ist Gold, was glänzt!

Personen: Xaver Spöttl
Bekannter

(Xaver Spöttl und sein alter Bekannter sitzen an einem Tisch im Hofbräuhaus-Garten.)

BEKANNTER: Dees find' i guat, daß ma uns troffa habn, Herr Spöttl. Is scho lang her, daß ma uns s'letztmoi gsehng habn? Wia geht's nacha oiwei?

XAVER SPÖTTL: Wias hoit so geht. Amoi aufi und na wieda abi. Und wia geht's nacha selber?

BEKANNTER: No ja, schlecht geht's ma grad net. Aber guat grad aa wieda net. Gheirat hab i hoit.

XAVER SPÖTTL: Wos, gheirat? In Eahnan Alter? Aber es soll ja net grad dees Schlechter sei, hört ma allgemein.

BEKANNTER: No ja, so guat is dees na aa wieda net, wia d'Leit sagn. De Meinige is hoit koa bsonders „Scheene" net.

XAVER SPÖTTL: Koa bsonders „Scheene" sagn'S? Mein Gott, dees waar ja zum Verschmerzn wenn's an lautern Charakter hat.

BEKANNTER: Den hat's auf jedn Foi de Meinige. Da ko ma nix sagn. – Aber körperlich is's hoit a recht a Schwache.

XAVER SPÖTTL: Körperlich is's recht schwach, sagn'S? Ja no, aber oiwei no besser, wia wenn's a recht a dumms Frauenzimmer waar.

BEKANNTER: Freili, da habn'S scho Recht, Herr Spöttl. Aber a scheena Anblick is a Buckl grad aa net.

XAVER SPÖTTL: Ach so, an Buckl hat's. Da siehgt ma dann wieda, was grade Glieder für a Segn san. Aber es gibt oiwei no schlimmare Sachan. Wenn i zum Beispui an an' Kriag denk?

BEKANNTER: Da hab'S Recht, Herr Spöttl. A Kriag is scho no vui schlimmer, wia a Frau mit am Buckl. Und sie hat ja immerhin a scheens Anwesn mit in d'Eh' bracht.

XAVER SPÖTT: Was, a Anwesn? Na laß i mir den Buckl scho gfoin. Dees is ja ganz guat.

BEKANNTER: Es hört se scheena o, wias is. Auf dem Anwesen is no a ganz a scheene Hypothek drobn.

XAVER SPÖTTL: A Hypothek? Dees is nadürle scho greisli zwida. Wenn ma bedenkt, daß's schließlich an Buckl aa no hat …

BEKANNTER: Dees oanzig Guate is, daß's wenigstns no dreißgtausad Mark mitbracht hat. Da übersiehgt ma na wieda vui.

XAVER SPÖTTL: Dreißgtausad Mark. Dees is a scheena Batzn. Da laß i mir vui eigeh.

BEKANNTER: An Hakn hat's scho aa wieda. De dreißgtausad Mark kriagt's erst, wenn's de Hypothek wegga gwirtschaft' hat. Oder wenn mim Anwesn was passiern soit.

XAVER SPÖTTL: Was, passiern muaß da erst no was? Is denn dees no net Sach gnua, wenn oahna den Krüppel überhaupt gheirat hat? Gibt's denn sunst no was Schlimmers?

BEKANNTER: Zerscht habn'S gsagt, daß a Kriag no schlimmer waar?

XAVER SPÖTTL: Freili, aber da hab i ja no net gewusst, daß sie a verschuldets Anwesn aa no auf'm Buckl hat.

BEKANNTER: Aber a seelenguater Mensch is's.

XAVER SPÖTTL: Wenigstens a bröckl was. Na is a guats Auskemma mit ihr.

BEKANNTER: Dees scho. Aber wenn ma bedenkt, daß a Mensch mit am Buckl oiwei a maßgfertigts Gwand braucht …

XAVER SPÖTTL: … na kimmt a so a Buckl nadürle ganz schee teier.
BEKANNTER: Und koa Geld da, weil ja de Bluats-Hypothek aufn Anwesn last'. Dees oanzig Guate is no, daß i mit a Erbschaft rechnen ko.
XAVER SPÖTTL: Na vasteh i Eahna fei net, daß's oiwei so jammern. A Erbschaft is doch a feine Gschicht.
BEKANNTER: Dees moana Sie, Herr Spöttl. I erb aba erst, wenn mei Weibilein stirbt.
XAVER SPÖTTL: Na is's oiso aa wieda nix mim Diridari. Sie habn da vielleicht ein malefiz Pech.
BEKANNTER: No ja, ma muaß's tragn wias kimmt.
XAVER SPÖTTL: Da siehgt ma amoi wieda, was a Mensch mit am Buckl, oiß heraufbeschwörn ko.
BEKANNTER: Und wia unseroans da drunter zleidn hat. Und seit gestern gehnga d'Aufregunga gar nimmer aus.
XAVER SPÖTTL: Wiaso na erst seit gestern? Wo'S doch de ganze Zeit scho so an Kummer habn? Dees begreif i fei net.
BEKANNTER: Weil gestern s'Anwesen abbrennt is.
XAVER SPÖTTL: Jetzt haut's mi glei vom Stui abi. Dees muaß ja a scheena Schlag für Eahna gwesn sei.
BEKANNTER: Dees derfa'S glaabn, Herr Spöttl. No dazua wo mei arms Hascherl nimmer rechtzeitig aus de Flammen rauskemma is.
XAVER SPÖTTL: Na sag i halt mei herzlichsts Beileid …

Alte Bekannte

Personen: Xaver Spöttl
Ältere Dame

(Xaver Spöttl sitzt auf einer Anlagebank; ein heißer Sommertag; eine ältere Dame, mit Einkaufstasche, kommt von links.)

DAME: *(deutet auf den Platz neben ihm)* Is' erlaubt?
XAVER SPÖTTL: *(mürrisch)* Wenn's net anders geht.
DAME: Sie san aber a freindlicher Herr. Da fuiht ma se sofort wia dahoam.
XAVER SPÖTTL: Da Mensch braucht ab und zua sei Ruah. Es werdn doch aa no andere Plätz frei sei. Muaß denn dees akkurat da sei?
DAME: Auf de Bank scheint d'Sonna so schee her. In meim Alter tuat oam dees guat. Dees is genau so wia mit de Viecherl; mei Katzl legt se aa oiwei in d'Sonna, wenn oane scheint.

Willi Harlander und Marianne Lindner

XAVER SPÖTTL: A Katz haben'S aa no?
DAME: Und a ganz a nette. Mit weiße Pfoterl.
XAVER SPÖTTL: I mag d'Katzn net. Weil's aso stinga.
DAME: Ja wer sagt Eahna denn sowas? Dees is a glatte Luag. *(setzt sich)* Is' erlaubt?
XAVER SPÖTTL: Jetzt sitzn'S ja scho. Ma muaß sich halt abfindn damit, daß ma koa Ruah mehr hat auf dera Welt.
DAME: Wia ma no grad so patzert sei ko. Eahna Frau möcht i net sei.
XAVER SPÖTTL: I hab koa Frau, weil i mei Ruah möcht.
DAME: Is' gstorbn Eahna Frau?
XAVER SPOÖTTL: Scho vor ihra Geburt.
DAME: Sie san ma so oana. Na san'S oiso a Junggsell?
XAVER SPÖTTL: I kaannt ma nix Schöners vorstelln.
DAME: Im Alter is s'Alloasei aber aa net dees Wahre. I siehg's ja an mir. Mei Mo is vor fünf Jahr gstorbn und d'Kinder san scho lang aus'm Haus.Da werd's na a bröckl staad um oan.
XAVER SPÖTTL: A Ruah konn net schadn.
DAME: Dees sagn Sie, weil'S a Mo san. – A Frau braucht oiwei was zum toa. Wenn a Frau neamd mehr hat, für den wos sorgn ko, na werds oid.
XAVER SPÖTTL: Dees is' ja grad. Wenn se d'Frauen net oiwei um oiß bekümmern taatn, dees wo eahna gar nix ogeht, na hätt i vielleicht aa gheirat.
DAME: Sie wissen ja gar net, wia schee daß dees sei konn, wenn ma mitanand oid werd. Dees sag i Eahna, Herr, dees konn direkt a Trost im Alter sei.
XAVER SPÖTTL: Dees siehg i bei meine Spezl, was dees für a Trost sei konn. Wenn's an Schoaß zur Tür naus tean, na is da Teifi los. Naa, hörn'S ma nur grad mit dem auf. I fuih mi ganz wohl alloa.
DAME: Sie hättn heiratn solln, na taan'S heit anders redn.
XAVER SPÖTTl. *(sinnend)* Vor tausend Jahr hab i amoi oane kennt, de hätt i gheirat. Dees war a liabs Madl gwesn.
DAME: Warum habn'S es na net gheirat?
XAVER SPÖTTL: I hab's ihr net sagn traut, wia's ma um sie gwen is.
DAME: Sie habn Eahna net traut? – Davo merkt ma aber heit nix mehr!
XAVER SPÖTTL: Ma werd älter und gscheiter.
DAME: Vielleicht hätt's Eahna aa mögn? – Aber a Madl konn doch dees net sagn.
XAVER SPÖTTL: Da tean sa se heit vui leichter. Heitzutag wenn a Madl auf oan spinnt, nach macht's koa langs Federlesen draus. Dees is de Emanzipation. Verstehnga'S mi, Fraule?`
DAME: I woaß net, ob de neua Bräuch dees Wahre san.
XAVER SPÖTTL: Mi juckt dees scho lang nimmer.
DAME: Oiso, wia mei Mo um mei Hand bei meim Vadda o'ghoitn hat, war is scho narrisch aufgregt gwesn. Mei Vadda hat a Metzgerei ghabt in da Ligsalzstraß. Und mei Vadda war koa leinerner gwen.
XAVER SPÖTTL: In da Ligsalzstraß sagn'S?
DAME: Habn Sie meinVadda vielleicht kennt?
XAVER SPÖTTL: Freili. Guat sogar. Und Sie san sei Tochter?
DAME: Margarete Spiegelberger hab i ghoaßn. Bloß am Vadda sei Ghuif, da Xare, hat oiwei Mausi zu mir gsagt. Sunst war er aber schüchtern gwesn. Er hat nia a Madl ghabt.
XAVER SPÖTTL: Ja da varreck.
DAME: Was habn'S denn jetzt auf oamoi, Herr?
XAVER SPÖTTL: I? Nix hab i. I hab bloß drüber nachdenkt, wia s'Lebn doch oft a Luada sei konn.

DAME: Dees vasteh i aber jetzt net ganz?

XAVER SPÖTTL: Is ja net so wichtig. *(wischt sich über die Augen und die Stirne)* Hoaß is' heit, gelln'S?

DAME: A schöna Tag.

XAVER SPÖTTL: Da werd Eahna Katzerl wieder in da Sonna liegn? Weiße Pfoterl hat's, habn'S gsagt?

DAME: Sie mögn doch koane Katzn net?

XAVER SPÖTTL: No ja, wenn ma so alloa is, konn a Viecherl scho a Trost sei.

DAME: Sie habn ja a Gmüat, dees hätt i gar net denkt. Wo'S doch zerscht so rauhäutert warn.

XAVER SPÖTTL: Dees tuat ma aufrichtig leid. – Ma soit vui öfter mitanand redn, na bleibat oam vui Leid daspart.

DAME: Sie san a gspassiger Herr. Bei Eahna kennt ma se fei schwer aus.

XAVER SPÖTTL: Wissen'S was, Frauerl, weil Sie aa alloa san und heit a so a scheena Tag is, lad i Eahna zu am Kaffee und am Kuacha ei. I woaß a nette Konditorei glei in da Näh von da. Mögn'S?

DAME: Jetzt woaß i wirklich nimma, was i sagn soi.

XAVER SPÖTTL: Geh macha'S ma de Freid und gehnga'S mit.

DAME: Wenn'S unbedingt moana! Na kenn ma no a bissl redn mitanand.

XAVER SPÖTTL: Dees is scho lang Zeit wordn …

(Beide erheben sich. Spöttl bietet der Dame zögernd seinen Arm an und sie hängt sich schließlich schüchtern ein. Dann schlendern sie durch die Anlage davon.)

Fremdarbeiterstory

Personen: Xaver Spöttl
Türkischer Student

(Straßencafe in Schwabing)

STUDENT: Ist der Platz neben Ihnen noch frei?
XAVER SPÖTTL: Freili. Setzen'S Eahna nur her.
STUDENT: Danke.
XAVER SPÖTTL: Sie san aa net von da?
STUDENT: Ich bin von Ankara. Ich studiere in München Medizin.
XAVER SPÖTTL: Aha, a Student san'S. – Sie sprecha aber guat Deutsch.
STUDENT: Deutsch ist meine Lieblingssprache. Auch mein Vater studierte in München.
XAVER SPÖTTL: Ah geh, was'S net sagn. Is Eahna Vater aa a Dokta?
STUDENT: Mein Vater ist Chefarzt in Ankara.
XAVER SPÖTTL: Da schau her. Na is er ja a hochs Viech.
STUDENT: Was meinen Sie?
XAVER SPÖTTL: I moan, daß er a wichtiger Mo is.
STUDENT: Mein Vater ist ein bedeutender Chirurg. Er hatte viele Minister schon operiert an Hämorrhoiden.
XAVER SPÖTTL: Aha, sowas macht er. Is aa grad koa scheena Arbat. Oiwei de Leit in Hintern nei schaugn. Aber ma gwöhnt se ja an oiß. – Wo wohna'S denn, wenn i fragen derf?
STUDENT: In Haidhausen.
XAVER SPÖTTL: Im Franzosenviertel. Is koa scheene Gegend nimmer. – Wohna'S in Untermiete dort?
STUDENT: Ja bei einer Witwe.
XAVER SPÖTTL: Alloa?
STUDENT: Mit zwei Jugoslawen und einem Landsmann in zwei Zimmern.
XAVER SPÖTTL: Was, zu viert in zwoa Zimmer? Ja leid's Eahna denn nix bessers, i moan ois Arztsohn?
STUDENT: Ausländer sind nicht gerne gesehen. Ich war froh, dort ein Zimmer zu bekommen.
XAVER SPÖTTL: Was zahln'S denn für dees Loch?
STUDENT: Im Monat vierhundert Mark.
XAVER SPÖTTL: Na ja, dees geht. Zu viert.
STUDENT: Nein, nein, jeder zahlt vierhundert Mark.
XAVER SPÖTTL: Was, jeder zahlt vierhundert Mark? Dees gibt's doch gar net. Dees waarn ja für de zwoa oidn Zimmer sechzehnhundert Mark im Monat.
STUDENT: Ich sagte Ihnen ja schon, dass Ausländer nicht willkommen sind.
XAVER SPÖTTL: Dees is net wahr. Jeder Mensch is willkkommen, wenn er anständig is. Aber manche führn se halt auf, daß's der Sau graust. Sie san doch a anständiger Mensch?
STUDENT: Das ändert nichts daran. Ich hatte einmal ein Zimmer in Sendling. Dort durfte ich ab zehn Uhr abends kein Licht mehr anmachen. Doch ich musste ja lernen. Ich musste wieder ausziehen.
XAVER SPÖTTL: Dees is eine hundsgemeine Sauerei.
STUDENT: Was soll man dagegen unternehmen? Ich bin froh, in München studieren zu

dürfen. München ist eine sehr schöne Stadt. Und die Menschen sind im Großen und Ganzen freundlich.

XAVER SPÖTTL: Sie habn an Humor, dees muaß i sagn. A andara taat anders vo dene Menschn redn.

STUDENT: Das Studium geht auch vorüber. Dann gehe ich wieder nach Hause zurück. In der Türkei ist man sehr gastfreundlich.

XAVER SPÖTTL: Glaabn'S dees, i schaam mi für meine Mitmenschn. Wenn i bedenk, daß Sie Eahnan Vater dahoam erzähln, wias in München behandelt werdn, na laaft's ma eiskalt übern Buckl nunter. Vor lauter schaama.

STUDENT: Ich erzähle zu Hause nichts davon, um meine Mutter nicht unnötig zu beunruhigen.

XAVER SPÖTTL: Sie san wirklich a anständiger Kerl. – Derf i Eahna zu am Schnaps eiladn?

STUDENT: Nein, danke.

XAVER SPÖTTL: Entschuldigen'S, Sie san ja a Mohammedaner. *(bedauernd)* Da geht Eahna fei vui verlorn – wenn i an unsere Schweinshaxn denk ...

STUDENT: Essen und trinken sind nicht das Wichtigste im Leben ...

XAVER SPÖTTL: Freili, da habn'S scho Recht. – Aber vielleicht konn i Eahna mit am' Zimmer aushelfa ...?

STUDENT: *(erfreut)* Sie haben ein Zimmer für mich?

XAVER SPÖTTL: Hab i. – Natürlich konn i aa nix herschenka – 250 Markl müaßn'S scho zahln. Aber dees is a saubers und ruhigs Zimmer. – A Studentin is grad auszogn ...

STUDENT: Wo wohnen Sie?

XAVER SPÖTTL: In Giasing, in der Perlacher Straß ...

STUDENT: *(lächelt)* ... im ersten Stock?

XAVER SPÖTTL: *(verblüfft)* Woher wissen Sie dees?

STUDENT: *(unbeirrt)* ... mit Gasheizung und Bauernmöbel ...

XAVER SPÖTTL: *(perplex)* Jetzt haut's mi um!

STUDENT: ... und mit einem eigenen Zähler, und sogar ihren Freund durfte ihre Mieterin mitbringen ...

XAVER SPÖTTL: Ja sagn'S amoi, san sie Hellseher?

STUDENT: *(reicht ihm mit einem tiefen Gefühl seine Hand)* Ich freue mich, dass ich Sie kennenlernen durfte. – Meine Freundin sagte nur Gutes von Ihnen.

XAVER SPÖTTL: *(räuspert sich)* Eahna Freindin ...?

STUDENT: *(lächelnd)* Ihre Mieterin ...

Gedanken

Personen: Xaver Spöttl
Wirt
Bub

(Tisch in einem kleinen Biergarten. Warmer Oktobernachmittag)

XAVER SPÖTTL: *(sitzt vor seinem Bierkrug und sinniert „laut")* Jetzt is hoit scho wieda glei a Jahrl dahi. Drei Schnaufer machts no, s'Jahr und scho is' gar. Und oiwei schneller geht's; es is schier gar net zum Dabremsn.

WIRT: *(erscheint in grüner Schürze)* Magst' no a Hoibe,Xaver?

XAVER SPÖTTL: Oa Hoibe geht no.

WIRT: A warma Tag is heit, gell? – Ma möchte gar net glaubn, daß' scho Oktober is. Da werd's an strenga Winter gebn.

XAVER SPÖTTL: Glaab doch dees net.

WIRT: Im Hundertjährigen Bauernkalender steht aber: is da Oktober warm und mild, werd da Winter gaach und wild!

XAVER SPÖTTL: I gib nix drauf. Den habn aa d'Menschn erfundn. Und oiß is net guat, was de erfindn.

WIRT: Oha, heit machst' as aber philosophisch.

XAVER SPÖTTL: Im Herbst, wenn d'Taagerl kürzer werdn, muaß i halt oiwei a bröckl über d'Welt und über d'Menschn nachdenga. Woaßt', da packt's mi alle Jahr wieder aufs Neue. Scho ois junger Kerl hab i dees ghabt. – Und oamoi im Jahr a wengerl Melancholie schad ja net, oder?

WIRT: Schadn tuats net. Aber bringa tuats aa nix. Ma werd bloß spintisierat dabei. I leb an jedn Ta a so wia ra kommt. Da mach i koa Ausnahm. – Aber jetzt bring i Dir a Bier.

XAVER SPÖTTL: *(schaut ihm nach)* Du hast as guat. Du lebst de leichter. – Wenn i a so zruckdenk, was i aus meim Leben gmacht hab, na kaannt i woana. De Pläne wo i ois junger Mensch ghabt hab, de san ma zwischn de Finger darunna, wia ra Schwoaßsand von da Floßländn. Oa Jahr hat dem andern d'Hand gebn und oiwei schneller is dees Handgebn wordn. Und heit hab i a miserabliche Rente, koa Weib mehr, bloß no d'Jungfer „Einsamkeit" hockt an meim Tisch und zaahnt mi o. Ma' glaabt ja ois junger Mensch gar net, wia schnell daß eingli so a Leben glebt is. Kaum hast' di richtig zrechtgfundn und eiglebt auf dera Welt, scho pfeift da „Boandl" und du muaßt di wieda zwicka. Und deine Pläne, de wost' ghabt hast, san daplatzt ois wia ra Soafablasn. Und na kummt der Nächste mit seine Pläne und wieder der Nächst und so geht's weida, bis der scheene Planet amoi über sei Achsn abschmiert und in irgend so am dunkla Loch verschwind', dees im Universum auf jedn Planetn lauert.

WIRT: *(bringt das Bier)* Da, Xaver, Dei frische Hoibe, daß'D auf andere Gedankn kummst. Laß' Dir schmecka. I muaß in d'Küch, s'Essn fürn Abend herrichtn.

XAVER SPÖTTL: Geh nur zua. Laß Di net aufhoitn vo mir oidn Spinner. *(trinkt)* Wia schnell is so a Hoibe trunka? So schnell, wia s'Leben vergeht. Und nix ko ma zruckdraahn. Eingli gibt's gar koa Gegenwart. Mei Deutschlehrer, da „Schaurer", hat oiso Recht ghabt. Es gibt bloß a Vergangenheit und a Zukunft. A Gegenwart is a Schmarrn, weil s'es net gibt. Mir lebn in da Vergangenheit. Aber genau. Und wenn d'Vergangenheit größer werd wia d'Zukunft, na kummt d'Erinnerung no dazua. Na kummt de „hätt-i-doch-nur-Zeit". *(seufzt)* A Kreiz is dees ehrlich, wenn ma oid werd und s'Hirn net mitschpuin wui.

(Ein kleiner Bub mit einem „Drachen" erscheint.)

BUB: Geh kenna'S ma net mei „Waag" wieder richtn, Herr? Mei Dracha hat si in da Telefonleitung vafanga und beim Aberziagn is ma d'Waag grissn.

XAVER SPÖTTL: So, d'Waag is da grissn. Zoagn amoi her, Dein Dracha. Hastn' selber baut?

BUB: Freili. A bissl hat ma da Heinz ghoifa. – Dees is mei Bruada und der is bei da Bundeswehr bei de Fliaga.

XAVER SPÖTTL: So, bei de Fliaga is Dei Bruada. Na glaab i scho, daß der an Dracha baun ko. *(beschäftigt sich mit dem Drachen)*

BUB: Wenn i groß bin, na geh i aa zu de Fliaga. I möcht amoi nach Amerika, wia da Heinzi. Aber da hab i ja no lang Zeit.

XAVER SPÖTTL: Dees tuast', Buale. Und laß de vo neamd davo abbringa, sunst reit's Di amoi später, wennst' so oid bist, wia i.

BUB: I geh gwieß zu de Fliaga, Herr.

XAVER SPÖTTL: Sodala, da hast' Dein Dracha wieda. Jetzt laßn in Himmi nauf steign, so weit wia Dei Schnur glangt. Es konn gar net hoch gnua sei.

BUB: Dankschön, Herr. Jetzt laß i mein Dracha aufi, daß ma bloß no an' kloana Punkt siehgt. Pfüa Gott, Herr.

XAVER SPÖTTL: Pfüadi, Buale. *(schreit ihm nach)* Und vagiß net, daß Du zu de Fliaga gehst, wennst' groß bist! *(seufzt)* I hätt aa zu de Fliaga geh soin. – Ach was, i hätt ganz was anders toa soin. Aber jetzt is' z'spät dazu. *(schreit)* Geh weider, Schorsch, bring ma no a Hoibe! Oane geht scho no ...

Unterhaltung am Stammtisch

Personen: Xaver Spöttl
Ein Herr aus dem Norden

(Xaver Spöttl sitzt im Hofbräuhaus an seinem Stammtisch. Ihm gegenüber ein fremder Gast. Die Musiker singen soeben: „Ein Prosit, ein Prosit, der Gemütlichkeit".)

FREMDER: *(hebt seinen Maßkrug)* Prosit, Herr Nachbar!
XAVER SPÖTTL: *(hebt seinen Maßkrug widerstrebend)* Prost hoit nacha …
FREMDER: Ich sitze an Ihrem Stammtisch. Aber die Bedienung hat mir diesen Platz zugewiesen.
XAVER SPÖTTL: Es san ja no koane Spezl da …
FREMDER: Es macht Ihnen also nichts aus?
XAVER SPÖTTL: Bleibn'S no sitzn …
FREMDER: *(hebt erneut seinen Krug)* Also, dann zum Wohle.
XAVER SPÖTTL: *(wie zuvor)* Prost … *(zündet sich eine Pfeife an)*
FREMDER: Sie rauchen?
XAVER SPÖTTL: An unserm Stammtisch raacht a jeder.
FREMDER: Das ist aber nicht gesund.
XAVER SPÖTTL: Was is denn heit scho gsund? Wenn ma a'n Menschn, der vor vierhundert Jahr gstorbn is, zum Essn eiladn tatn, na waar der auf da Stell tot. Sie derfa net oiß glaubn. Den Schmarrn verzapfa bloß dejenigen, de jährlich 29 Milliarden Steuergelder von de Raucher kassiern.
FREMDER: Na ja, es ist Ihre Gesundheit.
XAVER SPÖTTL: Genau. Schaugn'S, da Schiller hat scho graacht und da Kaiser Friedrich hat a Tabaks-Collegium eigführt, da wo a jeder raacha hat müaßn wia da Teifi. Und da Günter Grass raacht aa. – Oiso, warum soll dann i net raacha?
FREMDER: Die Raucher zwingen die Nichtraucher, mitzurauchen. – Passiv, wenn Sie verstehen, was ich meine.
XAVER SPÖTTL: Sie sagn'S ja deutlich gnua. – Aber dees is a Schmarrn, so a neumodischer, der wieder aus Amerika kummt. Da drübn möchtn's am liabstn s'Raacha ganz abschaffa, aber d'Zigarettenindustrie macht jeds Jahr a'n höhern Umsatz. Dees is genau a so, wia's mit da Prohibition war; da is am meistn gsuffa wordn. Aber da Ami war scho oiwei a Doppel-Moralist. – A Puritaner hoit …
FREMDER: Aber Puritanismus ist doch Revolution, dem Katholizismus gegenüber?
XAVER SPÖTTL: Dees war amoi. Heit san's lauter „Frömmler". – Schließlich hat da Columbus a'n Tabak nach Europa und in de übrige Welt bracht. Und d'Rebstöck' und a'n Hopfa konn ma doch net vernichtn, bloß weil's Alkoholiker gibt, hat mei Großvater scho gsagt …
FREMDER: *(hebt seinen Krug)* Zum Wohle!
XAVER SPÖTTL: *(wie zuvor)* Prost. – Oiso, mei Großvater hat aa a'n scheena Spruch ghabt. Er hat gsagt: „Oamoi stess i mit eich o, und dann trink i wann i mag." – Dees hoaßt, net wenn's d'Musikanten moana, oder d'Tischnachbarn …
FREMDER: Entschuldigung, aber ich dachte, das ist in Bayern so üblich.
XAVER SPÖTTL: Dees habn uns de Rheinländer oberbracht. Genau so wia s'Schunkeln.
FREMDER: *(schaut sich um)* Es ist früher Nachmittag und alle Tische sind besetzt. Da merkt man die Arbeitslosigkeit deutlich.
XAVER SPÖTTL: Warum?

FREMDER: Na, wenn genügend Arbeitsplötze vorhanden wären, dann könnten die Leute nicht in den Wirtshäusern herumsitzen.

XAVER SPÖTTL: Dees san net lauter Arbeitslose. Da san andere aa dabei …

FREMDER: Wie meinen Sie das?

XAVER SPÖTTL: No, Fremde hoit, wia Sie. – Und aa welche, de wo net arbeitn woin, weil eahna da Staat fuchz Prozent Steuern abknöpft. Da Fleiß is scho oiwei bestraft wordn.

FREMDER: Urteilen Sie nicht ein bisschen zu hart?

XAVER SPÖTTL: Überhaupt net! – De waarn ja blöd, wenn's regulär in d'Arbeit geh tan, wenn eahna da gleiche Staat, der de Fleißigen s'Geld nimmt, a großzügige Unterstützung gibt. No a bissl Schwarzarbeit dazua, und sie habn mit weniger Arbeit mehra Geld, ois wia de andern, de alle Tag in d'Arbeit laafa.

FREMDER: Dass die Politiker das dulden?

XAVER SPÖTTL: Wenn i heit a Politiker waar, na taat i vui ändern. I taat zum Beischpui d'Erbschaftssteuer abschaffa, weil dees a kriminelle Enteignung is, da ja oiß scho tausendmoi versteuert wordn is und andere Länder aa koa Erbschaftssteuer habn. I taat a gravierende Steuersenkung beim Mittelstand eiführn, weil der ja a'n Staat tragt. Na taat i de Übersozialisierung abschaffa, weil de mit schuid is an de Arbeitslosen. Und schließlich taat i von da Großindustrie endlich amoi Steuern verlanga und net bloß Spendengelder schlucka, damit sich dees Großkapital ins Ausland drucka konn.

FREMDER: Sie wären ein guter Politiker.

XAVER SPÖTTL: I möcht aber koana sei, weil i a ehrlicher Mensch bleibn möcht …

FREMDER: Sie unterstellen den Politikern Unehrlichkeit?

XAVER SPÖTTL: *(fixiert ihn)* San Sie vielleicht oana?

FREMDER: *(erschrocken)* Ich? Nein! Um Himmelswillen, nein!

XAVER SPÖTTL: Oiso, mei Großvater hat oiwei gsagt: „Für mi is a jeder Politiker a Schlawiner. Jetzt muaß er mir bloß beweisen, daß i mi täuscht hab."

FREMDER: Die Arbeitslosigkeit ist ein weltweites Problem.

XAVER SPÖTTL: Da habn's d'Engländer im 19. Jahrhundert leichter ghabt.

FREMDER: Wieso die Engländer?

XAVER SPÖTTL: Weil de einfach brutal vorganga san.

FREMDER: Inwiefern „brutal"?

XAVER SPÖTTL: Schaun'S, 1832 warn von fünfzehn Millionen Einwohner bloß vierhunderttausend wahlberechtigt. Und zwoa Drittel habn net lesn könna. Aber s'Volk, dees von a paar hundert Feudalfamilien beherrscht wordn is, hat schuftn müaßn, wia damisch. 1840 is de durchschnittliche Lebenserwartung der Arbeiter in Liverpool bei fünfzehn Jahr glegn. Neun- bis zehnjährige Kinder habn 24 bis 36 Stunden ununterbrochen schuftn müaßn. Mit Peitschn san's wach ghoitn wordn. Kinder von drei, vier Jahr stehnga auf de Stuih in Spitzenfabriken und werkeln tagei, tagaus. 1867 san no vierzigtausend aus dem Viertel verhungert. – Sehn'S, drum habn d'Engländer koane Arbeitslosen ghabt. *(hebt seinen Krug)* Prost, Herr Nachbar.

FREMDER: Das ist ja grauenvoll.

XAVER SPÖTTL: Sie sagn'S – Und dees hat da Karl Marx o'prangert, der dees oiß selber erlebt hat. – Habn Sie a'n Marx glesn?

FREMDER: Ja. Nein. *(zögernd)* Vielleicht nicht ganz …

XAVER SPÖTTL: Dees sollten'S aber schleunigst toa. Den hat mei Großvater scho glesn …

FREMDER: *(räuspert sich)* Sie wissen ja allerhand. Alle Achtung.

XAVER SPÖTTL: I lies vui. Und geh gern in d'Staatsbibliothek in da Ludwigstraß'. Da konn ma sei vergessene Schuibildung nachhoin, weil da koana stört.

FREMDER: Stört? Wie meinen Sie das?

XAVER SPÖTTL: Ganz einfach: weil da koa Lehrer mit a'm Tatzenstecka und koa Professor vor'm Katheder steht. – Da konn ma dees lerna, dees wo oan interessiert und wichtig is, und net dees, wo oan net interessiert und bloß für d'Lehrer oder d'Professoren wichtig is – de wo se aa bloß oiß o'glesn habn.

FREMDER: Ich muss sagen, mit Ihnen zu plaudern ist hochinteressant. Ich bin dankbar, dass mich die Bedienung zu Ihnen gesetzt hat.

XAVER SPÖTTL: D'Lotti kennt mi und verschont mi vo de Schmarrer. Mi freit's aa, wenn's Eahna freit. – Oiso, na bstell man uns no a Maß!

FREMDER: Glauben Sie, dass wir diese Menge vertragen können? Das ist immerhin ein Liter ...?

XAVER SPÖTTL: *(grinsend)* Net ganz. Da Schenkkellner bhoit oiwei a'n guatn Schluck ...

FREMDER: Trotzdem ...?

XAVER SPÖTTL: *(betrachtet ihn)* Oiso bei Eahna bin i mir net sicher, ob Sie a paar Maß vertragn könna. Schließlich san'S ja a passsiver Mitraucher aa no. – Aber i bstell ma auf jedn Foi no a Maß!

FREMDER: *(trinkt rasch aus)* Dann mache ich mit!

XAVER SPÖTTL: Oiso na. – Lotti! Zwoa Maß auf mi!

FREMDER: Aber das ist doch nicht nötig.

XAVER SPÖTTL: Dees woaß i. Aber i wui, daß Sie sich ois Gast woihfuihn, wia mei Grovater scho gsagt hat ...

FREMDER: Danke. – Ich fühle mich sehr wohl. – Um nochmals auf die Politik zu sprechen zu kommen. Also das, was Sie mir über das England des 19. Jahrhunderts sagten, hat mich sehr erschüttert.

XAVER SPÖTTL: Habn Sie dees net auf'm Gymnasium glernt?

FREMDER: Nein, das nicht.

XAVER SPÖTTL: Sehn'S i aa net. Drum geh i in d'Staatsbibliothek. Da lern i dees, was i für mei Lebn brauch und was i in da Schui net glernt hab.

FREMDER: Das ist wirklich hochinteressant. Eine ganz neue Perspektive ...

XAVER SPÖTTL: Na sagn Sie's weiter, damit net lauter blödstudierte, hoibgebildete Trottl herwachsn, de koa Ahnung vo de wichtign Sachan habn. – Kenna Sie a'n Karlheinz Deschner?

FREMDER: Deschner? Nein, nicht dass ich wüsste ...

XAVER SPÖTTL: Dees is schad ...

FREMDER: Ein Schriftsteller vermutlich?

XAVER SPÖTTL: Schriftsteller und Philosoph. – Aber a Philosoph für's Volk! Und a ehrlicher und blitzgscheiter dazua! Der sich koa Blattl vor s'Mäu nimmt.

FREMDER: Und was schreibt dieser Karlheinz Deschner?

XAVER SPÖTTL: Zum Beischpui über d'Religionen, de bei uns in Bayern no ziemlich klerikal verankert san. Bsonders de katholische Religion.

FREMDER: Ich bin erstaunt über Ihr Wissen.

XAVER SPÖTTL: Sie derfa net moana, weil i bairisch red, daß i a Depp bin!

FREMDER: *(erschrocken)* Um Himmelswillen, glauben Sie das ja nicht. Im Gegenteil, ich mag Ihre Sprache!

XAVER SPÖTTL: Dees is schee, was Sie sagn. „Bairisch" is nämlich a Sprach'. A g'wachsne, net so a Compositum mixtum wia unser Beamtendeutsch, dees aus X-Sprachen zammgsetzt ist. – Schaun'S, Alkohol, Kabel, Ziffer, Admiral, Zenith und no a'n Haufa andere stamma aus'm Arabischn. Schach is persisch; Mauer, Pfosten, Ziegel, Kerzen und so weida kumma aus'm Römischen; Apotheke aus'm Griechischem; Erker is französisch, Bungalow hindustanisch; Tabu is polynesisch und Anorak kummt vo de Eskimos. Und da gaab's no vui mehrer ...

FREMDER: Wie können Sie sich das alles merken? Das ist erstaunlich ...

XAVER SPÖTTL: Oiß was oan interessiert, merkt ma se aa. Und dees meiste was i in da Schui glernt hab, hab i wieder vergessn. – Wenn'S Eahna dees vorstelln, daß mir seit 1945 alloa vo de Amerikaner achtzigtausend Wörter übernomma habn, na sagt dees doch oiß, oder net?

FREMDER: Achtzigtausend Wörter sagen Sie? Also dass sich seit Kriegsende viele Amerikanismen eingeschlichen haben, wusste ich natürlich. Aber achtzigtausend Wörter, das ist unglaublich.

XAVER SPÖTTL: Dees meiste in da Technik und auf'm Computersektor. – Schad, daß damois in Amerika bei da Abstimmung „Englisch oder Deutsch" a ganz knappe Mehrheit für Englisch gstimmt hat. Ma sagt oiwei, daß dees bloß um oa Stimm' ganga is. Jedenfalls taan ma anders dasteh, wenn net oana grad zum Bieseln nausmüaßn hätt ...

FREMDER: Zum Bieseln??

XAVER SPÖTTL: *(grinsend)* Dees war a Witzerl, dees von mein Großvater stammt ... *(hebt seinen Krug)* Prost, Herr Nachbar!

FREMDER: *(hebt ebenfalls seinen Krug)* Prost, Herr ...?

XAVER SPÖTTL: Spöttl.

FREMDER: Prost, Herr Spöttl!

(Beide trinken)

XAVER SPÖTTL: D'Amerikaner san a eigne Rass'. – Vielleicht weil's aus fast alle Völkerschichtn zammgsetzt san? Da Karlheinz Deschner hat a Buach über die amerikanische Geschichte gschriebn. „Der Moloch" is da Titel. Dees müaßn'S lesn. So was lernt ma auf'm Gymnasium im Gschichtsunterricht net.

FREMDER: Sie verehren diesen Karlheinz Deschner, nicht?

XAVER SPÖTTL: Was hoaßt verehrn? – I mag Schriftsteller und Philosphen, de net lüagn. Und de oiß aufdecka, was schlecht auf unserer Welt is. Und zu dene ghört da Deschner. Dees is da oanzige, der deutlich gschriebn hat, daß da Amerikaner ohne Kriag net existiern konn. Sie habn de Ureinwohner, d'Indianer, unter de grausamsten Bedingungen ausgrott, und de paar übrigbliebner zu Säufer gmacht. Aber da müaßn'S a'n „Moloch" lesn, na gehnga Eahna d'Augn auf über d'Ami und eahnare Präsidentn, de wo bloß oa Zui habn: Weltmacht werdn!

FREMDER: *(notiert lauf einen Bierdeckel)* „Der Moloch" heißt das Buch?

XAVER SPÖTTL: Richtig. Und beim Heyne-Verlag is' erschienen. Aber schreiben'S Eahna no a'n Titel auf: „Opus diaboli" von Deschner, dees der Rowohlt-Verlag rausgebn hat.

FREMDER: „Opus diaboli"? Darin geht es wohl gegen die Kirche?

XAVER SPÖTTL: Über d'Religion. Und über zehntausend Jahr Lug und Trug und kriminellste Brutalität. – Habn Sie zufällig 1986 in Österreich TV a'n „Club 2" o'gschaut?

FREMDER: „Club 2"? Also ich muss sagen, dass Sie mich heute noch schachmatt setzen mit Ihrem Wissen.

XAVER SPÖTTL: *(grinsend)* Gell, da schaun'S, was so a boarischer Hinterwäldler oiß woaß!

FREMDER: Ich bitte Sie! Beschämen Sie mich nicht!

XAVER SPÖTTL: Jedenfois war in „Club 2" a Diskussion zwischn Karlheinz Deschner und dem Fundamental- und Religionstheologen Pater Bsteh, den der Deschner höflich, gscheit und gründlich widerlegt und in d'Pfanna ghaut hat. Es gibt nur zwoa Möglichkeiten, hat er gsagt: entweder is a studierter Theologe a geistiger Kleinrentner und Feigling, oder a professioneller Lügner. Und dees hat eahm a'n Prozess eibracht.

FREMDER: Und?

XAVER SPÖTTL: Na, gwunna hat da Deschner den Prozess! Haushoch! – Weil oiß gstimmt hat, was er gsagt hat. Von de Massenmorde der Inquisition und von de Judenpogrome und religiösen Verbrechen der Frühzeit bis zum heitigen Tag. Und da hat er bloß de sogenannten „Christen“ o'gführt. Koane Kaiser, König', Zaren, koan Stalin und koan Hitler …

FREMDER: „Opus diaboli“ von Karlheinz Deschner, im Rowohlt-Verlag erschienen?

XAVER SPÖTTL: So is's. Auf dees Buach bin i aa in da Staatsbibliothek gsteßn. I sag's oiwei wieder: s'Lerna hört a ganz Lebn lang net auf. Wenn ma Bescheid wissn wui über d'Welt und über d'Menschheit …

FREMDER: Hat das auch Ihr Großvater gesagt?

XAVER SPÖTTL: *(grinsend)* Genau! Und no vui mehra …

FREMDER: Da muss ich Ihnen und Ihrem Großvater Recht geben. Das Schulwissen hat doch gehörige Löcher.

XAVER SPÖTTL: … aber de konn ma zuafuin, wenn ma mag.

FREMDER: Heute habe ich eine Menge dazugelernt. Diesen Tag vergesse ich nie! Ich hätte nicht im Traum daran gedacht, als ich nach München fuhr, dass ich einen Mann wie Sie kennenlernen würde …

XAVER SPÖTTL: Na oiso, na gfrei i mi für Eahna. Prost, liaba Freind aus'm Norden!

(Beide trinken)

FREMDER: Und diese Bücher besorge ich mir. Und werde sie auch weiter empfehlen.

XAVER SPÖTTL: A Wissn konn net schadn. Na schaut ma oiß glei mit andere Augn o und glaabt nimmer oiß, was oam d'Pfaffn und d'Politiker vorschwätzn. Und na kummt ma aa mi'm Lebn besser z'recht. *(schaut auf einen Mann, der näher kommt)* Aha, jetzt kimmt da erste Stammtisch-Spezl. Der is erst seit kurzem bei uns.

FREMDER: Das heißt, dass ich verschwinden muss?

XAVER SPÖTTL: Überhaupt net. Bleibn'S no sitzn. *(zum Neuankömmling)* Grüaß Eahna, Franzl!

NEUANKÖMMLING: Grüß Sie, Herr Doktor Spöttl.

FREMDER: *(überrascht)* Doktor Spöttl?

XAVER SPÖTTL: *(grinsend)* No ja, unser Uni hat ma a'n „honoris causa“ verliehn …

FREMDER: Das haut mich um!

XAVER SPOÖTTL: *(grinsend)* Geh, gehngas zua, den Titel konn ma doch aa kaaffa …

(Licht aus)

Dreiquartl-Philosophie

Personen: Xaver Spoöttl
Rentner

(Xaver Spöttl und ein Renter sitzen auf einer Anlagenbank. Sie haben ihre Hände auf zwei Spazierstöcke gestützt.)

XAVER SPÖTTL: *(starrt in den Himmel)* Jetzt kemma d'Stern sche langsam außa.
RENTNER: *(starrt auf den Boden)* Bloß a bröckl mehra Glück hätt i braucht. – Um a Haar und i hätt an „Fünfer" ghabt.
XAVER SPÖTTL: Ob's jetzt tatsächlich auf an' andern Stern aa Lebewesn gibt?
RENTNER: Bloß um oa Zahl wenn i weida aufi waar!
XAVER SPÖTTL: Wenn i mir dees vorstell, daß' Leit wia uns auf an andern Stern gibt? – Ob de de gleiche Religion habn wia mir?
RENTNER: Statt 46 hatt i 47 o'kreuzeln müaßn. Wega oana lumpign Zahl an soichan Haufa Geld verschenkt.
XAVER SPÖTTL: Mit de gleichn Sorgn, de wo mir aa habn?
RENTNER: Ma sollt auf d'Geburtstag net z'vui gebn. – I hätt weida aufi tippn müaßn.
XAVER SPÖTTL: Vielleicht san de scho vui weida ois wia mir?
RENTNER: Aber d'Quotn san hoit höher, wenn ma de höhern Zahln schpuit.
XAVER SPÖTTL: Varreck, da saust jetzt grad da Sputnik umi! *(folgt ihm mit dem Kopf)* Der schaugt um koa Haar net anders aus wia a Stern. Bloß bewegn tuat er sich. Dees wenn mei Großvadda sehng kaant … Aber den treffat da Schlag!
RENTNER: Ma sollt se einfach net auf d'Geburtstag versteifa. Oiß durchschpuin waar as gscheida.
XAVER SPÖTTL: Jetzt is er hinterm „großn Wagn" verschwundn.
RENTNER: A Fünfer hätt ma scho guat to, bei meiner kloana Rentn.
XAVER SPÖTTL: Naa, was heitzutag oiß möglich is.
RENTNER: Na waar i nach Mallorca gfahrn.
XAVER SPÖTTL: I taat mi glatt traun und mit a Raketn in Himmi nauf sausn. I waar im Stand dazua. In a paar Jahr is dees leicht möglich. – Wenn ma as nötige Gerstl hat.
RENTNER: Bloß um oa mickrige Zahl und i waar dabei gwen!
XAVER SPÖTTL: In einer narrischn Zeit hab i eingli glebt. – Zerscht de erstn Auterl, na de erstn Fliaga und jetzt de erstn Weltraumschiffe.
RENTNER: Aber oamoi werd's scho klappn. De Hoffnung hab i. – Na faahr i nach Mallorca. *(starrt in den Himmel)*
XAVER SPÖTTL: Jetzt kemma oiwei mehra Stern zum Vorschein. *(starrt auf den Boden)*
RENTNER: Ui, a Sputnik! – Der saust net schierle! Mir gangst!
XAVER SPÖTTL: Vielleicht sollt i im Lotto schpuin?
RENTNER: Ma möcht's net für möglich haltn, daß' sovui Stern gebn ko?
XAVER SPÖTTL: Meina Rente taats aa ganz guat, wenn i's mit am Gwinnerl a bissl aufmöbeln kunnt.
RENTNER: Brr, jetzt werd's aber frisch mei Liaba.
XAVER SPÖTTL: Ganz recht, mi friert's aa schee langsam. – Geh weida, kaaf ma uns a Hoibe. – Mir versaama ja nix mehr. *(erhebt sich langsam)*
RENTNER: *(erhebt sich ebenfalls)* Ganz recht, nach uns fragt koa Sau mehr was, oa Hoibe geht scho no …
(Beide ab)

Ein „echter" Münchner

Personen: Xaver Spöttl
Kellnerin

(an der Biertheke oder am Biertisch)

XAVER SPÖTTL: *(setzt soeben den Bierkrug ab)* Hat jetzt dei Neffe an' Studienplatz gfundn?
KELLNERIN: Ja, endlich. – Und no dazua in Münchn …
XAVER SPÖTTL: Na oiso. – Vor 200 Jahr waar dees no unmöglich gwesn …
KELLNERIN: *(perplex)* Wiaso vor 200 Jahr? – Vor 200 Jahr hat ja mei Neffe no gar net glebt …
XAVER SPÖTTL: Sei froh …*(grinst)*
KELLNERIN: Bist' jetzt bsuffa, oder was? – Tss, vor 200 Jahr …
XAVER SPÖTTL: Vor 200 Jahr hat's nämlich in München no gar koa Universität gebn.
KELLNERIN: Woher wuist denn du dees wissn?
XAVER SPÖTTL: *(geheimnisvoll)* Geh her, na sag i dir's …
KELLNERIN: *(rückt nahe zu ihm hin)* Oiso, los …
XAVER SPÖTTL: *(grinsend)* I lies. – Büacha, verstehst'…
KELLNERIN: *(schlägt durch die Luft)* A, du mit deim Schmarrn oiwei.
XAVER SPÖTTL: *(wieder ernst)* Im Ernst, de Münchner Universität is erst 1826 nach München komma. Und zwar von Landshut. Da König Ludwig I. hat's nach München bracht …
KELLNERIN: *(misstrauisch)* Stimmt dees aa?
XAVER SPÖTTL: Ehrnwort. Schau, München is oiwei größer wordn. Größer wia Landshut, 1854 hats bereits 100 000 Einwohner zählt …
KELLNERIN: *(enttäuscht)* Was, 100 000? – New York hat 1854 scho 800 000 Einwohner ghabt …
XAVER SPÖTTL: *(perplex)* New York?? – Wia kummst jetzt du auf New York?
KELLNERIN: *(schnippisch)* Im Urlaub war I drübn.
XAVER SPÖTTL: Und da hast' da dees gmerkt?
KELLNERIN: Genau. – Und 1643 hat New York bloß 1 500 Einwohner ghabt. – Gell, da schaugst'…
XAVER SPÖTTL: Da hast' recht, da schaug i. – Von München absolut nix wissen, aber von New York! – Aan scheena Gruaß vom Teifi …
KELLNERIN: In Münchn war 1643 d'Cholera. – So blöd bin i net, gell!
XAVER SPÖTTL: *(lacht)* Pest! – Pest hat gherrscht!
KELLNERIN: Was, Pest??
XAVER SPÖTTL: Net d'Cholera, sondern Pest hat in München d'Leit weggrafft! – Und zwar net 1643, sondern 1632! – Und damois hat München 20 000 Einwohner zählt. – Und dei New York bloß 1 500.
KELLNERIN: *(erbost)* Dees is doch wurscht. – Ob Cholera oder Pest; Krankheiten warns alle zwoa …
XAVER SPÖTTL: *(lächelnd)* Krank is ma davo wordn …
KELLNERIN: Du fangst wegem allem zum Streiten o!
XAVER SPÖTTL: Dees is net wahr. – Mi ärgert's bloß, wenn ma von einer anderen Stadt besser Bescheid weiß, wie von seiner Geburtsstadt.
KELLNERIN: *(lacht)* Jetzt redst' sogar Hochdeitsch! – Aber s'Empire State Building is

trotzdem 448 Meter hoch! Zoag ma a soichas Bauwerk in München!!

XAVER SPÖTTL: Da hast' recht. – So hohe Gebäude habn mir net. Aber acht Bauwerke, de alle höher wia 90 Meter san, gibt's in München aa! *(grinst)* Gell, da schaugst' wieder mit deine Augn … *(trinkt)*

KELLNERIN: *(überlegt angestrengt)* D'Frauenkirch hoit. Da Fernsehturm. *(schaut auf Spöttl)* Und s'Hochhaus in da Blumenstraß'?

XAVER SPÖTTL: Naa, s'Hochhaus in da Blumenstraß gwieß net. – Aber d'Peterskirch, d'Paulskirch, da Moosacher Gaskessel, d'Haidhauser Johanniskirch, d'Giesinger Kreuzkirch und s'Schornsteinpaar in da Isartalstraß. – Dees macht mit da Frauenkirch und am' Fernsehturm summa summarum acht Bauwerke.

KELLNERIN: Mei, bist du gscheit …

XAVER SPÖTTL: I mag halt Bescheid wissen, über de Stadt, in der i wohn.- Wenn i im Frühling auf'n Nockherberg zu meiner Starkbier-Kur geh, na woaß i genau, daß ich 16 Meter hochsteign muaß. *(spöttisch)* So hoch is nämllich da Nockherberg! – Zwoa Meter niedriger wia da Giasinger Berg. *(schaut von unten rauf auf die Kellnerin)* Aber dafür is da Schuttberg in Oberwiesenfeld 42 Meter hoch, da Schuttberg im Luitpoldpark 33 Meter, und da Schuttberg von Neuhofen 26 Meter. *(ernst)* Dees is zwar neuere Münchner Geschichte, aber es schad' aa net, wenn ma woaß wia hoch de Berg aus de Trümmer von unserer zerbombten Stadt san. – Solche „Sehenswürdigkeiten" gibt's hoit in New York net …

KELLNERIN: *(leise)* Was du oiß woaßt …

XAVER SPÖTTL: Gell, von mir konn ma oiwei wieder was Neus erfahrn? *(trinkt)* Und gega de Schuttberg nehma se unsere andern Bergerl direkt kindisch aus.

KELLNERIN: Was für andere Bergerl?

XAVER SPÖTTL: No, da Monopteroshügl mit12 Meter, s'Hasenbergl mit 6 Meter, d'Theresienhöhe mit 7,5 Meter und s'Petersbergl mit lumpate 3,3 Meter.

KELLNERIN: *(trotzig)* Und trotzdem habn's in New York dees erste Telefon ghabt. – Der Dings, der „Bell" hat's 1877 zum ersten Mal in New York probiert. *(triumphierend)* Dees hast' net gwußt,ällerlätsch!

XAVER SPÖTTL: Dees mag ja oiß sei, Madl, aber dafür hat's in München 1878 de erste Pferdebahn gebn, und 1893 is s'elektrische Liacht auf de Straßn aufgflammt. – Und 1895 is endlich de erste elektrische Trambahn gfahrn. *(Kellnerin will etwas sagen, aber Spöttl winkt ab)* I woaß scho, daß de amerikanische Freiheitsstatue 90 Meter höher is, ois wia de Häuser in Paris, und daß' der französische Bildhauer Frédéric-Auguste Bartholdi gfertigt hat, zehn Jahr hat's dauert, 167 Stufen geht's aufi und am 28. Oktober 1886 hat's der amerikanische Präsident „Cleveland" enthüllt. – *(atmet auf)* Sodala, und jetzt bringst' ma a frische Hoibe, und wia hoch daß unser Bavaria is, und wia der Buidhauer ghoaßn hat, dees konnst' selber nachlesn. – In am' Buach!

KELLNERIN: *(erhebt sich fast hypnotisiert und haucht)* Ja, dees tua i …

Lügen

Personen: Xaver Spöttl
Wirt

(In der Stammwirtschaft von Xaver Spöttl. Es ist kein Betrieb und der Wirt sitzt am Stammtisch)

XAVER SPÖTTL: *(setzt gerade sein Bierglas ab)* Oiso, oans muaß i dir sagn Schorsch, dei Bier is guat. Richtig glagert und richtig temperiert. A Qualitätsbier …

WIRT: Da leg i aa den größtn Wert drauf, Xare. *(grinst)* Woaßt', wenn ma selber gern aa Bier trinkt, na woaß ma aa, wia a Bier ghört! Es is halt oiß a Erfahrungssache. – A frisch' Bier konn ma net saufa. – Oder ma kummt vom Klo nimmer runter. Wenn ma a Qualität verkauft, na hat ma aa guate Kundn. – Umasunst gibt's nix auf unsera Welt.

XAVER SPÖTTL: Da hast' recht, Schorsch. – *(deutet auf die Zeitung neben sich)* Da hab i zerscht wieder was glesn und da hätt i vor lauter Wuat glei d'Zeitung z'reißn kenna. – Es is oiß a Luag auf da Welt!

WIRT: Woaßt du dees erst seit heit?

XAVER SPÖTTL: Naa, aber es werd oiwei schlimmer. Da steht ein Riesnartikel in da Zeitung von einem linken Schriftsteller, der strikt für eine Vermögensverteilung is, weil dees a hundsgemeine Ungerechtigkeit is – schreibt er – wenn a kloana Prozentsatz bloß Häuser hat und alle andern in Mietwohnunga lebn müaßn. – Aber i kenn den Kerl zufällig, weil er mei Nachbar is.

WIRT. Wohnt er in Untermiete?

XAVER SPOÖTTL: Dees brauchst' net glaabn! – Der hat a größers Haus wia i! – Und an' 450ger Mercedes fahrt er und an' Porsche hat er aa no! – Siehgst' und da stinkt er mir, weil oiß dalogn is. – Nix gega sei politische Überzeugung, aber na soi er aa lebn wia de, für de er eitritt! Und net ois wia a Protz!

WIRT: Ja ja, dees is oiwei dees gleiche Liadl. Zerscht schreibn's Büacha gega de Bonzn, wia's sagn, na verdeana's mit eahnare Büacha a Million und na san's selber Bonzn! – Aber natürlich net zuagebn! – Foische Hund san's, dees sag i!.

XAVER SPÖTTL: Genau! – Und da is mei Nachbar net da Oanzige. Mir san de linkn Vögl einfach zwider, de an' Haufa Geld habn und für de „Gleichheit aller" eitretn. Dees san doch für mi alle Schlawiner, de mit da Blödheit vo de Leit schpuin und dabei stoareich werdn.

WIRT: I versteh dees net, daß den Schwindl koana spannt?

XAVER SPÖTTL: Weils de Wenigsten wissn. De san doch net blöd und bindn's an' jedn auf d'Nasn! – I hätt an' Respekt von am' engagiertn Schriftsteller, - der links denkt, - wenn er dees Geld vo seine Büacha sofort wieder de „arma" Leit zur Verfügung stellert. – Aber so weit langt eahna links Denka hoit net. Guat lebn, an Haufa Gerstl verdiena und an' jedn der a Haus hat, ois Kapitalistn histelln. Dees is eahna Weda!

WIRT: Jetzt hast' mi richtig narrisch gmacht, Xare! – De Saubärn, de dreckatn! – Ma müaßert was unternehma dagegn!

XAVER SPÖTTL: Dagegn konnst' gar nix unternehma! Lüagn muaß ma, wia druckt, na kimmt ma zu was! – Und d'Leit für blöd verkaafa. – Solang, bis' s'es endlich amoi eisehng, daß a Kommunismus einfach net möglich is, wenn ma individuell lebn wui. – Und vor allen Dingen, daß net jeder linke Kaas der wo verzapft werd, aa Kunst is! – Woaßt' Schorsch, Kunst kummt nämlich von Können und net von Wollen – sunst müaßerts Wulst hoaßn! Hast'mi?

(Licht aus)

EURO

Personen: Xaver Spöttl
„Burschi", der Wirt

(Xaver Spöttl sitzt in einer seiner Wirtschaften und sein Spezl, der Wirt, bringt ihm soeben ein Weißbier)

BURSCHI: A „Weiß'", frisch o'zapft! Laß' d'as schmecka, Xare ...
XAVER SPÖTTL: Oida Schmarrer! „A Weiß', frisch o'zapft!" – A bissl kenn i mi aa aus in da Gastronomie ...
BURSCHI: Scheints net ganz. I hab aa umstelln müaßn auf'n Container. S'Flaschlbier is ma z'teier im Einkauf.
XAVER SPÖTTL: Was'd net sagst. A Weißbier aus'm Alufaß! Schee langsam kenna mir „Oidn" ei'packa.
BURSCHI: Ma muaß mit da Zeit geh, Xare. Da huift oiß nix.
XAVER SPÖTTL: Computer hint und vorn. A „Sputnik-Weltraum-Überwachung", wia's da Orwell scho in seim Roman 1948 gschriebn hat. Fax und Telefon! – Dees allerletzte! – Koa Sau schreibt heit mehr an' Briaf! Da is' koa Wunder, wenn d'Leit oiwei blöder werd'n ...
BURSCHI: „Orwell"? Wer is'n dees?
XAVER SPÖTTL: *(grinsend)* Gell, den kennst Du net. – Dees war a Schriftsteller, der im „Währungsreform-Jahr" 1948 sein' Roman mit dem Titel „1984" gschrieb'n hat.
BURSCHI: So a Zukunfts-Schreiberling oiso ...
XAVER SPÖTTL: Da Orwell hat damois gschriebn, was scho längst alltäglich wordn is. – De Sputnik-Überwachung aus'm Weltraum zum Beischpui.
BURSCHI: *(grinsend)* Der hoaßt net „Sputnik", sondern „Satellit".
XAVER SPÖTTL: Und was is da Unterschied?
BURSCHI: Was woaß i. – Schmeckt da dees „Weiße"?
XAVER SPÖTTL: S'Flaschlbier waar ma liaba ...
BURSCHI: Dees waar vui z'teier. Xare ...
XAVER SPÖTTL: Was kostn eingli Dei Weißbier?
BURSCHI: Drei Euro siebzge ...
XAVER SPÖTTL: Aha. – I erinnert mi no, daß a Hoibe Weißbier rund grechnet vier Markl 'kost hat.
BURSCHI: Mei Xare, dees war vor langer Zeit ...
XAVER SPÖTTL: No ja, so lang is dees na aa wieder net her. Vor da Einführung vom Euro hoit ...
BURSCHI: Da war oiß no anders ...
XAVER SPÖTTL: Da hast' recht. I hab dees Gfuih, daß in da Gastronomie bloß „DM" durch „Euro" ersetzt wordn is, aber da Preis is gleich bliebn.
BURSCHI: Wia moanst' jetzt dees?
XAVER SPÖTTL: Tua net a so. Du woaßt genau, was I moan. – Gestern hab i mir a'n Fisch, a'n Zander, g'kaaft und der hat siebzehn Euro 'kost ...
BURSCHI: Und?
XAVER SPÖTTL: Und?? – Früher hab i für den gleichn Zander siebzehn Markl brenna müaßn.
BURSCHI: S'Zeigl is oiß teurer wordn ...
XAVER SPÖTTL: B'sonders in da Gastronomie ...

BURSCHI: Du derfst hoit net dauernd umrechnen. Sag da hoit einfach: oa Euro is oa Markl.

XAVER SPÖTTL: Wenn dees so einfach waar, na müaßert i aber aa no zwoatausend Euro Rente Kriagn. I kriag aber bloß no tausend Euro!

BURSCHI: Du vadraahst oiwei oiß ...

XAVER SPÖTTL: I vadraah gar nix. Heit muaß i vo meine tausend Euro Rente für Dei Weißbier Siebenmarksechzge zoihn. Oder vielleicht net?

BURSCHI: Denk hoit a bissl z'ruck. Nach da Währungsreform habn mir von unsere vierzg Markl „Kopfgeld" no über vier Mark für a'n Ami-Dollar zoihn müaßn.

XAVER SPÖTTL: *(grinsend)* Dees is dees oanzige, was mi mi'm Euro versöhnt: heit kriagt da Ami für oan Dollar bloß no oan Euro! *(trinkt sein Bier aus)* Und jetzt bringst' ma no a Hoibe Container-Weiß', Burschi ...

BURSCHI: Mach i, Xare, und de Hoibe geht auf mi ...

XAVER SPÖTTL: *(lachend)* I dank da hoit schee dafür. – Aber dees konst' heit leicht macha, wenn i für oa Hoibe so vui zoih, ois wia früaha für zwoa!

Moral

Personen: Xaver Spöttl
Mitglied der Narhalla (Willi)

(Xaver Spöttls Stammwirtschaft)

XAVER SPÖTTL: Wia lang bist jetzt du schon in da Narhalla?
WILLI: Zwanzg Jahr scho. – *(erbost)* Aber lang wer i nimmer dabei sei.
XAVER SPÖTTL: Warum?
WILLI: Weil's oiwei unmoralischer dort werd. – Hast' as net glesn vo de nackatn Prinzessinnen?
XAVER SPÖTTL: *(grinst)* Dees warn doch lauter saubere Madln.
WILLI: *(entrüstet)* Aber alle nackert! – Dees geht doch net! – Mir san a sauberer Verein!
XAVER SPÖTTL: Oiso, i find da nix schlimm dabei, wenn a Madl ihre Gaudinockerl herzoagt. – Solang mas natürlich aa oschaugn konn! Du tuast ja grad so, wia wenn dees was Unappetitlichs waar.
WILLI: Du bist a ganz a unmoralischer Mensch, Xare!
XAVER SPÖTTL: Naa, dees bin i net. Aber I gib hoit zua, daß mir ois Mo a scheens Madlbrüsterl gfoit. – I müaßt ja sunst damisch sei!
WILLI: I bin gega dees nackate Gschwerl! – Überoi flackas nackert umanand. Sowas konn ma doch net durchgeh lassn! – Stell da vor, eine Faschingsprinzessin, de in de Illustriertn scho nackert drin war! Dees is doch a Sauerei!
XAVER SPÖTTL: *(grinsend)* Du bist oiso gega de Nackatn?
WILLI: *(vor Entrüstung glühend)* Natürlich! – und zwar strikt!
XAVER SPÖTTL: *(grinsend)* Na versteh i dees aber net, daß i di heuer in Sylt drobn am Nacktbadestrand gsehng hab?!
WILLI: *(zu Tode erschrocken)* Um Gottswuin, sag dees ja koan Menschn net, Xare …

(Licht aus)

Fehleinschätzung

Personen: Xaver Spöttl
Tischnachbar

(Wirtshaustisch am Fenster. Xaver Spöttl sitzt mit dem Rücken zum Fenster. Der Tischnachbar schaut zum Fenster hinaus auf einen „Millionen-Bungalow".)

XAVER SPÖTTL: *(trinkt vom Bier und zündet sich eine Zigarette an)* A scheena Tag is heit.
TISCHNACHBAR: *(wedelt den Rauch weg)* Der waar no vui scheena, wenn d'Leit a bissl Rücksicht nehma und auf eahna Umwelt achtn taan.
XAVER SPÖTTL: Da habn'S recht, Herr Nachbar. An' jedn Dreck schmeißn's auf d'Straß. Boid werdn ma im Dreck dasaufa ...
TISCHNACHBAR: *(wedelt den Rauch weg)* Und koa Rücksicht mehr für andere Leit.
XAVER SPÖTTL: *(bläst eine große Rauchwolke zum Tischnachbarn hinüber)* Genau ...
TISCHNACHBAR: *(hustet und wedelt wütend den Rauch weg)* Pfui Teifi stinkt de Zigarettn!
XAVER SPÖTTL: Dees is a Naturtabak ...
TISCHNACHBAR: A Naturtabak? – Daß i net lach! – ois wia wenn in am' Tabak a Natur drin waar!
XAVER SPÖTTL: Der wachst wia da Pfefferminztee. – I habn nachn Kriag selber o'baut in meim Heimgartn. Und nacha fermentiert mit Kunsthonig und Äpfestückl. – Den hättn'S probiern soin! *(bläst eine ungeheure Rauchwolke auf sein Gegenüber)*
TISCHNACHBAR: *(hustet und wedelt)* Dees is ja net zum Aushoitn! – Vor drei Jahr hab i mir s'Raacha abgwöhnt, weil's ungsund is, und jetzt muaß i ois passiver Mitraucher den Dreck eischnaufa!
XAVER SPÖTTL: Sie braucha mein' Rauch ja net eischnaufa.
TISCHNACHBAR: Soi i dasticka? – Habn Sie eingli koa Angst, daß' an' Lungakrebs kriagn?
XAVER SPÖTTL: *(raucht und lacht)* Naa, koa Bröckl. Mei Großvadda hat jedn Tag seine dreißg Zigarettl graacht und hat koan Lungakrebs kriagt. Und mei Vadda genauso. – Und der lebt heit no ...
TISCHNACHBAR: Na hat eahna Großvadda und eahna Vadda hoit a Glück ghabt. Oder lesn Sie koa Zeitung? Alle Jahr sterbn Tausende am Lungakrebs und am Herzinfarkt. – Und bloß weil's raacha müaßn!
XAVER SPÖTTL: Dees is doch oiß bloß psychologisch. – Wenn oana dauernd Angst hat, daß er an' Lungakrebs kriagt, na kriagt er aa oan. – *(grinst)* Aber i hab koa Angst. *(bläst eine Rauchwolke zu seinem Gesprächspartner hinüber)*
TISCHNACHBAR: So a Blödsinn! Wia wenn ma se an' Lungakrebs eiredn kaannt!
XAVER SPÖTTL: Natürlich konn ma dees!
TISCHNACHBAR: *(wütend)* Oiso, dees is doch da größte Kaas, den wo i ghört hab! *(schaut ihn lauernd an)* I gib Eahna no fünf Jahr!
XAVER SPÖTTL: Es is oiwei dees gleiche mit dene Leit, de wo se s'Raacha abgwöhnt habn. – De kemma se alle wia da Messias vor und möchtn alle Raucher bekehrn. Aber da habn's bei mir Pech ghabt! *(zündet sich eine neue Zigarette an)*
TISCHNACHBAR: Wiavui raacha'S denn am Tag? *(wedelt den Rauch angeekelt weg)*
XAVER SPÖTTL: Dees kimmt ganz drauf o. – Wenn i net fort geh zum Schafkopfa, na langa ma oanahoib Schaachterl.
TISCHNACHBAR: Und wenn'S zum Schafkopfa genga?
XAVER SPÖTTL: *(grinst)* Na langa oft vier Schaachterl net.

TISCHNACHBAR: Ja dees san ja na achtzg Zigarettn!

XAVER SPÖTTL: Und dazwischennei no a paar Zigarrn. *(grinsend)* Weil i sunst wirkli z'vui Zigarettn raach.

TISCHNACHBAR: Was dees für a Haufa Geld is, dees wo Sie im blaua Dunst aufgeh lassn!

XAVER SPÖTTL: Ja no, a bissl was muaß ma seim Körper scho vergunna ...

TISCHNACHBAR: Tss, seim Körper vergunna! – Himacha tean'S Eahnan Körper! Dees sag Eahna i. – Mei Frau hauert mi zum Teifi, wenn i s'Geld a so zum Fenster nausschmeißn taat. – Sagt da Eahna Frau nix?

XAVER SPÖTTL: Koa Wort! – Dees waar ja no dees Scheena! – Sie konn se ja aa kaafa, was' wui.

TISCHNACHBAR: Reit Eahna denn s'Geld überhaupt net? Wenn i bedenk, im Durchschnitt drei Schachtln am Tag und pro Schachtl fünf Mark – dees san ja am Tag fuchzehn Mark! – Und jetzt soin d'Zigarettn no teirer werdn!

XAVER SPÖTTL: Wissn'S, dees is wia mim Benzin. – Oder moana'S vielleicht, daß koa Mensch mehr Auto fahrt, wenn s'Benzin pro Liter pro Liter fünf Markl kost? – I sag Eahna, daß oiwei weidagraacht werd und oiwei weida Auterl gfahrn werd! Mir Raucha kenna doch a'n Staat net hänga lassn! Schließlich zoihn mir pro Jahr einundzwanzig Milliarden a'n Fiskus, und d'Nichtraucher koa Markl. – De reißn bloß eahna Goschn auf.

TISCHNACHBAR: Und von de Krankheitn sagn'S nix, de alle Raucher verursachen. D'Krankenkassen müaßn zoihn ...

XAVER SPÖTTL: Sehng'S guat daß Sie dees jetzt erwähna. Na soi hoit da Staat so scheißfreindlich sei und acht Milliarden von de oanazwanzg Milliarden Steuergeld de Krankenkassen überweisen. Und na stimmt der Ladn wieda. Denn dees steht doch fest: wenn neamd mehr raacht, trinkt und Auterl fahrt, na is da Staat bankrott. – Und Sie kenna Eahna net amoi mehr a'n warma Leberkaas leistn. Drum san'S froh, daß i raach...

TISCHNACHBAR: So konn ma's natürlich aa sehng ...

XAVER SPÖTTL: Bloß a so und net anders ...

TISCHNACHBAR: I kaannt ma's net leistn. Schaugn'S amoi zum Fenster naus. I wett mit Eahna, daß Eahna Sie leicht in dreißg Jahr so an' Bungalow daspart hättn, wia den da draußn, wenn'S net graacht hättn. – So ein wunderscheens Haus ...

XAVER SPÖTTL: Ghört der Bungalow vielleicht Eahna?

TISCHNACHBAR: Mir? – Um Gottswuin, wo denka'S denn hi! – Sowas kaannt ma i nia leistn. – I sag ja bloß, daß er Eahna ghörn kaannt, wenn'S net graacht hättn.

XAVER SPÖTTL: *(bläst eine Riesenwolke auf sein Gegenüber und grinst)* Sehng'S so komisch is dees auf da Welt: Sie raacha net und habn koan Bungalow und i raach wia da Teifi und mir ghört der Bungalow ...

(rascher Vorhang)

Der Job

Personen: Xaver Spöttl
Junger Mann

(vor einem Kiosk mit Bratwürsten)

JUNGER MANN: *(kommt atemlos angerannt)* Geh, bittscheen schnell a Bratwurscht!
XAVER SPÖTTL: *(isst genüsslich seine Wurscht)*
JUNGER MANN: Mei o mei, dauert dees lang! – Mir pressiert's!
XAVER SPÖTTL: Wenn's Eahna jetzt scho so pressiert, was tean'S denn dann wenn'S so oid san, wia i? – Da habn'S dann gar koa Zeit mehr, weil s'Leben oiwei schneller laaft, ja älter ma werd.
JUNGER MANN: Mir pressiert's aber!
XAVER SPÖTTL: Wo müaßn'S denn hi?
JUNGER MANN: Zum Demonstriern!
XAVER SPÖTTL: Gega was geht's denn heit wieder?
JUNGER MANN: Für'n Abtreibungsparagraphen!
XAVER SPÖTTL: Aha. – Und drum pressiert's Eahna a so?
JUNGER MANN: Net alloa wega dem. – Aber anschließend hab i nomoi a Demo!
XAVER SPÖTTL: Nomoi? – Gega was geht's da?
JUNGER MANN: Gega den Abtreibungsparagraphen!
XAVER SPÖTTL: *(verschluckt sich an seiner Wurst und hustet)* Dees haut mi um! Zerscht dafür und na dagegn!
JUNGER MANN: Wenn ma dafür is, na öffnet ma da Euthanasie Tür und Tor!
XAVER SPÖTTL: Dees is ma scho klar. – Und wenn ma dagegn is?
JUNGER MANN: Na is de persönliche Freiheit da Frau in Frage gstellt!
XAVER SPÖTTL: Aha. – Und drum demonstriern Sie heit zwoamoi! – Is ja irgendwie logisch ...
JUNGER MANN: Und net bloß heit! – Morgn hab i zwoa Demos inRosenheim, und übermorgn muaß i nach Frankfurt. *(zieht seinen Terminkalender hervor)* Und am nächstn Tag soi i scho in Berlin sei! – Ein Scheißstress is da dees vielleicht! – Was isn mit meiner Bratwurscht?
XAVER SPÖTTL: De werd glei da sei. – Sagn'S amoi, arbatn Sie net?
JUNGER MANN: Jetzt hab i's Eahna doch grad gsagt. Übernächste Woch bin i in Hamburg! Vier Demos muaß i da runterreißn!
XAVER SPÖTTL: I moan, außerm demonstriern ...
JUNGER MANN: Sie, dees oane sag i Eahna, dees is a Full-Time-Job! I woaß oft gar net wo ma da Kopf steht. – Und dann aa no de Gaudi mit de Schandi, wenn's di dawischn!
XAVER SPÖTTL: Woher nehma'S jetzt zum Beischpui dees Fahrgeld nach Frankfurt?
JUNGER MANN: Fahrgeld? – Ja moana'S denn im Ernst, daß i mim Zug fahr? – Wo i sowieso oiwei in Zeitknappheit steh. – Überoi, wo i in da BRD himuaß, da fliag i natürlich! – Sie waarn guat! Vielleicht hock i mi sechs Stund in Zug nei!
XAVER SPÖTTL: Is Eahna Vadda reich?
JUNGER MANN: Mei Vadda is tot. – I muaß mi scho selber durchbringa.
XAVER SPÖTTL: I moan, zwengs n'Gerstl?
JUNGER MANN: I wer zoiht!
XAVER SPÖTTL: *(verschluckt sich erneut)* Zoiht? – Für s'Demonstriern?
JUNGER MANN: Natürlich! – Mei Job is hart. – I steh oiwei mit oam Fuaß im Gfängnis.

XAVER SPÖTTL: Und Eahna is' wurscht gega was oder für was daß Sie demonstriern, wenn i Eahna richtig verstandn hab?
JUNGER MANN: Total wurscht! – Um de Kloanigkeitn kümmert mi i net!
XAVER SPÖTTL: Und wer zoiht Eahna dafür?
JUNGER MANN: Dees woaß i net wer dahinter steckt. – I wer o'gruafa, kriag meine Termine und alle Monat an' Scheck. – Oiß andere is mir wurscht.
XAVER SPÖTTL: Zoihn de guat?
JUNGER MANN: Mir glangt's. I konn davo guat lebn – Und wenn i a „schwarze Demo" mach, dees hoaßt, oane de wo net genehmigt is, da kriag i mein' doppeltn Ghoit! – Aber, guater Mo. Sowas is gfährlich! Da werst' eibucht, wenn's di dawischn! Herrschaftseitn, wo bleibt denn mei Bratwurscht? – I muaß in a viertl Stund auf d'Straß! – I hab alle Leit zum Königsplatz hibstellt.
XAVER SPÖTTL: Alle Leit?
JUNGER MANN: I muaß mi doch kümmern, daß gnua mitmarschiern!
XAVER SPÖTTL: Wissn de, um was daß' geht?
JUNGER MANN: I hoff, daß' eahna gsagt wordn is. – Um oiß konn i mi aa net kümmern. – Dafür hab i ja Helfer, de von mir a Geld kriagn.
XAVER SPÖTTL: Aha, de zoihn dann Sie wieder ...
JUNGER MANN: Net alle! – Bloß a paar, de ma Leit zammbringa. – Woin'S mitgeh? Na zoih i Eahna Bratwurscht?
XAVER SPÖTTL: I konn net, i muaß zum Schafkopfa ... *(die Bratwurst wird durch das Fenster geschoben)* Na oiso, da is ja Eahna Bratwurscht!
JUNGER MANN: Zeit is' wordn! – Jetzt derf i's wieder abiwürgn. – Scheißstress! *(beginnt in Eile zu essen und Spöttl ist fertig)*
XAVER SPÖTTL: Pfüad Eahna Gott und vui Glück bei Eahnara Demo!
JUNGER MANN: *(mit vollem Mund)* Dankscheen, dees konn i braucha!
XAVER SPÖTTL: *(geht ab, dreht sich aber nochmals zum jungen Mann um)* I hab no a Frag...
JUNGER MANN: *(unterm Kauen; schaut wiederholt auf seine Armbanduhr)* Was denn nacha? Schicka'S Eahna, mir pressiert's ehrlich!
XAVER SPÖTTL: I hab's glei. – Woin'S net amoi für mi demonstriern?
JUNGER MANN: Für Eahna?
XAVER SPÖTTL: Natürlich für mi und net gega mi!
JUNGER MANN: Dees versteh i fei net ganz ...
XAVER SPÖTTL: Dees is aa a bissl kompliziert. – Vielleicht sagt ma da aa anders dazua?
JUNGER MANN: Aha, i versteh Eahna scho. Sie moana hoit, daß i für Eahna Reklame laafa soi, wia vor de Kaufhäuser, oder? – Sagn'S amoi, san sie eingli ganz gsund? – Schaug i aus wia a Reklame-Fritz?
XAVER SPÖTTL: Wiaso Reklame? – *(plötzlich grinsend)* Sie, da haben'S mi auf a Idee bracht. Genau. Es is eingli oiß Reklame, was Sie macha.
JUNGER MANN: Oiso da hört se doch oiß auf! – Reklame sagn Sie zu meim ernstn Anliegn!
XAVER SPÖTTL: Ja is dees vielleicht na koa Reklame, wenn'S fürn Abtreibungsparagraphen demonstriern? Oder für d'Hausbesetzer? Oder für woaß da Teif no oiß?
JUNGER MANN: Sie habn da vielleicht so a Ahnung! – Demonstriern kummt von Demokratie, guada Mo ...
XAVER SPÖTTL: *(grinsend)* Na muaß Reklamation von Reklame kumma. Und dees laaft oiß aufs Gleiche naus.
JUNGER MANN: Für mi macha Sie an gravierenden Denkfehla! *(ins Kiosk-Innere)* Was

kostn de Bratwurscht? *(zu Spöttl)* Da konn i Eahna leider net helfa. Bei mir geht's um ernste Sachan … *(will abgehen)*

XAVER SPÖTTL: Wartn'S no a bissl! – I möcht bloß, daß sie vor meiner Haustür demonstriern. – I zoih net schlecht …

JUNGER MANN: *(misstrauisch)* Alloa?

XAVER SPÖTTL: Dees is ma wurscht …

JUNGER MANN: Gega was?

XAVER SPÖTTL: Gega de heitige Demonstration.

JUNGER MANN: Ja sagn'S amoi, san Sie komplett plemplem? – Wiaso soll i gega a Demonstration demonstriern?

XAVER SPÖTTL: Ganz einfach, weil nach jeder Demonstration an' Haufa Dreck vor meiner Haustür liegt. Zigarettn-Hugo, Papierfetzn, Bierdosn und no mehra soichas Glump! – Und i Depp derf's wieder schee brav zammraama, weil's ja sunst koana tuat von de Herrn Demonstrantn!

JUNGER MANN: *(misstrauisch)* Wo wohna denn Sie?

XAVER SPÖTTL: In da Ungerer Straß, warum?

JUNGER MANN: Weil ma da heit unser Demo abziahgn …

(Licht aus)

Der Star

Personen: Xaver Spöttl
Sein Nachbar
Gebhart Pröll, der Fernsehstar

(Xaver Spöttl streicht gerade seinen Gartenzaun, da kommt sein Nachbar vorbei, im Schlepptau einen „guten Bekannten“, den allgemein bekannten Fernsehstar Gebhart Pröll.)

NACHBAR: *(erfreut)* Ah, da Herr Spöttl! Tean'S no schee streicha, damit d'Maler aa was verdeana. *(wichtig)* Mir gehnga jetzt ins Studio. – Da Gebhart Pröll nimmt mi mit!
XAVER SPÖTTL: *(unbeteiligt)* So so ...
NACHBAR: *(vorwurfsvoll)* Ja sagn'S amoi, kenna Sie vielleicht an Gebhart Pröll net? *(Der Star schaut gelangweilt auf seine Fingernägel)*
XAVER SPÖTTL: Müaßt i dees?
NACHBAR: Dees is da bekannteste Satiriker, den mir habn!
XAVER SPÖTTL: In was für an' Theater schpuit er?
NACHBAR: Wia moana'S?
XAVER SPÖTTL: *(trocken; streicht ungeniert weiter)* Na irgendwo werd er doch schpuin, wenn er scho so berühmt is *(zu Pröll)* Geh rutschn'S doch a bissl, de Lattn hab i no net gstricha ...
NACHBAR: Oiso dees is fei fast a Bildungslücke wenn Sie an' Gebhart Pröll net kenna. – Alle Leit kenna'n!
XAVER SPÖTTL: Na is' ja recht.
NACHBAR: *(eifrig)* Da Gebhart Pröll reibt's eahna hin, dene Schwarzn. Da Gebhart Pröll is a kritischer Geist. – Gell, Gebhart? *(Der Star schaut gelangweilt in den Himmel)*
XAVER SPÖTTL: Is dees kritisch, wenn ma oa Partei in d'Pfanna haut?
NACHBAR: *(unsicher)* Na Sie san vielleicht guat. Und ob da Gebhart Pröll kritisch is!
XAVER SPÖTTL: I hab oiwei gmoant, daß ma bloß kritisch is, wenn ma zu koana Partei helft. Parteipolitischkritisch hat nix mit Kritik z'toa ... Wenigstens net mit dem Wort „Kritik“, so wia's de oidn Griechn gmoant habn.
NAChBAR: Aber Kritik schreibt man doch mit „K“, oder net?
XAVER SPÖTTL: *(schaut ihn belustigt an)* Natürlich. Wiaso?
NACHBAR: No, wenn Sie mit de oidn Griechn daherkumma ...
XAVER SPÖTTL: *(schiebt den Star auf die Seite)* Sie erlaubn scho ... de Lattn muaß i aa streicha. Da derf ma koane auslassn! *(der Star scharrt mit dem Fuß gelangweilt den Kies des Bodens zusammen)* – In welchemTheater schpuit er?
NACHBAR: Herrschaftseitn, i hab's Eahna doch grad gsagt, daß er in koam Theater schpuit!
XAVER SPÖTTL: *(trocken)* Warum is er na so berühmt?
NACHBAR: Weil eahm Millionen zuaschaugn.
XAVER SPÖTTL: So so. – Und wo nacha?
NACHBAR: Ja sagn'S amoi, Herr Spöttl, habn Sie koan Fernseher?
XAVER SPÖTTL: Naa ...
NACHBAR: *(perplex)* Net? – Warum net?
XAVER SPÖTTL: Weil i koan mag. – I geh liaber ins Theater.
NACHBAR: Ja aber ... Oiso dees versteh i net. – An' Fernseher braucht doch der Mensch!
XAVER SPÖTTL: Warum?
NACHBAR: Warum? – *(sucht nachWorten)* Weil ma heitzutag einfach an' Fernseher

braucht. – Ohne Fernseher geht's doch ganz einfach net …
XAVER SPÖTTL: So, moana'S? – I kimm ganz guat ohne Fernseher aus.
(der Star schaut auf seine goldene Armbanduhr)
NACHBAR: Glei, Gebhart, - Glei gehma. – Oiso dees is ma aa no net passiert, daß wer an Gebhart Pröll net kennt.
XAVER SPÖTTL: Wenn er in an' Theater schpuin taat, na kennatn i scho …
NACHBAR: *(zum Star)* Geh Gebhart, gib an' Herrn Spöttl doch a Buidl von dir mit Autogramm, magst? *(der Star beeilt sich und zieht einFoto aus seinem teuren Wildlederlumberjak)*
XAVER SPÖTTL: *(nimmt das Bild zur Hand, schaut es kurz an und reicht es dann zurück)* Guat troffa …
NACHBAR: Dees Buidl ghört Eahna!
XAVER SPÖTTL: I konn's net braucha. Bei mir dahoam liegt sowieso so vui Zeigl umanand. – Wenn er a Fuaßboispieler waar, na taat is mein' Nachbarsbuam schenka. Aber so nützt's mi nix. – *(streicht weiter)* Nix für unguat … *(der Star steckt sein Bild wieder beleidigt ein)*
NACHBAR: Oiso jetzt woaß i nimmer, was i sagn soi. – Möchtn'S amoi ins Studio mitgeh, wenn da Gebhart was aufzeichnet?
XAVER SPÖTTL: Naa, dankscheen. – Es is ja doch net live, oder?
NACHBAR: Dees geht doch net in einer kritischn Sendung!
XAVER SPÖTTL: Na interessiert's mi aa net. – De dauernden Wiederholungen …
NACHBAR: Oiso, daß Sie koan Fernseher habn, Herr Spöttl, dees versteh i net!
XAVER SPÖTTL: Wenn i mir s'Fernsehprogramm o'schaug, dann muaß i sagn, daß i Eahna net versteh, daß Sie an' Fernseher habn. – Lauter oide Amifuim und der Rest is a Schmarrn. – D'Nachrichtn hör i mir liaber im Radio o …
NACHBAR: *(beharrlich)* Aber an' Gebhart Pröll seine Sendungen san doch koa Schmarrn, Herr Spöttl! – De san alle guat!
XAVER SPÖTTL: Aber wegam Gebhart Pröll konn i mir doch koan Fernseher o'schaffa. Dees müaßn'S doch versteh, oder net? – A Farbfernseher kost guat und gern tausend Markl! – *(schaut kurz auf den Star)* Und in schwarz-weiß möchte i eahm scho zwoamoi net sehgn.
NACHBAR: I konn Eahna beim bestn Wuin net versteh.
XAVER SPÖTTL: Dees braucht's aa net …*(zum Star)* Geh bittscheen, rutschn'S no a bissl…
NACHBAR: Da Gebhart Pröll hat's eahna higriebn. – Sauber aa no! – Der nimmt se koa Blattl vorn Mund! – Gell, Gebhart? *(der Star schaut wieder gelangweilt auf seine Fingernägel)*
XAVER SPÖTTL: I hab's Eahna zerscht scho gsagt, was i von einseitiger Kritik hoit. Dees dauernde Rummotzn mag i net. – Wenn mir was net passt, na mach i mei Mäu auf. – Und da nimm i koa Rücksicht auf a Partei!
NACHBAR: I bin ganz erschüttert, weil Sie an' Gebhart Pröll net kenna.
XAVER SPÖTTL: Geh, da braucha'S Eahna doch nix denka. – Millionen kenna'n doch!
NACHBAR: Trotzdem …
XAVER SPÖTTL: Jetzt kenn i'n ja …
NACHBAR: Aber bloß vom o'schaugn.
XAVER SPÖTTL: *(trocken)* Dees glangt ma …
NACHBAR: Woin'S oiso net mitgeh ins Studio?
XAVER SPÖTTL: Naa, dankscheen. – I muaß mein Zaun streicha …
NACHBAR: *(seufzt)* Na hoit net. Pfüa Gott, Herr Spöttl. – Kumm, Gebhart, gehma … *(der Star geht wortlos davon und Spöttls Nachbar folgt ihm kopfschüttelnd. Spöttl schaut ihnen nicht nach, sondern streicht ruhig seinen Zaun weiter.)*

Erziehung

Personen: Xaver Spöttl
Mutter mit Kind

(Xaver Spöttl sitzt auf seinen Spazierstock gestützt in der S-Bahn. Neben ihm eine Mutter mit ihrem Buben. Der Bub zupft Spöttl unentwegt an der Joppe. Spöttl macht gute Miene zum bösen Spiel. Er zieht immer wieder seine Joppe zurück. Die Mutter sieht dem Spiel schweigend zu. Da tritt der Bub Xaver Spöttl schließlich vors Schienbein. Spöttl zieht sein Bein zurück. Doch der Knabe findet Gefallen an diesem Spielchen.)

XAVER SPÖTTL: *(nach einer Weile des Duldens)* Liabe Frau, kenna'S Eahnam Buaberl net sagn, daß ma dees net tuat? – Mei Schienboa is doch koa Fuaßboi.
MUTTER: *(kühl)* Ich werde nichts dergleichen tun.
XAVER SPÖTTL: Aber Eahna Bua benimmt se doch unmöglich. – Und allmählich tuat ma mei ganza Fuaß weh.
MUTTER: *(spitz)* Mögen Sie Kinder nicht?
XAVER SPÖTTL: Freili mag i Kinder. Gern sogar. Aber Eahna Bua muaß a kloana Sadist sei! – Sunst hauert er mi net dauernd auf s' Schienboa aufi!
MUTTER: Ich erziehe mein Kind antiautoritär. Nur so kann man einen freien Menschen aus einem Kind machen, der sich später als Erwachsener auch behaupten kann. Die veralteten Methoden Ihrer Erziehung sind längst vorbei. *(der liebe Knabe spuckt nun Spöttl ins Gesicht)*
XAVER SPÖTTL: *(wütend)* Oiso dees is doch die Höhe! *(wischt sich den Speichel ab)* Schbeibt mi der Hundsgribbe o! – Jetzt derfen'S eahm aber oane patzn! Sunst tuas i!.
MUTTER: *(entrüstet)* Was erlauben Sie sich! Ich werde wegen so einer Kleinigkeit doch nicht in die Persönlichkeitsfindung meines Kindes eingreifen. Der Junge könnte einen lebenslangen Schaden davontragen! *(das Knäblein grinst sadistisch und spuckt Spöttl erneut an)*
XAVER SPÖTTL: Jetzt glangt's aber! – Wenn Sie dem Saubuam net oane schmiern, na muaß' hoit i toa! *(macht Anstalten)*
MUTTER: *(aufgebracht)* Das werden sie aber schön bleiben lassen. Ein kleines Kind misshandeln!
XAVER SPÖTTL: A kloans Kind! – Daß i net lach! – A Gloiffe is dees für mi! –A ganz a hundsheiterner!
MUTTER: Was verstehen denn Sie von moderner Erziehung! – Psychologisch sind Sie doch längst tot!
XAVER SPÖTTL: Psychologisch vielleicht scho. Aber physisch bin i no ganz guat im Zeigl. – Und dees werdn'S jetzt na glei spanna!
MUTTER: Wenn Sie mein Kind anrühren, rufe ich die Polizei!
XAVER SPÖTTL: Wenn alle Leil eahnare Kinder so erziahgn, na is de Welt erledigt! De tean ja später, wenn's groß san, grad was' woin! *(wischt sich den Speichel ab)*
MUTTER: *(lässig; von oben herab)* Was verstehn Sie in Ihrem Alter schon von antiautoritärer Erziehung!
XAVER SPÖTTL: Dees werdn'S jetzt glei spanna. *(erhebt sich, sammelt genüsslich Speichel im Mund und spuckt anschließend in das Gesicht des Buben)*
MUTTER: *(springt auf, sehr wütend)* Was erlauben Sie sich, Sie schweinischer Flegel!
XAVER SPÖTTL: *(grinsend)* I? – Nix! – I bin nämlich aa antiautoritär erzogn wordn!

(sofort Licht aus)

Muichstraßn-Dialog

Personen: Xaver Spöttl
Tischnachbarin

(Beide sitzen in einem Biergarten an einem runden Tisch)

XAVER SPÖTTL: *(hebt seinen Maßkrug und prostet seiner Nachbarin zu)* Prost, Fraule, auf Eahna Woih!
NACHBARIN: Prost Herr Nachbar, a schöna Tag is heit …
XAVER SPÖTTL: Da habn'S recht, Fraule, da kaannt ma glatt dees Greisliche in da Welt vergessn …
NACHBARIN: Dees ja bloß d'Menschn greislich macha ….
XAVER SPÖTTL: Alle aa net …
NACHBARIN: Alle natürlich net. Aber de meistn.
XAVER SPÖTTL: *(wischt sich mit dem Taschentuch die Stirn ab)* Ganz schee hoaß is' heit.
NACHBARIN: D'Sonna sticht ober …
XAVER SPÖTTL: Wenn i bedenk, daß' soichane Sonnen, wia de unser, in unserer Muichstraß milliardenweis gibt, na kaannt i s'Spintisiern o'fanga.
NACHBARIN: Was, so vui glei?
XAVER SPÖTTL: Dees gaang ja no, aber es gibt ja obndrei no a Milliardn Muichstraßn wia de unsere! – Wenn'S Eahna dees vorstelln, Fraule, a Milliardn Sonnan in unserer Muichstraßn wieder a jede mit a Milliardn Sonnan … Wenn ma da net deppert werdn konn, na woaß i's net.
NACHBARIN: Da derf ma gar net drüber nachdenka …
XAVER SPÖTTL: Dees muaß ma aber! – Wenn ma scho amoi auf dera Welt is, na muaß ma drüber nachdenka! – Aber dees geht ja oiß no, bloß wenn i drüber nachdenk, daß a jede Sonna aa no Planetn hat, wia unser Welt …
NACHBARIN: Dees aa no? – Dees waarn ja na a Milliardn-Milliardn-Milliardn! Soweit konn i gar net rechnen.

Marianne Lindner, Willi Harlander

XAVER SPÖTTL: Dees gaang ja oiß no, aber …
NACHBARIN: … no was??
XAVER SPÖTTL: *(unvermittelt)* Glaabn Sie an Gott?
NACHBARIN: Sie san guat, natürlich glaab i an Gott. – Da taat i mi ja versündigen!
XAVER SPÖTTL: Na werd's schwierig.
NACHBARIN: Wiaso werd's da schwierig, wenn i an Gott glaab?
XAVER SPÖTTL: Dees is net so einfach. *(winkt mit der Hand ab)* Ah, laß mas liaba. Dees führt z'weit.
NACHBARIN: Jetzt habn'S mi aber neugierig gmacht, Herr Nachbar, jetzt müaßn'S ma scho erklärn, was Sie moana.
XAVER SPÖTTL: Sie werdn mi ja doch net versteh.
NACHBARIN: Aha, weil i a Frau bin, drum wer i Eahna net versteh, oder? Aber aufn Kopf gfoin san mir Frauen aa net. Dees sag i Eahna.
XAVER SPÖTTL: Dees behaupt i ja net. – Trotzdem werdn'S mi net versteh …
NACHBARIN: I hab ja schließllich aa verstandn, daß' a Milliardn-Milliardn-Milliardn Planetn gibt, oder vielleicht net?
XAVER SPÖTTL: Glaabn Sie aa an an' Teifi?
NACHBARIN: An an' Teifi!
XAVER SPÖTTL: Genau, an an' Teifi!
NACHBARIN: Dees habn ma doch scho in da Schui glernt, daß da Teifi Hörndl hat, an' Schwanz und an' Pferdlfuaß! Und daß er ois Satan dees Böse auf da Welt verursacht …
XAVER SPÖTTL: Aha …
NACHBArin. Was; Aha? – Stimmts vielleicht net?
XAVER SPÖTTL: Wissen'S, Fraule, dees is a so: in da Bibl steht doch, daß Gott de Menschn nach seim Ebenbild gformt hat, oder?
NACHBARIN: Freili, ganz genau sogar …
XAVER SPÖTTL: … sehng'S, und da fangt's bei mir scho o!
NACHBARIN: Was fangt da bei Eahna o?
XAVER SPÖTTL: No, dees mit de Milliardn Sonnan in unserer Muichstraß …
NACHBARin. Was hat denn dees damit zum toa? – Dees versteh i wirkli net.
XAVER SPÖTTL: Dees hab i ja zuvor gmoant, daß sie dees net verstehnga. Is ja für mi scho schwaar gnua …
NACHBARIN: *(energisch)* Sie drucka Eahna bloß so unklar aus. Jetzt redn'S amoi gscheit, vielleicht konn i Eahna weidahelfa.
XAVER SPÖTTL: Oiso, von mir aus, jetzt passn'S amoi auf: in da Bibl steht oiso, daß Gott uns nach seim Ebenbild gformt hat. *(Nachbarin will etwas sagen)* Unterbrecha'S mi net! – Oiso, dees steht amoi fest. Jetzt wiss ma aber, daß in unserm Sonnensystem koane andern Menschn leben. – Dees steht aa fest! Aber dees wiss ma net, ob auf an' andern Stern in unsra Muichstraße Menschn lebn.
NACHBARIN: Daß' Lebewesn gibt, oder gebn muaß, dees hab i in da Zeitung glesn …
XAVER SPÖTTL: *(triumphierend)* Sehng'S, dees is' ja was i moan! – Entweder gibt's auf alle Milliardn-Milliardn-Milliardn Planeten Menschen wia mia, oder mir Menschn habn an' Gott nach unserm Ebenbild gschaffa. – Und na gibt's koan Gott!
NACHBARIN: Sie redn da vielleicht an' Schmarrn daher! – Dees woaß ja scho a jeds Kind, daß' an' Gott gebn muaß!
XAVER SPÖTTL: Warum?
NACHBARIN: Wiaso warum?
XAVER SPÖTTL: Ganz einfach, weil's mir ois kloane Kinder scho lerna müaßn, darum! – Schaugn'S, Fraule, aa d'Engel schaun doch wia Menschn aus. Bloß mit Flügeln hoit. – Oder stimmts vielleicht net?

NACHBARIN: Oiso, glaabn'S, Sie macha oan direkt dappig mit Eahnam Gerede ...

XAVER SPÖTTL: Normalerweis is' ma ja wurscht, ob oana an Gott glaabt, oder net. Aber jetzt, wo de ganzn Tiefgläubign sogar an' Atomkriag ois Prüfung Gottes hinehma woin, is' ma nimmer wurscht. Im Mittelalter hat's aa ghoaßn, laßt's eich schindn und ausbeutn, dafür kemmt's ins Paradies! – Und da schpui i nimmer mit!

NACHBARIN: Da hab i no gar nia drüber nachdenkt ...

XAVER SPÖTTL: Dees is ja dees Dilemma, daß koa Mensch drüber nachdenkt! – Und da werd dann de Gottgläubigkeit direkt zur Gefahr! Sie braucha bloß zum Nahen Osten nüberschaugn, da sagn de Muselmänner ganz glashart, daß' eahna wurscht is, wenn's daschossn werdn, weil's dafür da Allah sofort ins Paradies aufnimmt! Und so a Fanatismus konn an' Atomkriag auslösn!

NACHBARIN: Sie san a gspassiger Mo, daß Eahna sie mit soichane Gedankn abgebn. Habn Sie vielleicht gar studiert?

XAVER SPÖTTL: Da muaß ma net studiert habn, wenn ma se über d'Menschn und über d'Welt Gedankn macht. Dees konn a jeder, der a Hirn hat und net bloß von oam Tag in den andern neilebt.

NACHBARIN: Jetzt bin i direkt froh, daß i Eahna kennaglernt hab. – Und i muaß Eahna recht gebn. – Vor lauter „da Herrgott werd scho wissen, was er macht", pfeift sich koana mehr was um de schöne Welt.

XAVER SPÖTTL: *(lächelnd)* Sie habn'S aber schnell kapiert. Dees gfreit mi. Sowas konn ma gar net oft gnua sagn.

NACHBARIN: Aber wenn's koan Gott net gibt, na is doch s'Leben sinnlos?

XAVER SPÖTTL: Warum? – I steh auf dem Standpunkt, daß jeder Mensch a Verpflichtung unsrer schönen Welt gegenüber hat! Was hernach kummt, werd er sowieso no rechtzeitig spanna. – Aber auf dera Welt derf ma net alle Viere grad sei lassn!

NACHBARIN: Trotzdem konn i net glaabn, daß' koan Gott gibt!

XAVER SPÖTTL: Es konn ja sei, daß' oan gibt. Dees wiss ma ja net. – Aber grad so guat konn's a sei, daß' koan gibt. Mit dera Ungewissheit müaß' ma hoit leben. Aber aa wirklich leben, net bloß existiern! – Dafür is doch d'Welt vui z'schad, oder vielleicht net?

NACHBARIN: Da habn'S scho recht.

XAVER SPÖTTL: Es klingt ja seltsam, aber erst durch dees saublöde Wettrüstn bin i auf de Frag, ob's an' Gott gibt, oder net, gstoßn. – Schaugn'S Fraule, wenn's oiso an' Gott tatsächlich gibt, na muaß er doch für alle Milliardn-Milliardn-Milliardn Planetn gleich sei! Und na kenna eahm mir net gleichschaugn, weil sunst alle Lebewesn auf de Milliardn-Milliardn-Milliardn Planeten wia mir ausschaugn taatn. – Und dees glaabn'S doch selber net, oder?

NACHBARIN: Naa, sowas konn i aa net glaabn ...

XAVER SPÖTTL: Oiso na müaßat eigentlich a jeder Planet sein' eigner Gott habn. I moan natürlich de Planetn von de andern Milliardn Sonnan! Aber dann frag i mi, was für a Gott dann eigentlich da richtige is? Kenna'S ma folgen?

NACHBARIN: I bin ja net blöd, oder? – Jetzt drucka'S Eahna ja deutlich gnua aus. San'S froh, daß Eahna koa Pfarrer hört ...

XAVER SPÖTTL: I wer wahrscheinlich amoi mit am' Pfarrer drüber redn müaßn. Schließlich san dees ja studierte Theologen und müaßn's deshalb am Bestn wissn. – I möcht jedenfalls amoi genau wissn, ob da Gott von da Muichstraß Alpha Centauri da gleiche is, wia der von unserer Muichstraß. Oder ob mir in unserer Muichstraß alloa scho a Milliardn verschiedene Götter habn? Und wia er ausschaugt? Wia mir, oder wia de Lebewesn auf am' Sternplanetn von Alpha Centauri?

NACHBARIN: Jetzt habn S'es wenigstens erreicht, daß i nimmer schlafa konn.

XAVER SPÖTTL: Es geht ma ja bloß um unser schöna Welt. – Daß' s'es net zammhaun, bloß weil de Waschl moana daß da „liabe Gott" dees ois Prüfung schickt! – Von mir aus glaabt a jeder was er wui. – Aber dees soll er für sich alloa toa und net aufn Buckl von seine Mitmenschn! – Da gebn'S ma doch recht, was Fraule?

NACHBARIN: Da gib i Eahna voll und ganz recht! – Waar ja no dees schöna, wenn's d'Welt himacha taan, de fanatischn Deppn!

XAVER SPÖTTL: Dagegn müaß ma was toa! No dazua, wo da Präsident in Amerika gsagt hat, daß er dro glaabt, daß se de Apokalypse aus da Johannes-Offenbarung gwieß erfuin werd. Und zwar boid, hat er gmoant! Wahrscheinlich mit seine Pershing-Raketn! – Und sowas taat dann da Mister Präsident auf „d'Vorsehung" schiabn! – I erinnert mi no guat an oan mit am' schwarzn Bartl, der dees aa scho amoi gsagt hat! – Und vui habn's eahm glaabt!

NACHBARIN: I bin wirklich froh, daß i Eahna kennaglernt hab! – Aber jetzt taat's mi glei a bissl friern aa …

XAVER SPÖTTL: *(erhebt sich)* Na zoihn ma und gehma, und i lad Eahna no zu am' Kaffä ei, mögn'S?

NACHBARIN: *(erhebt sich ebenfalls)* Da sag i net naa …

XAVER SPÖTTL: Oiso na, auf geht's … Trink ma a Kaffäzerl …

(beide ab – Licht aus)

Das Hörspiel

Personen: Xaver Spöttl
Dr. Amend – Rundfunkredakteur
Fräulein Doktor Orfas-Mayer – Rundfunkredakteurin

(Im Büro des Redakteurs)

XAVER SPÖTTL: … Sie wissen genau, Herr Doktor Amend, daß i net wega mir kumm. – Aber jetzt liegt dees Hörschpui vom Stutzi scho drei Jahr bei Eahna, und no oiwei koa Nachricht.

DR. AMEND: Lieber Herr Spöttl, was soll ich lange drumrumreden: das Hörspiel taugt nichts.

XAVER SPÖTTL: Aber wia's uns da Stutzi am Stammtisch vorglesn hat, warn ma alle begeistert. Und an unserm Stammtisch sitzen gscheite Leit. *(zählt an den Fingern auf)* Drei Schauspieler, da ehemalige Direktor vom Kammertheater, a Fernsehredakteur und ebn da Stutzi …

DR. AMEND: Bitte, Herr Spöttl, ersparen Sie mir Ihre Aufzählung. Das Hörspiel ist vom dramaturgischen Aufbau her unmöglich.

XAVER SPÖTTL: Aber da Erwin Schmuck, da Fernsehredakteur, hat gsagt, daß beim Hörspiel andere Gesetze gelten. Hat er gsagt. – Und daß diese Gesetze da Stutzi alle erfüllt hat. Hat er gsagt. Und daß er deshalb net versteht, hat er gsagt, daß dieses Hörspiel nicht gesendet wird. – Er hat no mehra gsagt, aber dees sag i Eahna net, weil's sonst beleidigt san …

DR. AMEND: Dieser … Stutzi, oder wie er heißt, ist doch Fliesenleger, oder nicht?

XAVER SPÖTTL: Dees is doch wurscht! – Aber a Talent hat er, und zwar koa kloans! – Da Sean O'Casey, oder wia der irische Dichter hoaßt, hat net amoi lesn und schreibn kenna! – Hat da Stutzig sagt – und trotzdem schpuit ma seine Stückl auf da ganzn Welt! Und im Deitschn hat da Stutzi oiwei an' Oanser ghabt!

DR. AMEND: Das mag ja sein, lieber Herr Spöttl. – Ich versteh Sie gar nicht, daß Sie sich so ereifern können.

XAVER SPÖTTL: I ereifert mi net, aber mir schtinkt's bloß oiwei narrisch, wenn i lauter Schmarrn im Radio hör, und a guats Hörschpui einfach net gmacht werd, weil da Autor koa Gschtudierter is. A Talent konn ma doch net lerna, oder?

DR. AMEND: Das nicht. Aber gewisse Grundelemente müssen eben erlernt werden. – Ich könnte zum Beispiel auch keine Fliesen an der Wand anbringen …

XAVER SPÖTTL: Dees glaab i Eahna gern, Herr Doktor Amend. – Aber dees is aa ein Beruf, den ma lerna muaß!

DR. AMEND: *(triumphierend)* Aha, sehen Sie! – Das geben Sie also zu, daß man einen Beruf lernen muß.

XAVER SPÖTTL: *(ungerührt)* An' Beruf scho. Dees hab i no nia anders gsagt. – Aber ois Fliesenleger kummt ma hoit no net auf d'Welt!

DR. AMEND: Aber als Dramatiker, wie?

XAVER SPÖTTL: I hab gsagt, daß a Talent angeborn is, sunst gar nix. – Und da Stutzi hat a Talent. – Dees Dramatische hat er sich selber beibracht. – Da Stutzi kennt alle Dramatiker aus de Büacha! Sogar an' Aristoteles sei Poetik hat er glesn. – Oiso i bin umbande stoiz auf'n Stutzi. Der hat aa mir vui glernt …

DR. AMEND: Lieber Herr Spöttl, Sie wissen daß meine Zeit begrenzt ist. Ich kann beim besten Willen nichts für Ihren Stutzi tun.

XAVER SPÖTTL: Habn Sie sei Hörschpui wenigstens glesn?
DR. AMEND: Gelesen? Ich?
XAVER SPÖTTL: Wer denn sunst?
DR. AMEND: Dazu hab ich meine Dramaturgen.- Und das sind Theaterwissenschaftler!
XAVER SPÖTTL: Na versteh i aber net, daß de bei Eahna da herin hocka, anstatt daß' selber a Stück schreibn taan?
DR. AMEND: Nicht jeder ist ein Künstler ...
XAVER SPÖTTL: Da Stutzi is aber oana!- Wenn Sie sei Hörschpui glesn hättn, na taan'S dees wissn!
DR. AMEND: Dazu hab ich bei Gott keine Zeit.
XAVER SPÖTTL: Was tean dann Sie an' ganzn Tag, wenn i fragen derf?
DR: AMEND: Jetzt werden Sie aber unverschämt, mein lieber Spöttl!
XAVER SPÖTTL: *(hartnäckig)* Fragen werd ma doch no derfa, oder net? – Oiso, was tean Sie an' ganzn Tag, wenn'S doch Eahnare Dramaturgen zum Lesn habn?
DR. AMEND: *(windet sich)* Das, das ist nicht mit einem Satz zu umreißen. Ich, ich, nun ja, das ist von mannigfaltiger Art. – Wenn Sie bedenken, daß wir, beziehungsweise meine Abteilung, also ich persönlich, nun ja, schließlich läuft der Laden nicht von alleine, nicht wahr? – Da gibt es allerhand zu tun, ich muss außerdem noch, und vor allen Dingen die Konzeption, und was nicht außer acht zu lassen ist, die Verantwortung, mein Lieber, *(seufzt)* die Verantwortung nimmt mir keiner ab!
XAVER SPÖTTL: *(trocken)* So genau woit i dees gar net wissn. – Aber Sie habn grad selber von Verantwortung gsprocha, und da muaß i Eahna recht gebn. De Verwantwortung tragn Sie ganz alloa!
DR. AMEND: Wie meinen Sie das?
XAVER SPÖTTL: Wia i's gsagt hab. – Wenn se zum Beischpui a junger Dichter aufhängt, weil Sie, Herr Doktor Amend, sei Stück lächerlich gmacht habn, und gsagt habn, daß' nix taugt, na san Sie ganz alloa dran schuid! – Selbst wenn S'es bloß net verstandn habn, weil's ja selber koa Dichter san ...
DR. Amend. *(lacht dünn)* So leicht hängt sich heutzutage kein Mensch mehr auf. – Schließlich schreibt heute ja Hinz und Kunz!
XAVER SPÖTTL: Dees mag scho stimma. Aber da Stutzi sagt, daß sich die Literaturlandschaft ganz von alleine wieder reinigt. Und von dene Schreibergselln, de bloß schreibn, weil's heit zum guatn Ton ghört, red i ja net. – I red von am' echten Talent, wia zum Beischpui da Stutzi oans is, und a soichas Talent is inwendig umbande empfindlich. – Und sowas kenna Sie kaputt macha mit oam Strich, Herr Doktor Amend!
DR. AMEND: Sie dramatisieren ungeheuer, lieber Herr Spöttl ...
XAVER SPÖTTL: Dees tua i gwieß net. – Aber I woaß, daß da Stutzi a echter Dichter is, dem ma a Chance gebn muaß. Zu alle Zeitn hat a Künstler sei Chance braucht, sunst is er kaputt ganga. Und wenn oana kaputt ganga is, na warn soiche Leit dro schuid, wia Sie. De sich einfach nix scheißn, und de eahnan Postn zu unrecht bekleidn. – So, Herr Doktor Amend, jetzt kenna'S mi nausschmeißn ...
DR. AMEND: *(zornig)* Das werde ich auch tun! – Und Ihrem Stutzi sagen Sie, daß er wieder Fliesen anbringen, und das Schreiben von Hörspielen lieber anderen Leuten überlassen soll, die dafür prädestiniert sind! Adieu, Herr Spöttl! *(wendet sich ab und Xaver Spöttl geht ohne Gruß)*

(Drei Jahre später im gleichen Büro, nur mit dem Unterschied, daß an Stelle von Dr. Amend Fräulein Doktor Orfas-Mayer nun die Abteilung führt. Xaver Spöttl sitzt vor dem Schreibtisch und Fräulein Doktor führt ein ellenlanges Telefongespräch privater Natur.)

FRÄULEIN DOKTOR: … aber natürlich, Liebste, wir treffen uns pünktlich in Kai's Bistro. – Bestell einen schönen Platz, Liebling, ja? – Aber Mäuschen, sei nicht traurig, ich werde ganz lieb zu dir sein. – Natürlich. Vergiss diese dämlichen Bullen. – Ich weiß, daß die Demo angezeigt war. Aber diese Scheiß-Männer machen doch keinen Unterschied zwischen einem Mann und einer Frau. *(Xaver Spöttl räuspert sich laut und Fräulein Doktor Orfas-Mayer wirft ihm einen vernichtenden Blick zu)* Nimm's nicht so tragisch, Spatz, wir machen uns einen schönen Abend, ja? – Bis später also, Tschüß, Küsschen! *(hängt ein. Mit veränderter Stimme)* Was kann ich für Sie tun, mein Bester?

XAVER SPÖTTL: Is da Herr Dr. Amend nimmer da?

FRÄULEIN DOKTOR: Leben Sie hinterm Mond, oder lesen Sie keine Zeitung, guter Mann?

XAVER SPÖTTL: San'S doch net so unfreindlich, Fräulein Doktor Orfas-Mayer. I hab's wirklich net gwußt, daß da Herr Dr. Amend nimmer da is. – Er werd doch net gar gstorbn sei?

FRÄULEIN DOKTOR: *(lacht herzlich)* Gestorben? – Doktor Amend? Nun machen Sie sich aber lächerlich, mein Bester! Doktor Amend ist ein berühmter Dichter! – Erst kürzlich hat er den Preis der Kriegsblinden für sein Hörspiel „Das Ding an sich" bekommen.

XAVER SPÖTTL: *(traurig)* Da Stutzi lebt nimmer. Er hat an' Autounfall ghabt. – Sonst taat i dees scho wissn. Aber nach seim Tod is unser Stammtisch ausanandganga …

FRÄULEIN DOKTOR: Was faseln Sie denn für ein Zeug zusammen, guter Mann? Wen interessiert schon, ob ein gewisser „Stutzi" einen Autounfall hatte oder nicht? – Sagen Sie mir, was Sie wollen, oder verschwinden Sie wieder. Meine Zeit ist kurz bemessen.

XAVER SPÖTTL: Ja ja, i woaß' scho, Eahnare Dramaturgen müaßn Stücke lesn, und Sie habn tausenderlei Sachan zum toa …

FRÄULEIN DOKTOR: Ganz richtig! –Also, was ist nun?

XAVER SPÖTTL: Es geht eingli um dees Hörschpui …

FRÄULEIN DOKTOR: … um „Das Ding an sich"? *(spöttisch)* Es hat Ihnen wohl nicht gefallen, weil es ein wenig schwierig war?

XAVER SPÖTTL: Na na, es hat ma guat gfoin! – I kenn's ja scho sechs Jahr lang …

FRÄULEIN DOKTOR: *(perplex)* Wieso sechs Jahre? – Das verstehe ich aber nicht! – Doktor Amend schrieb das Hörspiel vor einem Jahr.

XAVER SPÖTTL: Dees hat net da Dr. Amend gschriebn, sondern da Fliesenleger Stutzi Müller!

FRÄULEIN DOKTOR: Was quatschen Sie nur für kariertes Zeug zusammen! Sind Sie nicht ganz richtig im Kopf?

XAVER SPÖTTL: *(ernst)* I bin ganz richtig im Kopf. Und drum sag i Eahna jetzt was Schöns: da Dr. Amend hat dees Hörschpui unter seim Nama und mit am' andern Titel inszeniern lassn.

FRÄULEIN DOKTOR: Das war keine Inszenierung, sondern eine Hörspielproduktion!

XAVER SPÖTTL: Dees is mir wurscht, was dees war! – Jednfois hat dees Hörschpui da Stutzi gschriebn, und da Dr. Amend hat's eahm gstoin!

FRÄULEIN DOKTOR: Sie müssen übergeschnappt sein! – Wie können Sie so eine ungeheuerliche Behauptung aufstellen?

XAVER SPÖTTL: I hab an' schlüssign Beweis. – Und net i alloa. Alle Stammtischfreind wissn dees, daß da Stutzi dees Hörschpui gschriebn hat. – Es is bloß guat, daß i mir a jeds Hörschpui anhör, sonst waar i gar net auf de Schweinerei draufkumma!

FRÄULEIN DOKTOR: Das wird Sie teuer zu stehen kommen, mein Bester! Doktor Amend wird Sie vor dem Gericht zur Rechenschaft ziehen! – Ihr komischer „Stutzi" hat natürlich Doktor Amend das Hörspiel abgeschrieben. Das ist doch klar! – Diese kleinen Möchtegerndichter, die jeden seriösen Schriftsteller durch den Kakao ziehen möchten.

XAVER SPÖTTL: Normal hättn Sie recht, Fräulein Doktor Orfas-Mayer, weil de Herrn

Richter aa so blöd san, und oiwei zu einem studierten Theaterwissenschaftler helfa. – Aber im Falle Stutzi Müller hab i an' Trumpf in da Hand!

FRÄULEIN DOKTOR: *(zynisch)* Diesen Trumpf kann ich mir gut vorstellem, wenn ich Sie so betrachte. Der Neid trieft ja direkt aus Ihren Augen!

XAVER SPÖTTL: Dees is koa Neid, sondern nur da Haß der geschundenen Kreatur!

FRÄULEIN DOKTOR: Hochtrabende Worte; angelesen, nichts weiter!

XAVER SPÖTTL: *(kalt)* Sie san für mi gar net wichtig, Sie kloans Würschtl! Aber da Dr. Amend hat ausgschpuit!

FRÄULEIN DOKTOR: *(zynisch)* Und wie wollen Sie das anstellen, mein Bester?

XAVER SPÖTTL: Dees geht Eahna zwar nix o, aber i sag's Eahna trotzdem: da Stutzi hat sei Hörschpui vor sechs Jahr geschriebn, und aa vor sechs Jahr an' Dr. Amend eingreicht.

FRÄULEIN DOKTOR: Mit diesem Argument kommen Sie aber nicht durch.

XAVER SPÖTTL: Dees woaß i selber. – Aber da Dr. Amend hat ja angeblich „sein" Hörschpui vor einem Jahr gschriebn. Und da war da Stutzi scho a Jahr tot! – Oiso hat er's am Amend gar net abschreibn kenna! – Sehng' S, und dees werd sogar an' jedn Richter überzeugn! – Wenigstens oamoi konn i a Unrecht guatmacha, und da Welt beweisn, daß da Stutzi a echter Dichter war. *(spöttisch)* I glaab, daß d'Presse schöne Artikel drüber schreibn werd! – Pfüad Eahna Good, Fräulein Droktor Orfas-Mayer ... *(Spöttl ab, und das FräuleinDoktor blickt ratlos.)*

Historisches Biergespräch

Personen: Xaver Spöttl
Wirt
Kellnerin

(Xaver Spöttl und der Wirt sitzen am Tisch. Die Kellnerin bringt soeben Spöttl ein Bier)

KELLNERIN: Zum Wohlsein, Herr Spöttl. Ein echtes Königlich Bayerisches Starkbier schmeckt halt, gellns ...
XAVER SPÖTTL: Dankschön, Brigitte. *(trinkt)* Da konn ma nix sagn, dei Bier is gsüffig.
WIRT: Da steckt a Kraft drin, Xare. – 22 Prozent Stammwürzegehalt, dees lasst s'Herz hupfa!
XAVER SPÖTTL: *(grinst)* Wenn i mir vorstell, daß' früher Tannennadeln und Wacholderbeern hergnomma habn ... Zum Bierbraun moan i ...
WIRT: *(perplex)* Tannennadeln? – Zum Bierbraun?
XAVER SPÖTTL: Freili. Und net z'knapp.
WIRT: Dees glaab i net. – Woher woaßt denn du dees eingli?
XAVER SPÖTTL: Du bist guat. Wenn i scho in am' Bierland großwordn bin, na möcht i aa oiß übers Bier wissn. – Übrigens habn mir Bayern s'Bier net erfundn.
WIRT: Geh weida, jetzt machst' aber an' Punkt. – Und wia mir dees erfundn habn ...
XAVER SPÖTTL: *(trocken)* D'Babylonier und d'Assyrer warn's. – De habn nämlich Körndl von wuide Gräser, Tannennadeln, Gelberuabnsamen, Wacholderbeern mit Gärungsmittel gmischt – und s'erste Bier war da!
WIRT: Brr, da beitelt's mi glei ab! – Tannennadeln! Wacholderbeern! – Ja Pfui Deifi! – Warum koan Hopfa?
XAVER SPÖTTL: An' Hopfa habn's erst später in Finnland entdeckt.
WIRT: In Finnland? – Dees werd ja oiwei schöna ...
XAVER SPÖTTL: *(trinkt)* Guat, echt guat is dei Bier! – Aber de erste *(hebt denFinger)* urkundlich nachweisbare Biermetropole is an da Mündung vom Nil glegn. *(grinst)* Und net an da Isar!
WIRT: Geh Xare laß mi trinka. *(trinkt)* Am Nil sagst'? – Dees haut mit echt um.
XAVER SPÖTTL: De oidn Ägypter habn de Stadt „Pelusium“ tauft.
WIRT: I bin sprachlos, was du oiß woaßt.
XAVER SPÖTTL: Dees müaßerst du ois Wirt aa wissn. *(lacht)* Und gsuffa habn de oidn Ägypter wia Stoaesel! 30 Bierfeste habn's im Jahr ghabt! – Da könna uns mir Bayern glatt verstecka!
WIRT: Und i hab oiwei gmoant, daß de oidn Germanen scho an' Met gsuffa habn ...
XAVER SPÖTTL: Dees stimmt ja aa. – Bloß da Met und s'Bier san zwoaraloa Paar Stiefel. – Und dees Bier von de Ägypter war ja no vui brutaler. – Dees erste richtig guate Bier habn Benediktiner im Jahr 1040 in Weihenstephan braut. – An' Hopfa habn's vom Freisinger Hochstift bezogn, de scho seit 768 oan o'baut habn.
WIRT: *(atmet hörbar auf)* Na Gottseidank. *(zur Kellnerin)* Brigitte, geh bring uns zwoa Maß! – Jetzt bin i erst auf'n Gschmack kumma ...
XAVER SPÖTTL: S'Bier is oiwei beliebter wordn, und hat an' Wein total verdrängt.
WIRT: triumphierend*)* Siegst' as, mir Bayern san scho Hund!
XAVER SPÖTTL: *(grinsend)* ... bis es da Würzburger Stadtrat verbotn hat!
WIRT: Waaas?
XAVER SPÖTTL: Du hast scho richtig ghört. – Mit ausdrücklicher Genehmigung vom

Fürstbischof is s'Bierbraun in Würzburg „uff ewiglich" – wias damois gsagt habn – verboten wordn!

WIRT: Der Fürstbischof der komische, werd hoit lauter Wein gsuffa habn … *(Kellnerin bringt zwei Maß)* Dank da schee, Brigitte …

KELLNERIN: Laßt s'es eich schmecka. Es is nei o'gstocha wordn … *(ab)*

XAVER SPÖTTL: Da hast' recht. Der hat den herbn Frankenwein mögn. *(hebt den Krug)* Prost, oida Spezl!

WIRT: Prost, Xare! *(beide trinken)* Einfach bärig dees Bier. – I konn den Fürstbischof net versteh …

XAVER SPÖTTL: Gottseidank hat 1742 da Johann Phillip von Schönborn dees damische Verbot wieder aufghobn, und in Würzburg sogar a eings Hofbräuhaus erichtn laßn.

WIRT: *(lachend)* Der hat hoit s'Bier liaba mögn, wia den sauern Wein …

XAVER SPÖTTL: Genau. – Aber unser Wittelsbacher, da Herzog Wilhelm IV., war no schneller gwen, und hat scho a paar Jahrl früaher in München sei Hofbräuhaus aufgmacht! – Und da hoaßt's oiwei, mir Bayern waarn langsam!

WIRT: Dees kummt daher, weil mir Bayern net vui Worte macha, sondern glei s'Resultat bekanntgebn!

XAVER SPÖTTL: *(grinsend)* Dees is guat. Dees muaß I mir merka. – Woaßt' wo er sein Braumoasta herghabt hat?

WIRT: Wer?

XAVER SPÖTTL: No, da Herzog Wilhelm …

WIRT: *(lachend)* Von Ägyptn gwieß net …

XAVER SPÖTTL: Da konnst' wettn! – Von Niedersachsn hat er'n sich gholt. Aus der Bierstadt „Einbeck" …

WIRT: Ah geh, was'D net sagst …

XAVER SPÖTTL: … drum hoaßt dees Starkbier aa „Bock". – Woaßt' vom „einböckschen Bier" kummt dees, und net vom Goaßbock!

WIRT: Ja da varreck! – Dees hab i aa net gwußt …

XAVER SPÖTTL: Von mir konnst' oiwei wieder was Neis lerna. *(trinkt aus)* Dafür leids no a Maß, oder?

WIRT: Freilich! – *(trinkt ebenfalls aus)* Brigitte, no zwoa Maß!

KELLNERIN: *(off)* I brings glei!

XAVER SPÖTTL: Mir habn scho no an' Fürsten ghabt, der für unser Bier wichtig war.

KELLNERIN: Sodala, de Herrn. Wohlbekomms …

XAVER SPÖTTL: *(spöttisch)* Hast' guat einschenka lassn, Brigitte? – Net daß da Gauweiler daherkummt …

KELLNERIN: Und wia! – Gstricha voll, daß da Schaum in da Mittn is!

WIRT: Da gibt's bei mir nix! – A Maß soll aa a Maß sei!

XAVER SPÖTTL: So ghört se dees aa …

WIRT: Was für an' Fürstn hast du zerscht gmoant?

XAVER SPÖTTL: Ach so, ja. – Dees war da Herzog Albrecht. Der hat für sei Residenzstadt München a „Bierordnung" erlassn. Alle Brauer habn an' „Preu-Aid" leistn müaßn, daß' bloß no Gerstn, Hopfa und Wasser verwendn tean.

WIRT: *(winkt ab)* Dees woaß i scho. – S'Reinheitsgebot moanst' halt, oder?

XAVER SPÖTTL: Naa, Freind, s'Reinheitsgebot is erst 1516 auf'm Landtag zu Ingolstadt für's ganze bayerische Territorium verkünd' wordn. Unser Herzog Wilhelm IV. is da Vadda vom bayerischen Reinheitsgebot, dees bis heit no guit …

WIRT: Varreck, du kaannst a Wirt sei, Xare!

XAVER SPÖTTL: *(lachend)* Naa, i bin liaba a Gast! – Aber a Wissn schad' net …

WIRT: *(wichtig)* Ganz damisch bin i aber aa net. – I woaß zum Beischpui, daß' in

Deutschland 6000 Biersortn gibt, und daß mir in Bayern heit no 1000 gewerbliche Braustätten habn, de jährlich 26 Millionen Hektoliter Bier ausstößn, und …

XAVER SPÖTTL: *(unterbricht ihn)* … und daß de laar gsuffan Maßkrüag von oam Jahr, wenn ma's aufanandstelln taatn, oanahob Moi zum Mond nauflanga taan!

WIRT: *(staunend)* Auf Ideen kummst du, Xare …

XAVER SPÖTTL: Gell, da schaugst'. – Aber jetzt lass' ma no zwoa Maaßerl abirinna, weil was bessers wia a boarisch Bier gibt's auf da ganzn Welt net …

Bettgeflüster

Personen: Xaver Spöttl
Sie

XAVER SPÖTTL: Mogst mi no?
SIE: Freili mog i di no.
XAVER SPÖTTL: Mogst mi wirkli no?
SIE: Freili mog i di wirkli no.
XAVER SPÖTTL: Mogst mi no so wia früher?
SIE: Freili mog i di no so wia früher.
(Nach einer Weile)
XAVER SPÖTTL: I hab aber gestern bei a andern gschlafa.
SIE: Na mogst mi oiso nimmer?
XAVER SPÖTTL: Freili mog i di no.
SIE: Mogst mi wirkli no?
XAVER SPÖTTL: Freili mog i di wirkli no.
SIE: Mogst mi no so wia früher?
XAVER SPÖTTL: Freili mog i di no so wia früher.
(Nach einer Weile)
SIE: Mogst heit bei mir schlafa?
XAVER SPÖTTL: Naa, heit net. Guat Nacht, Weibi.
SIE: Guat Nacht, Mandi. I bin froh, daß'd mi no mogst.

Zwei Freunde

Personen: Xaver Spöttl
Sein Freund

(Zwei alte Freunde treffen sich an einer Straßenecke.)

XAVER SPÖTTL: Ja servus, guat schaust' aus.
FREUND: So, findst' Du.
XAVER SPÖTTL: Freili, wirkli guat.
FREUND: Wennst'as Du sagst, werd's scho so sei.
XAVER SPÖTTL: Fehlt da vielleicht was?
FREUND: Frag mi amoi, wias ma geht.
XAVER SPÖTTL: Was soll i di fragen?
FREUND: Du sollst mi fragen, wias ma geht.
XAVER SPÖTTL: Dees begreif i net.
FREUND: Da gibt's doch nix zum begreifa. Du sollst mi bloß fragn, wias ma geht.
XAVER SPÖTTL: *(ärgerlich)* Dees is doch a Schmarrn. Was soll denn dees ganze?
FREUND: Oiso, Du bist da vielleicht a Freind. A sauberer Freind bist Du, sag i.
XAVER SPÖTTL: Was hat denn dees mit da Freindschaft z'toa, frag i?
FREUND: Von dere Frag hängt d'Freindschaft ab! Is denn dees so schwer zum versteh'?
XAVER SPÖTTL: Jetzt machst' mi aber boid narrisch.
FREUND: Frag mi halt, wias ma geht!
XAVER SPÖTTL: *(resigniert)* Von mir aus. Wenn da sovui dro liegt. – Oiso, wia geht's da na oiwei?
FREUND: *(seufzt und winkt ab)* A geh, frag mi net …

Pietät

Personen: Xaver Spöttl
Eine alte Frau

(Eine alte Frau und Xaver Spöttl treffen sich in der Anlage.)

FRAU: Ja da Xare, so ein Zufall. Treffa uns mir aa amoi wieda.
XAVER SPÖTTL: Ja d'Rosi! Dees nenn i a Überraschung. Guat schaust'D aus.
FRAU: Du aa, Xare. Dir merkt ma dei Alter gar net o.
XAVER SPÖTTL: Dir aa net, Rosi. Ehrlich. Du schaugst aus wia früaher.
FRAU: Geh geh, Du oida Baazi. Mir werdn alle zwoa net jünger.
XAVER SPÖTTL: I net, aber Du scho. Woaßt'D, d'Frau werd net älter, bloß oiwei reifer.
FRAU: *(lacht)* Du bist ma vielleicht so a Hallodri.
XAVER SPÖTTL: Wennst'as Du sagst, werd's scho stimma. – Aber wia geht's denn Dein Mo oiwei?
FRAU: Geh, Xare, du woaßt doch, daß der scho lang gstorbn is. Du warst doch vor fünf Jahr selber bei da Beerdigung dabei.
XAVER SPÖTTL: *(erinnert sich)* Jessas na, freili. Dees is ja aa scho wieder fünf Jahr her. – Liegt er eigentlich no oiwei am Ostfriedhof?

Duplizität

Personen: Xaver Spöttl
Seine Schwägerin

(Die Szene spielt vor einem großen Spiegel, der die ganze Bühnenrückwand einnimmt. Davor ein Tisch und zwei Stühle)

SCHWÄGERIN: *(ist an ihrem Tisch mit Zwiebelschneiden beschäftigt)* Oiß derf i oiwei alloa macha. Obwoih daß Du ganz genau woaßt, daß i beim Zwiefeschneidn oiwei woana muaß.
XAVER SPÖTTL: *(arbeitet einen Ordner mit Papieren durch)* Moanst' daß bei mir anders is? – I alloa bin da Depp, und derf den Fehla suacha, den andere gmacht habn.
SCHWÄGERIN: Sag hoit was, na hilf i Dir ...
XAVER SPÖTTL: Dees verstehst Du ja doch net ...
SCHWÄGERIN: Natürlich, so is'oiwei. Bloß weil's d' ma Du nix zuatraust. A andera Mo taat hoit sei Schwägerin ei'lerna.
XAVER SPÖTTL: Dees nützert bei Dir nix, weil's d' Du dees nia kapiern taatst ...
SCHWÄGERIN: Sei no recht gscheert zu mir, hast' scho recht.
XAVER SPÖTTL: I bin net gscheert zu Dir. – Aber es gibt auf dera Welt Sachan, de wo ma bloß alloa macha konn.
SCHWÄGERIN: *(schneidet sich mit dem Messer und lutscht das Blut vom Daumen)* Siehgst as, jetzt hab i mi gschnittn! – Da bist bloß Du schuid!
XAVER SPÖTTL: Weilst' oiwei so vui redn muaßt unter da Arbat ... Da waar's koa Wunder.
SCHWÄGERIN: *(unterm Lutschen)* In Deim Horoskop steht heit nix Gscheids ...
XAVER SPÖTTL: *(grinsend)* Den Kaas wos da verzapfa ...
SCHWÄGERIn. Auf d'Stern gib i was!
XAVER SPÖTTL: Auf was für Stern? – Auf de in unserm Sonnensystem, oder auf de andern?
SCHWÄGERIN: Stern san Stern.
XAVER SPÖTTL: Freilich, da hast' scho recht. – Und trotzdem stimmt's net ...
SCHWÄGERIN: *(ärgerlich)* Warum soi denn dees na net stimma, haa?
XAVER SPÖTTL: Weil's hoit andere Sonnensysteme aa no gibt. Drum.
SCHWÄGERIN: Red nur wieder recht gscheid daher. Zoag ma no, daß i a blöds Weib bin!
XAVER SPÖTTL: Hab i dees gsagt? – Gwieß net. Aber i interessier mi hoit dafür. Schließlich gibt's in unserer Galaxis a Milliardn Stern mit a paar Milliardn Planetn. – Und wennst' zum Himmi naufschaugst, schaugt a Planet aa wia a Stern aus. – Schaug da d'Venus o, zum Beischpui ...
SCHWÄGERIN: D'Venus is aa a Stern ...?
XAVER SPÖTTL: D'Venus is a Planet von unserm Stern, den ma Sonna nenna! – Net amoi dees Primitivste woaßt', und da mächst Du den Fehla im Buach findn ...
SCHWÄGERIN: Jedenfois steht in Deim Horoskop nix Gscheids drin!
XAVER SPÖTTL: Dees is mir wurscht. – Wann werd denn der Wurstsalat fertig?
SCHWÄGERIN: *(hantiert am Tisch weiter)* Du werst as dawartn kenna.
XAVER SPÖTTL: Is no a Bier da? I moan wennst' mi scho eiladst ...
SCHWÄGERIN: Freili. – Im Kühlschrank steht's ...
XAVER SPÖTTL: Holst' mas?
SCHWÄGERIN: Muaß dees i wieder macha?

Marianne Lindner

XAVER SPÖTTL: *(süß lächelnd)* Geh Schwägerin, sei so liab und hol mas …
SCHWÄGERIN: Glei. – Wenn da Wurschtsalat fertig is.
XAVER SPÖTTL: *(schaut sinnend in eine Ecke)* Und wennst' da vorstellst, daß' a Milliardn andere Galaxien gibt? Manche sogar no größer wia unser Muichstraß!
SCHWÄGERIN: Woher wuist denn Du dees wissn?
XAVER SPÖTTL: D'Wissenschaftler habn dees festgstellt. Mit de Radioteleskope. Da dro gibt's gar nix zum rütteln!
SCHWÄGERIN: Und aa soichane Sonnen wia de unsere?
XAVER SPÖTTL: Genau de gleichn. Weil de Elemente im ganzn Kosmos gleich san.
SCHWÄGERIN: Elemente?
XAVER SPÖTTL: Dees san de Baustoana von alle Sonnen und Planeten. *(lacht)* Oa Wissenschaftler hat zum Beischpui was ganz narrisch gschriebn!
SCHWÄGERIN: Was denn?
XAVER SPÖTTL: Dees verstehst Du ja doch net …
SCHWÄGERIN: Na erklär mas hoit, sei so guat!
XAVER SPÖTTL: Er hat gschriebn, daß in unsrerer Galaxis oder in a ganz a andern, de wo mir no gar net kenna, genau de gleicha Menschn leben, ois wia mir.
SCHWÄGERIN: Dees is nix Neis.
XAVER SPÖTTL: Er moant aber, genau so zwoa wia mir. – De genauso oid san, und de wo in dem Moment genau dees gleich tean wia mir. – Dees hoaßt: sie schneid' Zwiefen, und er suacht an' Fehla im Buach.

SCHWÄGERIN: Geh weida, dees san doch Mäus! – Sowas gibt's doch gar net.
XAVER SPÖTTL: I hab das ja glei gsagt, daß Du dees net versteh werst.
SCHWÄGERIN: Daß' Lebewesen gibt, glaab i scho. – Aber soichana Zwoa wia mir, geh da lacha ja d'Henna!
XAVER SPÖTTL: Mir Menschn san aus sechs Elemente zammgsetzt. Und dees stimmt, weil i's nachglesn hab. Und da ganze Kosmos besteht aus 104 Elemente. Oiso alle Galaxien, de wo's gibt. Und zu de Galaxien ghörn ja aa d'Stern. Und da hat der Wissenschaftlicher gschriebn, wenn's jetzt oa Sonna gaab, de genauso bschaffa is, wia de unsere, und um de Sonna taat oa Planet kreisn, der genauso bschaffa is, wia da unser, und es hätt aa sechs Milliardn Jahr dauert, wia bei uns – na schauertn de Menschn genauso aus wia mir.
SCHWÄGERIN: *(überlegt)* Aber sowas gibt's doch net, oder?
XAVER SPÖTTL: Der Wissenschaftler hat gsagt, daß sowas möglich waar.
SCHWÄGERIN: Sowas wia Di konn's doch koa zwoats Moi gebn?
XAVER SPÖTTL: Warum denn net? – Wenn oiß genauso is wia bei uns? D'Sonna, da Abstand zu da Sonna, d'Zeit und oiß einfach? D'Elemente san ja de gleichn!
SCHWÄGERIN: *(zweifelnd)* Und Du moanst, daß i – i moan de andere – daß de aa Zwiefe schneidat in dem Moment?
XAVER SPÖTTL: Genau.
SCHWÄGERIN: Und Du – i moan den andern – aa an' Fehla suachat?
XAVER SPÖTTL: Da Wissenschaftler hat dees gschriebn …
SCHWÄGERIN: Und mir taan nia was vonanander wissn?
XAVER SPÖTTL: Natürlich net! Weil de Entfernung z'groß is!
SCHWÄGERIN: Und de taan genau zu dem Zeitpunkt sterbn wia mir?
XAVER SPÖTTL: Freili. Mir waarn ja oans. Wia a Spiaglbuid, verstehst'?
SCHWÄGERIN: Und Du moanst, daß' sowas gibt?
XAVER SPÖTTL: Da Wissenschaftler hat's auf jedn Foi berechnet und na gschriebn …
SCHWÄGERIN: *(zögernd)* Na müaßatn de Zwoa aa genau dees gleiche redn wia mir?
XAVER SPÖTTL: So is' …
SCHWÄGERIN: Und sie hätt aa grad ihran Schwager gfragt, ob mir zum gleichn Zeitpunkt sterbn, wia sie?
XAVER SPÖTTL: Oiß waar dees nämliche wia bei uns.
SCHWÄGERIN: Dees is ja net zum fassn.
XAVER SPÖTTL: Schwaar zum Versteh is' scho. – Dees hat a da Wissenschaftler geschriebn.
SCHWÄGERIN: Und wenn i mi umbringa taat?
XAVER SPÖTTL: Na taat's de andere aa. – Aber jetzt mach endlich den Wurschtsalat.
SCHWÄGERIN: Wia de andere?
XAVER SPÖTTL: Genau, wia de andere.
SCHWÄGERIN: Moanst' daß' aa vui Zwiefen neituat?
XAVER SPÖTTL: Blöde Frag, sie muaß!
SCHWÄGERIN: *(lauernd)* Und wenn i jetzt gar koan Zwiefe neitua?
XAVER SPÖTTL: Na tuat de andere aa koan nei! Dees is doch klar!
SCHWÄGERIN: De macht ma oiso oiß nach?
XAVER SPÖTTL: De macht Dir gar nix nach! – Ihr zwoa seids oans!
SCHWÄGERIN: *(seufzt tief auf)* Jetzt mach i an' Wurstsalat …
XAVER SPÖTTL: D'Zeit is' wordn …
(Licht langsam aus)

Die Macht des Intendanten

Personen: Xaver Spöttl in der Rolle des Intendanten eines bayerischen Volkstheaters
Charli Newrodil, ein österreichischer Schauspieler

(Dekoration: ein Schreibtisch, hinter dem der Intendant sitzt; davor ein Stuhl.)

XAVER SPÖTTL: *(tritt vor das Publikum)* Oiso, was ma jetzt schpuin, is eingli a Märchen. Sowas gibt's nämlich im normalen Lebn net. Aa koan solchen Intendanten. Drum habn ma uns oan ausdenka müaßn. Und den schpui i. I bin oiso a Intendant. Und i bin's gern, weil i woaß, daß i ihn bloß schpuin muaß! Gott sei Dank ... *(setzt sich hinter den Schreibtisch; zur Türe)* Der Nächste bitte!

CHARLI NEWRODIL: *(tritt ein)* Küss di Hand, Verehrtester, *(Wiener Dialekt)* Derf i mi zerplatzen? *(sitzt schon)* Oiso, Sie suachn aan „Reiter" fürn Schönherr sei „Glaube und Heimat"? – Na, ich bitt Sie, der geborne Reiter bin i! Hab das Stückl dreimoi glesn. – Sie kumman gar net rum um mi! *(lauernd grinsend)* Im übrigen is da Hugo Krematorski mei Freindl, und der macht doch d'Regie, oder?

INTENDANT: Voraussichtlich schon ...

CHARLI NEWRODIL: Was haast voraussichtlich? – A kloarere Auskunft möcht scho sein, wenn ich bittn dürft ... Schließlich können'S in Graz moi mit Ihrem Theaterl depütiern, wann da Hugo dös einfaadelt ...

INTENDANT: Sie sind Wiener , nicht?

CHARLI NEWRODIL: *(gelangweilt)* Na hörn'S dös net?

INTENDANT: Aber wir planen auch bayerische Volksstücke ...

CHARLI NEWRODIL: *(grinsend)* So so ... Aber dös is kein Problem. Diese Stückerl übersetzt mei Kollegin Carmen Kaminski im Handumdrehn in s'Wienerische. – Dös gibt Ihnen dann den rechten Pfiff! Übrigens, kennen'S den Schnitzler?

INTENDANT: Aber gewiss doch ...

CHARLI NEWRODIL: ... dös war ein Großonkel von mir. – Wann'S amal aan Schnitzler schpüln wolln, dös kann ich arrangiern ... Vorausgesetzt, daß die Carmen Kaminski den Übersetzungsauftrag kriegt, und in „Glaube und Heimat" a Hauptrolln!

INTENDANT: *(schüchtern)* Bitte sprechen Sie doch einen Rollenauszug vor.

CHARLI NEWRODIL: *(grinsend)* Vorsprechen soll i? *(gelangweilt)* Aber hörn'S, dös is doch albern. – Ich bin schließlich a Profi.

INTENDANT: *(fast flehend)* Nur eine kurze Passage ...

CHARLI NEWRODIL: *(wütend)* Oiso, wenn Sie mir so kommen, dann muss i wohl mein' Vetter verständigen. Der sitzt im Kulturausschuss!

INTENDANT: Bei uns in München?

CHARLI NEWRODIL: Wo denn sonst? Der hat mir verzählt – im Vertraun – daß der Hugo Krematorski schon als Nachfolger für sie aufgstellt wordn is, wenn ...

INTENDANT: *(sehr unterwürfig)* Aber lieber, liebster Newrodil, darüber kann man doch reden. Schließlich sind wir doch alle Menschen ...

CHARLI NEWRODIL: Naa wenn's Sie sagn ... Im Rundfunk sitzt von mir auch einVetter. Mütterlicherseits. – Wenn i wüll, dann macht der eine Hörfolge aus dem Stück vom Swoboda ...

INTENDANT: Swoboda? – Wer ist „Swoboda"?

CHARLI NEWRODIL: *(von oben herab)* Waas, Sie kennen den Swoboda net? – Aber hörn'S ... Lesen Sie kaa Zeitung? – Der Swoboda is ein talentierter junger Dichter aus Graz. Entfernt verwandt vom Stadtrat väterlicherseits ...

INTENDANT: *(nervös)* Von welchem Stadtrat?

CHARLI NEWRODIL: *(grinsend)* Oiso Sie kennen Ihnen aber gar net aus. Von Ihrem Stadtrat natürlich, der als Oberbürgermeisteranwärter von München die größten Chancen hat. Übrigens ist das ein guter Freund vom Krematorski. Wann der die Regie kriegt, dann können'S Ihnen vielleicht noch ein paar Jaahrl halten. – Als Intendant …

INTENDANT: *(räuspert sich)* Sie meinen die Regie von „Glaube und Heimat"?

CHARLI NEWRODIL: *(winkt lässig ab)* Aber wo denn. Der Schönherr is doch schon lang tot. – Sie habn das Glück, eine Welturaufführung vom Swoboda über die Bretter gehen zu lassen …

INTENDANT: Aber Sie wollten doch den Reiter spielen?

CHARLI NEWRODIL: Aber hörn'S, dös ghört doch schon der Vergangenheit an. Ois Künstler muß man flexibel sein. – Glaube und Heimat is gestrichen! Dem Swoboda sein Stück wird gschpült!

INTENDANT: *(leise)* Aber ich kenne das Stück überhaupt nicht.

CHARLI NEWRODIL: Is dös wichtig? – Aber bitte! – Oiso auf einem Schuttplatz lebt ein Einsiedler mit seiner Frau und seine zehn Kinderl. Der Swoboda zaagt in seim Stück das soziale Verbrechen unserer Zeit. – Die Carmen Kaminski und ich schpüln die Hauptrollen, und für die andern Rollen hat der Hugo Krematorski schon sein Grazer Ensemble verpflichtet.

INTENDANT: Und die Hauptrolle in „Glaube und Heimat" für Carmen Kaminski?

CHARLI NEWRODIL: Oiso Sie san aber schwer von Begriff. – Dös Stück is gstrichen! Reiten'S doch net immer auf dem alten Schamott rum. – Der Swoboda werd gschpült, basta. Vielleicht legt er ein gutes Wörterl für Sie beim Redakteur im dritten Programm ein.

INTENDANT: *(schüchtern)* Ist der auch verwandt zu ihm?

CHARLI NEWRODIL: *(grinsend)* Aber hörn'S, sind'S verrückt? – So eine große Verwandtschaft gibt's doch net. – Das ist der Mann meiner Schwester, und die sitzt wiederum beim ZDF. – Sie kriegn jetzt eine große Chance von uns geboten, mein Lieber …

INTENDANT: *(deutet eine leichte Verbeugung an)* Danke.

CHARLI NEWRODIL: *(gönnerhaft)* Bitte, bitte. – Vorausgesetzt natürlich, wenn in der zweiten Schpülzeit meinSchauschpül „ Das Weana Bluat" zur Aufführung kommt!

INTENDANT: *(wischt sich den Schweiß ab)* Sie schreiben auch …

CHARLI NEWRODIL: Was haast „auch"? *(lauernd)* Ich schreib! – Das „auch" können'S Ihnen schenken.

INTENDANT: Aber ich habe ein bayerisches Volkstheater …

CHARLI NEWRODIL: Noch, mein Lieber. Noch! – Das kann sich ändern. Schnöller, wie Sie sich das träumen lassen! – Ich hab ja schon erwähnt, daß dem Hugo Krematorski sein Vetter im Kulturausschuss sitzt.

INTENDANT: War das nicht Ihr Vetter?

CHARLI NEWRODIL: Der Hugo ist auch mit mir verwandt …

INTENDANT: Oh Gott!

CHARLI NEWRODIL: *(gefährlich ruhig)* Was haast denn dös schon wieder? San'S vielleicht Atheist aa no?

INTENDANT: *(verwirrt)* Aber wieso denn Atheist?

CHARLI NEWRODIL: *(droht ihm mit dem Finger)* Den Namen Gottes soll man aber net mutwüllig in den Mund nehmen.

INTENDANT: Verzeihung. Aber das ist doch nur eine Redensart …

CHARLI NEWRODIL: Daraus kann man Ihnen aber ein Strickerl drehn. Wenn sich herumsprechen sollt, daß der Intendant vom Münchner Volkstheater ein Atheist is, oiso i waas net recht …

INTENDANT: Aber ich bin kein Atheist. Ich zahle regelmäßig meine Kirchensteuer!
CHARLI NEWRODIL: Das könnt auch eine Tarnung sein. – Wenn das der Carmen Kaminski ihre Mutter erfahren sollt …
INTENDANT: *(sehr schwach)* Ihre Mutter? – Der Carmen Kaminski ihre Mutter? – Ist das auch ein Vetter von Ihnen?
CHARLI NEWRODIL: *(streng)* Oiso beleidigen laß ich mich net von Ihnen. Da reagier ich aber sauer … *(erhebt sich)*
INTENDANT: *(rasch)* Aber bitte, so nehmen Sie doch wieder Platz, mein lieber, verehrter Herr Newrodil. Es lag mir fern, Sie beleidigen zu wollen. – Ich dachte nur …
CHARLI NEWRODIL: *(setzt sich wieder)* Das Denken solln'S den Pferdl überlassen. Die habn größere Köpf. – Oiso wie steht's jetzt? – Mei Zeit is bemessen!
INTENDANT: Womit, lieber Newrodil?
CHARLI NEWRODIL: Herr Newrodil, mein Lieber!
INTENDANT: *(deutet erneut eine Verbeugung an)* Herr Newrodil natürlich. Aber ich bin schon ein bisschen verwirrt …
CHARLI NEWRODIL: *(hakt sofort ein)* So so, verwirrt sind'S also schon. Aber das sollt bei einem Intendanten net vorkommen. Stelln'S Ihnen vor, es spricht sich herum, daß der Intendant vom Volkstheater „verwirrt" ist? – Das macht aber keinen guten Eindruck beim Kulturreferat, wenn der Intendant einer großen Münchner Bühne irr ist!
INTENDANT: *(schluchzt)* Aber ich bin doch nicht irr, oder?
CHARLI NEWRODIL: Das dürfen'S mich net fragen. Das müssen'S schon allein mit Ihrem Gewissen ausmachen. Oiso, wie steht's?
INTENDANT: *(winkt müde ab)* Wie Sie wollen …
CHARLI NEWRODIL: Der Swoboda wird gschpült?
INTENDANT: *(schwach)* Ja.
CHARLI NEWRODIL: Und der Huge Krematorski macht die Regie?
INTENDANT: Ja.
CHARLI NEWRODIL: Ich und die Carmen Kaminski schpüln die Hauptrolln?
INTENDANT: Ja.
CHARLI NEWRODIL: Und die Grazer Kollegen schpüln die andern Rolln?
INTENDANT: Ja.
CHARLI NEWRODIL: Und die Kaminski kriegt den Übersetzungsauftrag von einem bayerischen Stückl?
INTENDANT: Ja.
CHARLI NEWRODIL: Und mein Schauschpül „Das Weana Bluat" wird uraufgführt?
INTENDANT: *(schwach)* Aber in einem bayerischen Volkstheater …?
CHARLI NEWRODIL: *(streng)* Wolln'S Intendant bleibn, oder net?
INTENDANT: Ja.
CHARLI NEWRODIL: Was „ja"? – A bissl deutlicher, wenn ich bitten darf!
INTENDANT: Ich will Intendant bleiben.
CHARLI NEWRODIL: *(grinsend)* Na oiso. Und mein Stück wird uraufgeführt?
INTENDANT: *(schluchzend)* Ja, natürlich.
CHARLI NEWRODIL: *(zieht einen Vertrag aus der Tasche)* Da is der Vertrag. *(deutet auf eine Stelle)* Bloß noch unterschreiben, oiß andere hab ich schon vorbereitet. Bittschön …
INTENDANT: *(schwach)* Aber wie konnten Sie wissen, daß ich „Glaube und Heimat" nicht spielen werde?
CHARLI NEWRODIL: Ich hab's gwusst, das glangt. – Unterschreibn!
INTENDANT: *(unterschreibt)* Hoffentlich mach ich nichts Falsches …
CHARLI NEWRODIL: Na hörn'S! Bloß net beleidigend werdn, gell! *(steckt den Vertrag*

ein) Und über die übernächste Schpülzeit unterhalten wir uns später. Ich kenn da noch einen guten Dramatiker aus Linz, der ist mit mir zur Schul gangen …

INTENDANT: *(schluchzend)* Oh Gott …

CHARLI NEWRODIL: *(droht erneut mit dem Finger)* Na na na! – Keine Gotteslästerung! – Schließlich sitzt der Bruder von der Mutter der Carmen Kaminski im evangelischen Kirchenrat. *(Der Intendant schluchzt mit zusammengepressten Lippen ins Taschentuch und schüttelt immer wieder den Kopf.)* Jetzt Hörn' S zum Flennen auf. Wir habn uns doch ganz gut unterhalten. – Und verstanden auf Anhieb. *(geht zur Türe)* Küss die Hand, Verehrtester! *(ab; der Intendant lässt seinen Kopf laut heulend auf die Schreibtischplatte sinken, und das Licht erlischt.)*

Später Ruhm

Personen: Xaver Spöttl
Ein weißhaariger Greis mit den Anlagen eines „jungen Hupfers“
Ein junges Paar

(Die beiden Männer sitzen am Biertisch; fahler, grünlicher Scheinwerfer)

ALTER: *(monoton)* Heit hab i wieda an Scheck kriagt über 50 000 Markl.
XAVER SPÖTTL: *(monoton)* So so, an Scheck. *(trinkt)*
ALTER: Mei “Ödipus” geht wia da Teifi. – Jetzt hams'n in 30 Sprachen übersetzt.
XAVER SPÖTTL: Geh weida.
ALTER: Vor 70 Jahr hab'in gschriebn, da hat koa Sau was danach gfragt.
XAVER SPÖTTL: Siehgst as, ma muaß's bloß dawartn kenna.
ALTER: Damois hätt ma a Scheck guat to. – Da hat mei Frau und meine Buam no glebt.
XAVER SPÖTTL: Ja mei.
ALTER: *(trinkt)* Heit woaß i nimmer, was i mit dem Haufa Geld oiß toa soi. – Magst' no a Hoibe?
XAVER SPÖTTL: *(trinkt aus)* Freili. *(aus demDunkel reicht eine Hand ein frisches Bier.)*
ALTER: Vor zwoa Wocha war i in Schwedn und hab ma an' Nobel-Preis abhoit. *(lacht glucksend)* Wenn i bedenk, daß den net amoi da Goetha hat!
XAVER SPÖTTL: Da siehgst as amoi wieda.
ALTER: Heit bin i auf da ganzn Welt bekannt, und vor 70 Jahr hab i für 50 Markl bei da Volkshochschui vorlesn derfa.
XAVER SPÖTTL: Ois Kloana bist' hoit oiwei a Depp …
ALTER: Aber de Kloana werdn aa groß. Dees vergessn's oiwei de Hamperer.
XAVER SPÖTTL: Genau.
ALTER: Heit lebt koa oanziger mehr von dene, de damois glaabt habn, daß sie d'Welt zreißn. I waar a „Hobbyschreiber“, habn's oiwei gmoant de Waschl.
XAVER SPÖTTL: Da habn sa se täuscht.
ALTER: Und wia! – Heit laafa 40 Stückl vo mir um d'Welt. In da Urfassung, verstehst' was i moan?
XAVER SPÖTTL: Und wia!
ALTER: Und damois habn's eahnan Senf dazua gebn, de Herrn Dramaturgen. Da oa hat gsagt, daß meine Dialoge net lebendig san, aber s'Stück selber waar scho interessant. Da ander hat gsagt, daß meine Dialoge umbandig san, bloß s'Stück müaßert er überarbeitn. Und a Dritter hat wieder was anders gsagt. I hab mi ehrlich nimmer auskennt, was de eingli woin habn. Aber i hab ma nix drum gschissn und hab a so gschriebn, wia i glaabt hab, daß' richtig is. – Heit lebt ja scho lang koana mehr vo dene Herrn …
XAVER SPÖTTL: Wia habn denn de ghoaßn, de Theaterleitln?
ALTER: Geh frag mi was leichters. Koa Mensch kennt dene eahnan Nama no.
XAVER SPÖTTL: Ach so.
ALTER: Vielleicht hab i oan Fehla gmacht in meine junga Jahr?
XAVER SPÖTTL: Moanst'?
ALTER: No ja, i hätt hoit nix arbeitn soin. Bloß schreibn. Aber i hab a Familie ghabt und hab mei Frau umbande gern ghabt. Da konn i doch net bloß schreibn. – Vo was hätt ma denn lebn soin? Woaßt, dees blöde Verantwortungsgfuih habn de halt net kennt, de wo damois am Theater was zum schnabeln ghabt habn. Für de war i a oidmodischer Mensch, weil i mi ums Varrecka net scheidn hab lassn.

XAVER SPÖTTL: Sowas damisch.

ALTER: No ja, heit san's ja scho alle tot. Und meine Stückl lebn oiwei no. Sogar de, de wos ma damois verhunzt habn. Mit eahnara idiotischn Überarbeitung, vo dera wos glebt habn, weil eahna selber nix eigfoin is.

XAVER SPÖTTL: Genau.

ALTER: Und heit bin i da große. 70 Jahr hat's braucht. Aber i leb no. Und an' Haufa Geld hab i aa.

XAVER SPÖTTL: Hättest' nix garbat damois ...

ALTER: Na hätt i alloa bleibn müaßn. Und dees woit i net. Naa naa, I taat's genau wieda a so macha. Bloß taat i dene Deppn, de mi zu am' „Hobbyschreiber" damois gmacht habn, an scheena Landler blasn. D'Menschheit is hoit zu guat zwoa Drittl damisch. Da konn ma nix macha. Und dees andere Drittl is gscheert.

XAVER SPÖTTL: Recht hast'.

ALTER: Aber heit bin i hoit nimmer so guat beim Zeigl mit meine 95 Jahr. No ja, so schlimm waar dees ja net. – Wenn i andere oschaug, de um a guats Trumm jünger san...

XAVER SPÖTTL: Genau.

ALTER: *(lacht)* Mit de Weiberl beißt's hoit a bröckl aus.

XAVER SPÖTTL: No ja ...

ALTER: Net a so wiast du moanst. Da geht oiwei no was! – Teierer werdn's hoit, je älter daß ma werd.

XAVER SPÖTTL: Du hast as ja.

ALTER: Dees is dees guate. Woaßt, da Sex vom Mo is sei Briaftaschn! – Und de is bei mir recht dick. – Alle Woch kriag i von a andern Stadt an Kunstpreis. Und de san heitzutag ganz schee dotiert. *(lacht)* Neilings hab i sogar an Förderpreis über 20 000 Markl kriagt. – Stell da den Schmarrn vor! Vielleicht schreib i eahna a Stückl, wenn i amoi guat aufglegt bin. *(grinst)*

XAVER SPÖTTL: Schreibst' no oiwei?

ALTER: Freili. – Ohne schreibn ko i net lebn und so lang i schreib, leb i! Und oiß, was i schreib, werd druckt. – Heit wenn i sag, daß morgn a Regn kummt, na is dees scho prophetisch und a groß' Wort. Und sofort werd's aufgschriebn, weil dees i, da große Dichter, gsagt hab. D'Menschheit is kurios veranlagt ...

XAVER SPÖTTL: Genau.

(Ein junges Mädchen und ein junger Mann in Rocker-Kluft treten auf. Lichtwechsel auf Rot.)

MANN: Koa oanziger Sitz mehr frei in dem Bumms.

MÄDCHEN: Und da sitzn zwoa oide Scheichs und nehma uns an' Platz weg.

MANN: *(zu den beiden Alten)* Ihr soits doch scho längst im Bett sei. Dees is doch nix für oide Leit. Hat denn s'Spital no net zuagsperrt?

MÄDCHEN: Geh weida, Joe, sei doch net so gscheert, de zwoa Opas gehnga ja a so glei. – Oder net, Großvadderl?

XAVER SPÖTTL: Wißt's ihr überhaupts wer da vor eich sitzt?

MÄDCHEN: Freili, zwoa oide Leit, de auf s'Sterbn wartn.

MANN: Jetzt bist aber du gscheert!

XAVER SPÖTTL: Mei Nachbar ist der berühmte „Grimmighausen", der große Dichter.

MÄDCHEN: Dees kaannt a jeder sagn.

XAVER SPÖTTL: Wenn i's sag, na stimmt's!

MANN: Der is ja no vui jünger. Vorgestern hab i im Fernsehn vo eahm a Stückl gsehng, dees ko ja der oide Mo gar net gschriebn habn. – A ganz a moderns Stückl war dees!

XAVER SPÖTTL: Er hat's aber gschriebn. – Vor 70 Jahr!

MÄDCHEN: Geh weida, Opa, erzähl doch koane Märchen! – Wer führt denn heit no a Stückl auf, dees vor 70 Jahr gschriebn wordn is? – So a Kaas!

ALTER: Laß' guat sei. D'Jugend braucht oiwei Beweise. Da hat se nix g'ändert. – Schau her, Madl, da hast' mein Ausweis. *(reicht ihn dem Mädchen)*

MÄDCHEN: *(liest)* Jetzt haut's mi um, Joe! – Dees is tatsächlich da Grimmighausen!

MANN: Wia, zoag her! *(liest)* Pfeilgrad! *(verlegen)* Na bitt ma hoit gar schee um Verzeihung. Mir habn gmoant, da Herr Grimmighausen müaßt vui jünger sei.

ALTER: *(lacht)* Früher habn's oiwei gmoant, i waar älter. – Was is, trink ma a Flaschl Schampus mitnanda?

MANN: Naa naa, mir woin net störn. – Geh weida, Mausi, laß ma de Herrn eahna Ruah!

ALTER. Geh; setzts eich hera.

MÄDCHEN: *(drückt sich an den Alten)* I taat ganz gern bleibn, wenn da Herr Grimmighausen nix dagegn hat.

MANN: Dees is ma zwida. – I möchte net störn.

XAVER SPÖTTL: Bleibts da.

ALTER: A Flaschn Schampus! – *(Die Hand aus dem Dunkel reicht eine Flasche Sekt und vier Gläser)* Oiso, hisitzn!

MÄDCHEN: *(rückt ihren Stuhl ganz nah zu ihm)* So eine Ehre. Da Herr Dichter lad' uns persönlich ein ...

MANN: Oiso mir is dees net recht ...

MÄDCHEN: Na geh hoit, Joe, wennst' so kompliziert bist. – I bleib da. *(rückt noch näher zum Alten)*

ALTER: Geh sitz di auf mein' Schoß, Madl, mogst'?

MÄDCHEN: Gern, wenn's Eahna nix ausmacht.

ALTER: Im Gegenteil, i freiert mi. – Prost alle mitnand! – Aber ex, sunst spürt ma nix davo!

XAVER SPÖTTL: *(lacht)* Du bist scho ein Hund ein verreckter!

ALTER: *(schenkt sofort wieder ein)* Sodala und glei nomoi ex! Heit bin i grad in Stimmung! – Heit sauf' ma an' Wirt sein Schampuskeller laar! Prost!

MÄDCHEN: Schad' Eahna der Alkohol net?

ALTER: *(lacht)* Um mi brauchst' koa Angst habn, Madl. I sauf alle Tag mei hoibe Flaschn Whisky. – Seit 70 Jahr! *(schreit)* A neie Flaschn, wenn i bittn derf! *(die Hand aus dem Dunkel reicht das Gewünschte)* Und an' Strauß Rosn! *(dieHand reicht einen Strauß Rosen)* Und a Perlkettn!

(Jedes Mal wenn die Hand aus dem Dunkel einen Gegenstand reicht, drückt sich das Mädchen enger an den Alten. Die beiden anderen Männer, Joe und Xaver Spöttl, verschwinden im Dunkel. Das Mädchen ist schließlich mit Schmuck und Pelzen überhäuft und küsst den Alten leidenschaftlich. Licht langsam aus.)

Keine Werbung bitte!

Personen: Xaver Spöttl
Fußballstar
Tv-Journalistin

(Im Studio sitzen der Fußballstar und die Journalistin an einem runden Tisch)

XAVER SPÖTTL: *(schlendert in die Szenerie)* Stelln Sie sich bitte vor, Sie sitzn in irgendeinem TV-Studio. Irgendwie gleichn sich die alle. Ein bekannter Sportler wird interviewt. Hoffentlich habn Sie Ihren Spaß dran. *(Verbeugt sich leicht – und ab)*

JOURNALISTIN: *(zum Publikum mit dem Mikrofon in der Hand)* Guten Abend meine Damen und Herren. Es ist uns gelungen, den bekannten Fußballstar, Blasi Hirnwimmer, vors Mikrofon zu bekommen. Eine Vorstellung erübrigt sich, da sie unser Fußballidol ja längst kennen. *(zum Fußballstar)* Guten Abend, lieber Blasi. *(reicht ihm das Mikrofon)*

FUSSBALLSTAR: Grüß Gott, liebe Petra, und grüß Gott liebe Zuschauer daheim.

JOURNALISTIN: Zunächst hab ich eine Frage: Wodurch halten Sie sich nur immer so fit?

FUSSBALLSTAR: Mit Knorr Frühstücksflocken und hernach mit einem Teller Schneekoppe Früchte-Müsli. Das ist zum Beispiel äußerst gesund, gell.

JOURNALISTIN: Sie hören es, liebe Zuschauer, womit unser lieber Blasi seinen Tag beginnt. – Und wie geht es dann weiter?

FUSSBALLSTAR: Sie meinen, was ich dann tue?

JOURNALISTIN: Ist er nicht von einer erfrischenden Urwüchsigkeit? – Also was tun Sie nach Ihrem Frühstück?

FUSSBALSTAR: Nach meinem Sportlerfrühstück mit Knorr Frühstücksflocken und Schneekoppe Früchte-Müsli mach ich mir für meinen Kreislauf einTasserl Jacobs-Kaffee. Den ohne Säure. Sie verstehn, was ich meine?

JOURNALISTIN: Essen Sie dazu noch eine Kleinigkeit?

FUSSBALLSTAR: Nein, um Gotteswillen! – Jedes Pfund merk ich an meiner Kondition.

JOURNALISTIN: Sie sehen, meine Damen und Herren, wie sehr ein Spitzensportler auf seine Figur achten muss. – Was machen Sie anschließend, lieber Blasi?

FUSSBALLSTAR: Anschließend geh ich in meine Isolaterra-Sauna und leg mich dann zum Entspannen auf meine Bettenried-Couch. Die mit dem Diolen-Bezug.

JOURNALISTIN: Ist ja äußerst interessant. Und später?

FUSSBALLSTAR: Später zieh ich meinen Sportscheck-Trainingsanzug an und lauf in meinem eigenen Wald, den mir der Bürgermeister von Sauerlach gschenkt hat, eine halbe Stunde. Dazu lutsch ich einen Dextropur-Traubenzucker.

JOURNALISTIN: Sie sehen, meine Damen und Herren, Sport kommt bei Blasi Hirnwimmer immer an erster Stelle. Und hernach? Was machen Sie nach Ihrem Waldlauf?

FUSSBALLSTAE: Anschließend mach i mir's bequem auf meiner Polstergarnitur vom Einrichtungshaus Böhmer und lies das Fritz-Walter-Buch, das übrigens sehr gut geschrieben ist. Vielleicht ess ich eine Zwetschgenbavesn vom Cafè Wandinger dazu. Die sind sehr schmackhaft nämlich, gell.

JOURNALIATIN: Auch die Rohrnudeln sind nicht übel.

FUSSBALLSTAR: Das glaub ich Ihnen schon, aber Rohrnudeln ghörn mit Deutscher Markenbutter gebacken. Damit die Rammeln schön resch werden. Aber das Cafè Wandinger verwendet ausschließlich Bezel. Das macht den Zwetschgenbavesen zum Beispiel nichts aus, aber den Rohrnudeln schadets. – Wie gesagt, wegen der Rammeln.

Werner Rom

JOURNALISTIN: Das ist ja hoch interessant, was Sie uns da sagen, lieber Blasi. Sie sehen, meine lieben Zuschauer, auch vom Kochen versteht unser Star einiges.

FUSSBALLSTAR: Genau. Mit Maizol-Öl brat ich mir am liebsten ein Steak raus in der Pfanne. Und wenn das Fett recht spritzt und etwa meine Tischdecke befleckt, dann schnell rein in den Lavamat und mit Henkels Weißem Riesen behandelt. Sie glauben gar nicht, wie rasch meine Tischdecke dann wieder blütenweiß ist.

JOURNALISTIN: Darüber wird Ihre Frau aber sehr erfreut sein, nicht?

FUSSBALSTAR: Ich bin net verheiratet. Aber meine Freundin, die bei Bally arbeitet, freut sich schon recht darüber. – Bloß mit den Waschmitteln kommen wir uns immer in die Haare. – Sie verwendet übrigens einen Schwarzkopf-Spray. – Ich nehm ja lieber Seborin, weil's nicht so fettet. Ab und zu hab ich allerdings auch schon Russisch Leder auf meine Haare gegeben, wenn mir das Old Spice gerade ausgegangen ist. Obwohl ich das Old Spice zum Beispiel hauptsächlich nach der Idealrasur mit meinem fabelhaften Braun Elektrorasierer verwende, gell.

JOURNALISTIN: Das ist ja sehr interessant, lieber Blasi. – Doch wie sieht Ihr weiterer Tagesablauf aus?

FUSSBALLSTAR: Ja mei, so gegen Mittag setz ich mich dann in meinen Porsche-Turbo und fahr ins Spatenhaus. Oder zum Löwenbräu und manchmal auch in den Augustiner. Meinen Opel-Manta nehm ich nur her, wenn ich ausschließlich in die Stadt fahre, weil mir da mein Range Rover viel zu umständllich ist. Der mag übrigens am liebsten Schell-Öle, Sie verstehn schon, was ich mein. Beim Porsche ist das anders, da tank ich Aral Super. Wogegen mein Opel-Manta auch mit einem Esso zufrieden ist oder mit einem Schell Super. Die stellen ja nicht nur Öle her. Aber ich trink ja auch ab und zu ein Hacker-Bier oder ein Düsseldorfer Königs-Pils vom Fass. Das ist ganz verschieden, gell.

JOURNALISTIN: Was halten Sie von der momentanen politischen Lage, lieber Blasi?

FUSSBALLSTAR: Ja mei, was soll man da schon sagen? – Ich find sie sehr prekär. Äußerst prekär sogar. Aber mei, das gibt sich schon wieder. Die Politiker sollten halt mehr Schneekoppe Früchte-Müsli essen, gell.

JOURNALISTIN: Treiben Sie, außer Fußball natürlich, auch noch einen anderen Sport?

FUSSBALLSTAR: Freilich. Ich fahr sehr gerne Rad zum Beispiel. Sie verstehen schon, Fahrrad? – Mit meiner Bianchi-Maschin bin ich in einer halben Stund in Gründwald. Da trink ich dann einen Jim Beam-Whisky, natürlich net zuviel, damit ich den Verkehr net gefährde und dann geht's wieder heim in mein Demos-Reihenhaus, das ich nebenbei zum Beispiel bewohne. Die Stühle in meinem Demos-Haus hab ich alle vom Stuhl-Kateter. Sie verstehn schon was ich mein?

JOURNALISTIN: Gewiss, gewiss, lieber Blasi. Ich bedanke mich für dieses aufschlussreiche Interview und ich hoffe, auch im Namen der vielen Millionen Zuschauer, dass ich Sie irgendwann wieder einmal vor dem Bildschirm begrüßen darf.

FUSSBALLSTAR: Freilich, das lässt sich schon wieder einmal einrichten, gell. *(zieht eine Packung Zigaretten aus der Tasche)* Darf ich zum Abschluss noch eine Zigarette rauchen? *(hebt die Schachtel)*

JOURNALISTIN: *(erschrocken)* Aber lieber Blasi, nur keine Werbung bitte! *(Sie wendet sich rasch um, und auf ihrer Bluse ist groß zu lesen: „John Players")*

-

(Licht aus)

Unterm Hollerbusch

Personen: Xaver Spöttl
Ein junges Mädchen
Ein junger Mann

(Das Paar sitzt auf einer Decke unter einem Hollunderstrauch. Sie sind mit sich sehr intensiv „beschäftigt", deshalb bemerken sie auch Xaver Spöttl nicht, der in die Szene schlendert.)

XAVER SPÖTTL: Ja ja, die Liebe! – Wenn ma jung is, is dees oans von de schönstn Dinge. – I erinnert mi oiwei wieder, wenn i an der ehemaligen Kiesgruabn vorbeigeh, wia i mit da Erika neba de Weidensträucha glegn bin, und verliebt war, daß' nimmer höher ganga is. – Und dees Paar *(deutet darauf)* erinnert mi haargenau an mei Zeit. *(fragend zum Publikum)* Wolln mas a bissl belauschn? – Tean ma ...*(ab)*

MÄDCHEN: *(löst sich aus seinen Armen)* Und wenn i a Kind kriag, is da Teifi los. Oder Du laßt mi glei gar sitzn.
MANN: So schnell kriagt ma koa Kind. Du hast doch erst Deine Tag ghabt. Da konn gar nix passiern. *(zärtlich)* Schaug, wenn i Di doch so vui gern hab.
MÄDCHEN: *(zögernd)* Ja, dees glaab i Dir scho. I mag Di ja aa so vui gern. Aber trotzdem muaß ma net glei schlafa mitnand. Dees hat doch mit da Liab nix zum toa.
MANN: Ja wer sagt da denn an soichan Blödsinn? Freili ghört dees dazua. Vom Bussln alloa, konn ma d'Liab net stilln.
MÄDCHEN: Mei Muadda is da anderer Ansicht. Sie hat zu mir gsagt: Deandl, laß Di mit koam Mannsbuid ei, vor da Hochzeit. D'Mannsbuida woin bloß oiwei dees oana und na laßn's di sitzn, wenn's eahnan Spaß ghabt habn.
MANN: Dei Muadda redt da vielleicht so an' Schmarrn zamm. Wia ma no in da heitign Zeit an soichan Kaas redn ko. Heit wo s'es scho in da Schui mitanand treibn. – Was is denn da scho dabei?
MÄDCHEN: Freili, für eich Manna natürlich nix. Ihr verlierts ja koa Unschuid net.
MANN: Unschuid! – Wenn i dees scho hör! – Was hat denn dees mit da Unschuid z'toa. Dees is doch bloß a bläde Überlieferung vo unsere Großeltern her. Und de habn's wieder vo eahnare Großeltern ghört. Und an' Rest hat da Herr Pfarrer in da Religionsstund verzapft. – Dees is ja klar, de lebn im Zölibat und habn koane Madln nötig. Wenigstns net nach außn hi. Heimllich werdn s'es genau so treibn, so wias de Borgias aa scho triebn habn. – Und woaßt Du warum? – Weil dees einfach zur Natur ghört. Genau! – *(wieder zärtlich)* Oiso was is denn jetzad? Kumm, Herzi, sei halt a bissl liab zu mir. Du woaßt genau, daß i Di ehrlich mag und daß i Di aa heirat, wenn i mim Studium fertig bin. A Jahr dauert's no, na kenn ma heiratn. – Kumm; geh halt weida!
MÄDCHEN: *(wehrt sich)* Aber jetzt sei doch net gar so aufdringlich. Moana kunnt ma scho, daß Dei Seligkeit davo abhängert. Ös Mannsbuida könnts eich aber scho gar net beherrschn.
MANN: Wenn ma jung is, macht's an Spaß. Ois oida Dackl pfeif i drauf! Wart no, bis ma amoi zehn Jahr verheirat san. Na werd de Zeit aa für Di kumma, wost' froh waarst, wenn i no so hitzig waar ois wia i's jetzt bin.
MÄDCHEN: Da werst Di Du aber brenna! – I brauchat dees mei Lebn lang net.
MANN: Dei Muadda hat Di fei ganz schee verhunzt. – Was sagt denn da Dei Vadda?
MÄDCHEN: Laß ma mit dem mei Ruah! – Der hockt de meist Zeit im Wirtshaus rum.
MANN: Dees waar ja koa Wunder. Mit am' soichn frigidn Besn, wia Dei Muadda oana is,

möcht i aa net verheirat sei.

MÄDCHEN: *(zornig)* Du gell, über mei Muadda laß i nix kemma! Wennst Du so über mei Muadda redst, na mag i scho überhaupts net!

MANN: *(bemüht sich freundlich zu sein)* Oiso i versteh Di net. Jetzt hab i mi de ganze Wocha gfreit, daß ma uns heit sehng und Du hast nix bessers mit mir zum toa, ois wia zum streitn.

MÄDCHEN: I streit net mit Dir! – Du streitst mit mir!

MANN: *(küsst sie zärtlich)* Redn ma nimmer davo. I hab Di gern, Herzi. Ehrlich, narrisch gern! – I möcht ja bloß liab zu Dir sei, sunst nix. Is denn dees z'vui verlngt?

MÄDCHEN: Wenn ma verheirat san, na derfst Du nett zu mir sei. Vorher schickt sa se einfach net. – Sagt mei Muadda …

MANN: *(macht erneut einen Versuch)* Kumm, leg Di her. I versprich Dir, wenn's Dir net gfoit, na hör is auf. – Geh weida, Du dumms Tschaapperl!

MÄDCHEN: Jetzt gib hoit amoi a Ruah …

MANN: Ja spürst denn Du gar nix? – Heit is a so a scheena Tag, da Holler blüaht, und de ganze Welt is im Aufbruch, und Du tuast, ois wia a oids Wei …

MÄDCHEN: *(stößt ihn zurück)* I mag net. Herrschaftseitn nei. – Verstehst denn Du gar nix?

MANN: *(seufzt, dann erhebt er sich)* Oiso guat, na laß mas hoit bleibn. Folg no schee Deine Muadda.

MÄDCHEN: *(erschrocken)* Was hast' denn jetzt auf oamoi? – Wo gehst denn hi?

MANN: Wo wer i denn scho higeh? In d'Wirtschaft. Vielleicht triff i Dein Vadda dort, na konn i wenigstens no mit am vernünftign Mo redn. An Mordtrumm Rausch sauf i mir sowieso o!

MÄDCHEN: Geh sitz Di doch wieder her zu mir. – Heit is doch a so a scheena Abnd. Kumm, geh weida.

MANN: Na, jetzt mag i nimma. Dei Muadda hat scho recht.

MÄDCHEN: Wie moanst' jetzt dees nacha?

MANN: So wia i's gsagt hab. – Vielleicht is' besser so. Wer woaß, obst Du net genau so werst, wia Dei Muadda. – Und na kaam i vom Wirtshaus aa nimmer raus wia Dei Vadda. – Bloß d'Weiba treibn uns in d'Wirtshäuser. So war's scho oiwei …

MÄDCHEN: *(kniet auf der Decke, mit ängstlicher Stimme)* Kumm, sitz de doch wieder her zu mir. I mag Di doch so vui gern. – Bittscheen, geh net in d'Wirtschaft.

MANN: I mag mi nimmer hisitzn. Da Holler riacht aa so stark; i konn den Gruch net aushoitn.

MÄDCHEN: Aber zerscht hast Du doch gsagt, daß da Holler so guat riacht?

MANN: Zerscht scho. Aber jetzt stinkt er …

MÄDCHEN: *(lockend)* Wenn Dir sovui dro liegt, na leg Di halt wieder her zu mir. I brauch ja da Muadda nix sagn!

MANN: *(zündet sich eine Zigarette an)* Jetzt hab i koa Lust mehr dazua.

MÄDCHEN: Warum denn net? – Zerscht hättst' doch aa mögn?

MANN: Dees verstehst Du genau so wenig, wiast Du aa Dein Vadda net verstehst. Du muaßt no vui lerna. Ganz, ganz vui no. – Aber Du hast ja Dei Muadda. De lernt da scho dees Richtige. *(dreht sich um)*

MÄDCHEN: *(ängstlich)* Geh doch net! – Bittscheen, bleib doch bei mir! I mag Di doch! *(legt sich auf den Rücken)* Schau her, i lieg scho! – Kumm, leg Di her zu mir, na derfst oiß macha, was Du wuist!

MANN: *(im Gehen)* I mag nimmer. Woaßt Du, bei uns Männer is dees so a eigne Gschicht. Aber dees verstehst Du halt net, wia so vui anders halt aa net. Wenn mas net kriagt, wenn mas wui, mag mas nimmer. – Und wenn's oam na nachgschmissn werd, scho zwoamoi net. I bin ganz froh, daß Du mir von Deine Muadda erzählt hast. Wer woaß

was i sunst für an' Fehla gmacht hätt. – Pfüadi, mir san d'Augn aufganga.
MÄDCHEN: *(weinend)* Riachst' denn an' Holler net, wia er guat schmeckt?
MANN: Nimmer. – Jetzt stinkt er bloß no … *(ab)*

Das Titelbild

Personen: Xaver Spöttl
Der Mörder
Pressefotografin
Reporter

(Hinter einem Gitter sitzt der Mörder)

XAVER SPÖTTL: *(tritt auf)* Heit führ i Eahna ins Untersuchungsgfängnis. Was Sie jetzt sehn, is wahr. Vielleicht kummt Eahna de Szene sogar bekannt vor. Vui Vergnügen dazua … *(ab, und der Reporter mit seiner Begleiterin erscheint)*

REPORTER: Das Interview ist exklusiv für unser Blatt. – *(zu seiner Begleiterin)* Knipsen Sie den Raum von allen Seiten. Die Leser wollen Profil und jede Einzelheit! *(Blitzlichtgefunkel)* Nun erzählen Sie mal. – Hatten Sie eine schwere Jugend, die auf Ihre Taten schließen lässt?
MÖRDER: Genau. – Da Kriag war schuid. – Oiwei bumm bumm bumm bumm! – Verstehst' was i moan?
REPORTER: Klar versteh ich das, mein Junge. – Und der Vater wohl ein Säufer, wie?
MÖRDER: Und ob! – Mei, hat mei Oida gsuffa! – Lauter harte Sachan, verstehst'?
REPORTER: Und die Mutter?
MÖRDER: *(schluchzt)* Mei guats, oids Muadderl. – *(gehässig)* Gschlagn hat er's, da Oide. – Verstehst', aufdünst', daß' grad so gstaubt hat. – Wenn er bsuffa war – und dees war er alle Tag! – Mei Oida war furchtbar im Rausch …
REPORTER: Hatten Sie oft Hunger gelitten, in Ihrer Jugend?
MÖRDER: Hunger? – Mensch, mir hat alle Tag da Magn knurrt, wia a böser Hund! Verstehst'? – Mei Oida hat ja s'ganze Geld versuffa! – Mei Jugend war glatte Scheiße gwen, verstehst' …?
REPORTER: *(zu dem Mädchen)* Ein klarer Fall. – Müssen die Story für unsere Leser nur noch ein bisschen zurechtdressieren. – Vielleicht so ähnlich wie: „Armer Junge muss ohne Essen täglich schuften und wird von betrunkenem Vater misshandelt …" So wird's ein Knüller, denk ich. – Das fordert das Mitleid der Leser heraus.
MÖRDER: Genau, so war's und net anders! – Woaßt', da konn da Mensch ja nix werdn! Oiwei bloß Schamott, wost' aa hischaugn magst! – Verstehst' was i moan?
REPOORTER: Klar versteh ich Sie. – Eine passende Überleitung find ich schon noch. – Nun erzählen Sie mal, was Sie sich bei Ihren Taten so gedacht haben?
MÖRDER: *(überlegt)* Denkt? – Wia moanst' denn dees?
REPORTER: Mein Gott, irgendwas muss man sich doch dabei gedacht haben, wenn man sechs Frauen umgebracht und ihre Leichen zerstückelt hat. Denken Sie doch ein bisschen nach …
MÖRDER: Oiso i versteh di no net recht, was da du da vorstellst?
REPORTER: Beim ersten Mord, woran haben Sie da gedacht? – Etwa an Ihren betrunkenen Vater? – Oder an die arme alte Mutter? – Ein bisschen Psychologie muss schon hinein in die Story, sonst liest sie kein Mensch.
MÖRDER: *(erleichtert)* Mensch, klar hab i an mein Oidn denkt! – Ganz klar natürlich! – Woaßt', wenn er mei arms oids Muadderl oiwei gschlagn hat! – Dees hat mi eingli zu dem gmacht, was i heit bin!
REPORTER: Und beim Zerstückeln der Leichen? – Woran dachten Sie da?

MÖRDER: Ja mei, i habs doch wegschaffa müaßn, verstehst'? Wohi oiso, hab i mir denkt, und da is ma de Säg vo mein' Oidn eigfoin, verstehst'?

REPORTER: *(anfeuernd)* Nur zu, schildern Sie uns, wie Sie das gemacht haben. *(zu dem Mädchen)* Nun noch ein Bild von vorne. *(der Mörder stellt sich in Positur)* Aber jede Einzelheit, wenn ich bitten darf! *(zum Mörder)* Zeigen Sie uns, wie Sie die Leichen zerteilt haben! – Ja so, aber mit den Händen etwas höher, damit ziemlich viel auf den Film kommt. – Los, nur keine Scheu bitte …

MÖRDER: Und i kimm ganz gwieß aufs Titelblatt?

REPORTER: Natürlich, mein Freund. – Ganz vorne auf das Titelblatt …

MÖRDER: Prima! – A bissl Reklame konn net schadn, na verkaaft se mei Buach besser!

REPORTER: *(stutzt)* Welches Buch?

MÖRDER: S'Fernsehn hat ma a Angebot gmacht, daß mei Lebn verfilmt werdn soi. – Es soll a sozialkritischer Fuim werdn. – Und gestern is mei Buach rauskemma: „De sechs Frauen des Blaubarts". Verstehst'? – Und da konn a bissl Reklame net schadn!

REPORTER: Das haut mich um! – Und ich dachte an ein Exklusiv-Interview! – Dabei sind Sie heute schon eine Berühmtheit! – Übrigens haben Sie alle sechs Frauen zerstückelt?

MÖRDER: *(grinst)* Dees verrat i net, oder moanst Du daß i spinn? – Dees konnst' in mein' Buach nachlesn. Verstehst'?

REPORTER: *(resigniert)* Hab Sie verstanden. *(zu dem Mädchen)* Los, mach noch ein paar Bilder, dann schwirren wir ab. Den Rest stell ich mir in der Redaktion zusammen …

MÖRDER: Aber aufs Titelblatt muaß i, gell!

(Licht aus)

Umweltengagement

Personen: Xaver Spöttl als stiller Dreckwegräumer
Chaffeur
Punk in abenteuerlicher Aufmachung

PUNK: … und ich betone noch einmal eindringlichst, dass uns der Umweltschmutz zu ersticken droht!
In verbrecherischer Weise werden die giftigen Fabrikabwässer in unsere Seen und Flüsse geleitet!
Damit muss nun ein für alle Mal Schluss gemacht werden!
(zieht eine Packung Zigaretten aus seiner Lederjacke, steckt sich die letzte davon an und wirft die zerknüllte Zigarettenschachtel achtlos über die Schulter)
Wir sind an einem Punkt angelangt, da jeder einzelne von uns Sorge tragen muss, den Umweltverbrechern endlich das Handwerk zu legen.
(hebt seine Stimme) W i r haben nämlich nicht vor, allmählich im Dreck zu ersticken!
Die Auspuffabgase eurer Autos verseuchen die Luft!
(schlägt sich vor die Brust) Ich besitze keinen Führerschein, da ich nicht mitschuldig sein will, wenn wir in einigen Jahren die Luft nur noch unter Gasmasken einatmen können!
(schnippt seine Zigarette achtlos über die Schulter)
Wir alle müssen dazu beitragen, unsere Welt lebenswert zu erhalten!
(bückt sich, hebt eine Bierflasche auf, säuft sie leer und wirft sie über die Schulter)
Mit Kunstdünger wird unser Grundwasser so lange traktiert, bis es schließlich ungenießbar wurde.
Denkt auch bitte an die Rückstände der Kernkraftwerke!
(zieht ein Tempotaschentuch aus der Jacke, schnäuzt sich und wirft es über die Schulter)
Ihr Arbeiter aus den Fabriken, besteht darauf, dass in die Schornsteine Filteranlagen eingebaut werden!
Jeder hat die Verpflichtung, auf unsere Umwelt zu achten!
(bückt sich, sucht eine Weile, kommt schließlich mit einer Dose Bier wieder hoch, reißt den Verschluss auf, wirft ihn hinter sich und säuft)
Besteht darauf, dass nur noch Plastiktüten von der Industrie gefertigt werden, die bei ihrer späteren Verbrennung umweltfreundlich sind!
Achtet auf die kleinsten Dinge, meine Freunde!
Unsere Flüsse und Seen dürfen nicht weiter vergiftet werden, wollen wir nicht, dass die nachfolgenden Generationen nicht mehr in ihnen baden können!
Ich appeliere an euer Umweltengagement!
Helft mit, die Umwelt lebenswert zu erhalten!!
(frenetischer Applaus aus einem Lautsprecher)
Ihr müsst im Kleinen schon damit beginnen!
Lasst euren Wagen in der Garage stehen, wenn ihr eure Frühstückssemmeln beim Bäcker holt!
Ich rufe euch alle auf, die Umwelt nicht noch mehr zu belasten!
(frenetischer Applaus, wie gehabt)
Also tut etwas dagegen, wenn ihr noch weiterleben wollt!
(Er säuft die Bierdose leer und wirft sie über seine Schulter. Anschließend kramt er in seinen Taschen herum und wirft alles mögliche hinter sich. Endlich findet er eine Zigarettenschachtel, reißt diese auf, und wirft die Papierfetzchen zu Boden.)

Wenn wir nicht endlich gemeinsam gegen diese Umweltverschmutzer vorgehen, werden unsere Nachkommen keinen Lebensraum auf unserer Erde mehr vorfinden.

(Ein Chaffeuer tritt auf)

CHAUFFEUR: *(verbeugt sich leicht vor dem Podium)* Bitte kommen Sie mit, Ihr Vater hat mich mit dem Wagen geschickt …

PUNKER: *(zündet sich eine Zigarette an)* Also denkt daran, meine Freunde! *(steigt vom Podest und folgt demChauffeur, Beide ab. – Nach einem Augenblick erscheint Xaver Spöttl, seufzt und klaubt wortlos die Punk-Hinterlassenschaft zusammen, während das Licht langsam erlischt ...)*

Die Einstellung

Personen: Xaver Spöttl
Personalchef

(Schreibtisch, dahinter Personalchef, davor Xaver Spöttl)

PERSONALCHEF: Wie Sie wissen, handelt es sich in unserem Falle um eine seriöse Firma. Sie werden deshalb verstehen, daß ich noch einige Fragen an Sie zu richten habe.
XAVER SPÖTTL: Klar. Fragen'S ruhig.
PERSONALCHEF: *(streng)* Nun, wir legen Wert auf gute Mitarbeiter, die sich in unser Betriebsklima, das übrigens ausgezeichnet ist, auch einfügen können!
XAVER SPÖTTL: Ois's klar. Kann i versteh. Oiso was woin'S wissn?
PERSONALCHEF: Sind Sie verheiratet?
XAVER SPÖTTL: Naa.
PERSONALCHEF: *(macht ein Kreuz auf eine Liste)* Haben Sie Kinder?
XAVER SPÖTTL: *(grinst)* Aba, Herr Personalchef!
PERSONALCHEF: Wieso? – Ach so. – Natürlich nicht. *(macht ein Kreuz)* Trinken Sie?
XAVER SPÖTTL: Sie moana Alkohol?
PERSONALCHEF: Natürlich Alkohol! Nun?
XAVER SPÖTTL: Koan Tropfa. No nia an Alkohol drunga!
PERSONALCHEF: Sehr schön. Das finde ich lobenswert. – Rauchen Sie?
XAVER SPÖTTL: Raacha? Naa. – No nia im Lebn graacht.
PERSONALCHEF: *(kreuzt an)* Alle Achtung. Prächtig finde ich das. Also, *(zögert)* wie steht es mit den Frauen?
XAVER SPÖTTL: I hab Eahna doch scho gsagt, daß i no nia verheirat war.
PERSONALCHEF: Gewiss, gewiss. – Aber, *(zögert erneut)* überhaupt Frauen? Haben Sie viele Freundinnen?
XAVER SPÖTTL: *(wehrt ab)* Naa! – Um Gottswuin, koa oanzige!
PERSONALCHEF: *(fixiert ihn lauernd)* Sie sind aber doch nicht …
XAVER SPÖTTL: Schwul? Naa, bin i aa net.
PERSONALCHEF: Gut gut! So genau wollte ich das gar nicht wissen. Sie haben also keine Weibergeschichten?
XAVER SPÖTTL: Naa. Net a oanzige.
PERSONALCHEF: *(kreuzt an)* Das ist allerhand. Dem Eintritt in unsere Firma steht nichts mehr im Wege. *(klappt die Akte zu und lächelt)* Es ist also alles in bester Ordnung. Sie können schon morgen bei uns anfangen. *(sehr loyal)* Aber eine Frage hätte ich zum Schluss noch, rein privat natürlich. Haben Sie denn nicht ein einziges Laster?
XAVER SPÖTTL: Mei, a Laster. Eingli net, wenn ma davo absiehgt, daß ich gern a bissl lüag …

ALPENGLÜHN

Personen: Xaver Spöttl
Autor
Spielleiter
Eine weibliche Darstellerin
Ein männlicher Darsteller

(Vor einem kitschigen Pappendeckel-Kachelofen, neben dem sich ein kitschiges Geranien-Fenster befindet, hinter dem ein kitschiges Alpenglühen rötelt, proben ein Gamsbart-Kerl und ein Dirndl-Weib, die beide nichts dafür können, eine kitschige Szene. Der Spielleiter sitzt auf einem kitschigen „Regiestuhl" davor. Xaver Spöttl unterbricht den Jodler des Gamsbart-Kerls und gebietet Ruhe. Seltsam ist, daß ihm sofort gehorcht wird, obgleich ihn die drei kitschigen Personen nicht wahrnehmen. Sie erstarren sozusagen in ihren momentanen Gebärden.)

XAVER SPÖTTL: Uns Bayern sagt ma ja oiwei nach, daß ma a bissl blöd sei soin. *(deutet auf die Szenerie)* Wenn i mir dees a so o'schaug, na moan i fast, daß de, de sowas behauptn, eingli recht habn! Aber dees alloa gaab no koan Stoff ab für a Szene. Sowas is scho oft geschriebn wordn – Aber es geht in unserm Schpui aa no um eine Gemeinheit. – Und de wui i Ehana net vorenthaltn … *(ab, und die „Probe" geht weiter!)*

SPIELLEITER: *(schaut ins Textbuch)* Nein, so geht das nicht meine Herrschaften. – Im Text steht: magst' mi no immer. *(zum Darsteller)* Und du sagst: magst mi no oiwei.
DARSTEller. Aber „oiwei" ist Bayrisch und „immer" ist Schriftdeutsch. – Und wir spieln doch eine bayrische Bauernkomödie …
SPIELLEITER: Erzähl mir nicht was Bayrisch und was Schriftdeutsch ist! – Das weiß ich selber mein Lieber. – Im Text steht „immer" und wie es drin steht, wird gespielt. Punktum! – Also noch einmal die Szene.
DARSTELLER: *(umfasst die Darstellerin und drückt sie an sich)* Magst' mi no immer?
DARSTELLERIN: Freili mag i di no immer!
SPIELLEITER: Halt! – Was ist denn heut bloß los mit euch! – „Immer" sagt er und du sagst „oiwei". – Lest gefälligst den Text richtig durch! *(zur Darstellerin)* Du sagst: freili mag i di no oiwei.
DARSTELLERIN: *(schüchtern)* Aber soeben hast du gsagt, daß wir nicht „oiwei", sondern „immer" sagen sollen.
SPIELLEITER: Das hab ich zu ihm gesagt! – In deinem Text steht aber „oiwei"!
DARSTELLER: Für mi spinnt der Autor. – Entweder so, oder so!
SPIELLEITER: Das Stück hab ich geschrieben, wenn es dir recht ist.
DARSTELLER: Was, du?
SPIELLEITER: Natürlich, was denkst denn du!
DARSTELLER: Es erinnert mich aber stark an das vorletzte Stück, das wir gespielt haben. Das war auch so ein Schmarrn.
SPIELLEITER: *(erbost)* Du willst doch nicht sagen, daß mein Stück ein Schmarrn ist? – Lernt euren Text, das ist viel gescheiter, als eure Meinung über ein Stück abzugeben, das ihr nicht versteht.
DARSTELLERIN: *(zum Darsteller)* Komm, spielen wir die Szene so wie er will, ich möchte heut ins Theater gehen. Ich hab Karten gechenkt bekommen …
SPIELLEITER: Also los, fangt endlich an. Und vergesst nicht. *(zum Darsteller)* du sagst

„immer“ und du *(zur Darstellerin)* „oiwei“. Damit kommt ein schöner Kontrast in den Dialog.

DARSTELLER: *(umfasst sie wieder)* Magst' mi no immer?

DARSTELLERIN: Freili mag i di no oiwei!

SPIELLEITER: *(erfreut)* Na also. – Jetzt stimmt die Szene.

(Der Autor nähert sich dem Spielleiter zögernd von hinten.)

AUTOR: Guten Abend zusammen.

SPIELLEITER: *(wendet sich um)* Ah, der Herr Autor! – Grüß Gott, Grüß Gott. *(zu den Darstellern)* Ihr könnt eine kleine Pause einlegen. *(zum Autor)* Setzen Sie sich doch.

AUTOR: *(sucht einen Stuhl, erspäht endlich einen, holt diesen und setzt sich)* Danke. *(nach einer Weile schüchtern)* Haben Sie mein Stück gelesen?

SPIELLEITER: *(zu den Darstellern, die sich auf der Kulisseneckbank niedergelassen haben)* Schaut euch einstweilen denText der nächsten Szene an. Die Wildererszene mein ich, wo du angeschossen wirst und im Geröll liegst. Die proben wir heute noch durch und morgen kommen die anderen zwanzig Schauspieler dazu. *(zum Autor)* Was sagten Sie eben?

AUTOR: *(sehr schüchtern)* Ich fragte Sie, ob Sie mein Stück schon gelesen haben.

SPIELLEITER: Ihr Stück? – *(schlägt sich vor die Stirne)* Ach so, Ihr Stück. – Natürlich hab ich es gelesen.

AUTOR: Und?

SPIELLEITER: Tja mein Lieber, das ist so eine Sache. *(zu den lesenden Darstellern)* Und genau auf den Text achten, Kinder. – Ich möchte bei der Premiere kein Fiasko erleben. *(zum Autor)* Worüber sprachen wir gerade?

AUTOR: Über mein Stück …

SPIELLEITER: Richtig, über Ihr Stück. – Nun, da gibt es natürlich viele Einwände. Rein vom dramaturgischen Aufbau her. Ganz zu schweigen davon, daß mit acht Besetzungen zu wenig Rollen vorhanden sind. Wenn meine Laiendarsteller schon keine Gage bekommen, so wollen sie doch wenigstens alle spielen. Die sind alle mit Herz dabei. Richtige Idealisten, wenn Sie verstehen, was ich meine. Außerdem ist Ihr Stück viel zu problematisch. Mein Publikum will sich unterhalten und lachen. Schwierige Stücke vergrämen mir mein Publikum …

AUTOR: *(sehr schüchtern)* Aber so ernst ist mein Stück doch gar nicht. Es ist ein Spiegelbild unserer Zeit …

SPIELLEITER: Jetzt haben Sie es gesagt. Ganz richtig, ein Spiegelbild ist Ihr Stück. – Und wer glauben Sie, will schon nach getaner Arbeit in einen Spiegel blicken? Nach einem Tag voller Hetze? – Niemand, das sag ich Ihnen. – Glauben Sie mir, daß ich darin Erfahrung habe. Die Leute wollen lachen. – Leichte Kost, verstehen Sie? – Keine Dichtung, nur lachen!

AUTOR: Das hör ich immer wieder. Aber ich glaube das nicht. Das Publikum hat nur keine Chance, weil man ihm immer wieder nur banale Kost vorsetzt. – Ich glaube nicht, daß das Publikum dumm ist. Man muss es nur einmal mit einer guten Dichtung konfrontieren.

SPIELLEITER: *(spöttisch)* Und Sie glauben, daß Sie ein dichterisches Stück geschrieben haben?

AUTOR: Ob es dichterische Qualität besitzt, kann ich nicht sagen. Doch daß es ein gutes Stück ist, wage ich immerhin zu behaupten …

SPIELLEITER: Ihr Wort in Gottes Ohr. – Ich glaube aber, daß Sie dramaturgisch gesehen, kein gutes Stück geschrieben haben.

AUTOR: *(schüchtern)* Weshalb glauben Sie das?

SPIELLEITER: *(von oben herab)* Im Allgemeinen. – Man erkennt sofort den Laien darin.

AUTOR: *(fest)* Sie haben also mein Stück gelesen und Sie verwerfen es aus dramaturgischen Gründen?

SPIELLEITER: Unter anderem, mein Lieber ...

AUTOR: Wenn Sie mein Stück gelesen haben, dann müssten Sie aber auch bemerkt haben, daß ich Aristoteles' Gesetze streng befolgt habe.

SPIELLEITER: Was interessiert mich ein griechischer Philosoph! – Ich bitte Sie, bei mir geht es um Theater!

AUTOE: Aristoteles war Dramatiker.

SPIELLEITER: *(unsicher)* So so. – Dann war Platon wohl auch einer?

AUTOR: Nein, Platon war keiner. – Nun gut, Sie werden festgestellt haben, dass durch die Exposition in meinem dreiaktigen Stück die Vorgeschichte der Fabel dem Zuschauer enthüllt wird. Dramaturgisch gesehen lasse ich also den Zuschauer über die Verhältnisse meiner handelnden Personen nicht im Unklaren.

SPIELLEITER: *(winkt ab)* Aber aber, mein Lieber, verschonen Sie mich mit grauer Theorie!

AUTOR: *(eigensinnig)* Das kann ich leider nicht, da Sie mir die Einhaltung der dramaturgischen Regeln in meinem Stück absprechen.

SPIELLEITER: *(unsicher)* Nehmen Sie das doch nicht wörtlich. Und vor allen Dingen nicht so ernst, mein Lieber ...

AUTOR: Das nehme ich aber ernst! Meine Stücke sind dramatisch aufgebaut. Wobei ich natürlich nicht sagen will, daß ich das epische Theater nicht gut finde.

SPIELLEITER: Von Ethik war nie die Rede. Ich glaube Ihnen, daß eine gewisse Ethik in Ihren Stücken schlummert.

AUTOR: Ich spreche von EPIK!

SPIELLEITER: MeinGott, worin liegt der Unterschied?

AUTOR: Sollten Sie das nicht wissen, als Regisseur?

SPIELLEITER: *(zornig)* Ich spiele Ihr Stück nicht, weil es nicht lustig ist.

AUTOR: Daran kann ich Sie nicht hindern.

SPIELLEITER: So ist es. *(erhebt sich)* Verzeihen Sie einen Augenblick.

(Geht ab. Die beiden Darsteller schauen ihm nach, bis er verschwunden ist. Dann eilen sie zum Autor vor.)

DARSTELLER: Wir haben Ihr Gespräch verfolgt. Und wir haben Ihr Stück gelesen.

DARSTELLERIN: Ein herrliches Stück. – Er wollte es zuerst auch spielen, aber dann hat er selbst ein Stück geschrieben.

DARSTELLER: Mein Gott, daß ich nicht selber daraufkam! – Jetzt weiß ich, woran mich sein Stück erinnert! – An das Ihre! – Nur hat er es komplett kaputt gemacht! Es ist eine Schande. – Unternehmen Sie etwas, bevor es zu spät ist!

AUTOR: Was könnte ich unternehmen? Er spielt mein Stück und später wird es heißen, dass ich sein Stück abgeschrieben hätte. Das ist nichts Neues.

DARSTELLERIN: Ich hätte so gerne die Rolle der Dienstmagd in Ihrem Stück gespielt. – Und nun hat er mir eine idiotische Rolle reingeschrieben ...

DARSTELLER: Das Stück wird durchfallen!

AUTOR: Aber wieso denn? Er sagte doch, dass sein Publikum nur lachen will. Und das wird er gewiss schaffen, dass mein Stück der Lächerlichkeit preisgegeben wird.

DARSTELLER: Es ist ein Jammer ... *(der Spielleiter kommt zurück und die Darsteller eilen rasch auf ihre Plätze zurück)*

SPIELLEITER: *(reicht dem Autor sein Stück)* Hier, Ihr Stück. Es ist auf meiner Bühne leider nicht spielbar. Sie kennen die Gründe.

AUTOR: Ja, ich kenne sie.

SPIELLEITER: Studieren Sie Dramaturgie und Sie werden in Ihrer Arbeit weiterkommen.

AUTOR: *(leise)* Ich studierte Dramaturgie.

SPIELLEITER: So so. – Wo denn, wenn ich fragen darf?
AUTOR: Ganz unterschiedlich. – Wo ich mich gerade befand.
SPIELLEITER: Wo sie sich gerade befanden? – Das verstehe ich nicht?
AUTOR: Ich las Bücher darüber. Alle, die ich auftreiben konnte. – Zehn Jahre lang …
SPIELLEITER: Das erklärt alles …
AUTOR: Ich glaube nicht. – Ein Studium ist doch an keinen festen Platz gebunden. Voraussetzung dafür ist, daß man allen Ernstes dazu bereit ist, etwas zu lernen.
SPIELLEITER: *(wieder von oben herab)* Ich halte nichts von sogenannten Autodidakten …
AUTOR: Das habe ich erkannt …
SPIELLEITER: Nehmen Sie es nicht so tragisch. Vielleicht findet sich eine andere Bühne für Ihr Stück, was ich allerdings stark bezweifle, aus schon erwähnten Gründen …
AUTOR: *(erhebt sich)* Ich weiß, mein Stück ist nicht lächerlich genug!
SPIELLEITER: Wie? *(lacht)* Ach so. – Ganz recht, mein Lieber …
AUTOR: Adieu. *(ab)*
SPIELLEITER: *(ruft ihm nach)* Lassen Sie sich nicht entmutigen! Arbeiten Sie flott weiter. – Es wird schon irgendwann einmal klappen! – *(zu den Darstellern)* So, meine Herrschaften, nun wollen wir aber wieder an die Arbeit gehen. – Also in dieser Szene glühen die Alpen. Es ist kurz vor Sonnenuntergang. Die Grillen zirpen bereits und ein verwehter Glockenklang ist hörbar. – Ihr müsst euch in die richtige Stimmung bringen! – Die Wohnstube atmet heimeliges Glück, und dann trittst du auf. *(zur Darstellerin. Erhebt sich und macht es vor.)* „Muadda, an Seppei ham's o'gschossn! Muadda, er liegt im Kar bei de Gamsn! Muadda, so hilf ma doch in meina Not!" – Dabei sitzt der blinde Vater am Tisch und spielt Zither. Und dann singt er das Lied vom Wildschütz Jennerwein. – So macht man Theater, meine Herrschaften! Das rührt ans Herz! Das ist Dramatik! – Und zum guten Schluss sinkst Du *(zur Darstellerin)* an die Brust des Jägers, der deinen Seppei erschossen hat. Das ist der Überraschungsmoment für den Zuschauer. Damit hat er nicht gerechnet. – Und er hat zugleich sein Happy End und geht glücklich und zufrieden nach Hause.
(seufzt leidgeplagt) Es ist bedauerlich, daß die heutigen Stückeschreiber nicht mehr in der Lage sind, gute Stücke zu schreiben. – Nun nochmals die vorherige Szene, dann machen wir Schluss für heute. Also …
DARSTELLER: Magst' mi no immer?
DARSTELLERIN: Freili mag i di no oiwei!
(Das Licht wird allmählich dunkel und die Leinwandalpen glühen. Ein entfernter Jodler ertönt.)
SPIELLEITER: *(glücklich)* Sehr gut, meine Lieben! Sehr gut habt ihr das gemacht …

(Licht aus)

Nach einem Theaterbesuch

(Xaver Spöttl spaziert mit seinem Dackel „Damerl“ durch einen Münchner Park. Er verhält und zündet sich eine Zigarette an.)

Oiso i sag da oans, Buale, gestern hättst' dabei sei soin im Theater! Da hab i mir echt gwünscht, daß i a Hund waar und mein Fuaß hebn derfert. Ehrlich. I hab manchmoi des Gfuih, daß de Herrn Dramatiker von heitzutag einfach koa Ahnung mehr habn, wia a Stück verfasst sei muaß. Und de Kritiker tean so, ois ob dees alles große Kunst waar. Dabei is dees für mi bloß a Rumgestopsel, was eahna grad im Moment eifoit. Aber natürlich können's aa über a Stück vom Gerhart Hauptmann nix mehr schreibn, und da hänga se se hoit einfach auf bei am' neia Autor. Je intellektueller dees Gefasel is, desto mehra Kunst is'. – Sagn d'Kritiker! Aber i hab net studiert, dees woaßt du Buale, trotzdem woaß i, was Kunst is und was a künstlicher Dreck is! I ghör nämlich zu dene, de wo lesen! Und da Schopenhauer, Arthur glaab i hoaßt er mit seim Vornam, hat amoi gschriebn und dees hab i mir gmerkt, daß nix leichter ist, ois wia an' unverständlichn Schmarrn zum schreiben, und nix schwerer is, ois wia an' guatn Gedankn a so zum schreiben, daßn a jeder kapiern konn. Verstehst', Buale?
Siehgst' Buale, dees hat da Schopenhauer scho vor Jahren gschriebn, da wo de Hamperer, de heit an' Ton o'gebn, no gar net auf da Welt warn!
(sein Hunderl setzt gerade einen Kakturs)
(Spöttl grinsend) Ja genau! Dees is de richtige Antwort! Dees wost' du da grad machst, dees is Kunst! Dees brauch' ma net wegraama; du bist ja in d'Wiesn ganga! – Und bei de Maler is' net vui anders. Wenn oana sei Atelier net aufraamt, und oiß durcheinandaflacka lasst, na is dees scho Kunst. Für d'Kritiker wenigstens! Aber i find', daß a Maler zeichnen könna muaß, weil dees de Basis vom Maln is! Moanst du net aa, Buale? – Schau, da Piccasso, da Dali, da Chagall und no an' Haufa moderne Maler habn aa zeichnen könna. Und dees habn's zuvor bewiesn, bevor daß' modern abstrakt gmalt habn.
Und dees is da Unterschied.
I hab wenigstens von dem „Hollerbusch“ oder wia er hoaßt, no koa guat bauts Stück gsehng. Lauter kurze Szenen oder Gesprächsfetzn in d'Läng zogn, sowas san seine Stücke. Und da anda, der ois Intelligenzbestie higstellt werd, no wia hoaßt er denn glei wieder? – In Paris lebt er scho lang … *(winkt ab)* Is ja wurscht, den moan i hoit, der wo sei Publikum beschimpft hat, und der in seine Hörspiele lauter Schmarrn verzapft, den koa Mensch versteht, der is heit scho fast so berühmt, wia da Goethe zu seiner Zeit.
I find' – und dees sagt mir mei gsunder Menschenverstand – daß dees bloß lauter Experimente san. Und dees soins aber aa bleibn.
Da kummt se ja sunst jeder ernsthafte Dramatiker, der sei Handwerk beherrscht, wia a Blödl vor!
Und de mag i aa recht gern, de wo bloß durch an' Skandal eahnan Nama bekannt gmacht haben
I bin ja oiß andere wia prüd', aber blöd bin i no lang net, daß i dees net gspannt hab!
Bloß oiwei bumsn auf da Bühne, und im Bluat und Scheißdreck rumrührn, dees macht nämlich aa no lang koa Theaterstück aus!
Hab i net recht, Buale? Wenn's so weidamacha, na kündigen mir unser Abonnement.
Da waarn ja da Carl Zuckmayer, da Ödön von Horvath, oder der Schwede, da Strindberg glatte Arschlöcher gwesn!
Und no a Dutzend andere dazua, dene eahnare Stücke ma heit no schpuit.
Oiso, wenn de so weidamache, na bringa mi boid koane zehn Pferdl mehr in a Theater

nei. I lass mi doch net verarschen!
Oder was sagst du, Buale? San mir zwoa vielleicht blöd und spinna?
Wenn dene damischn Intendanten nix mehr eifoit, ois wia a experimenteller Schmarrn, oder a verstaubter Klassiker, na soin's doch wieder den Beruf ergreifa, den wos glernt habn! De meistn davo habn doch koa Ahnung von am' guatn Theaterstück.
I muaß mi a so scho gnua ärgern auf da Welt, und dees soi i dann im Theater no fortsetzn? Hab i vielleicht an' Vogel oder was?
(schaut auf sein Hunderl) Habn mir vielleicht an' Vogel, Buale?
Naa, sagt dei Herrle!
Wenn's net boid an' brauchbarn Schpuiplan macha, und Autoren dronehme, de a normal sterblicher Mensch aa versteht, na könna's eahnare Kripperl meinatwegn zuasperrn.
Kumm, Buale, gehma hoam und ess ma no dees koite Suppnfleisch von Mittag.
Um Viertl nach Achte kummt „Kir Royal", und dees schaugn ma uns o. – Dees is endlich amoi wieder was Gscheits im Fernsehng. – Sowas entschädigt für damische Theaterstückl. *(grinsend)* Wia der Baby Schimmerlos hoibseidane Sachan aufdeckt, dees is einfach bärig.
Kumm, Buale, da Baby und da Herbi kemma glei …

Der Autor

Personen: Xaver Spöttl
Autor – uniformiert wie alle sogenannten „progressiven“ Schriftsteller, mit Bart und langen Haaren, die im Nacken durch ein Gummiband zusammengehalten werden. Dreht seine Zigaretten natürlich selbst.

(Der Autor und Xaver Spöttl sitzen am Tisch vor einer Halben Bier. Das übrige Publikum hat die Kneipe längst verlassen.)

AUTOR: *(nachdem er eine Selbstgedrehte in Brand gesteckt hat)* A scheens Publikum war heit da- Pfüadigood! – Koa oanziger hat a Büache kaaft. Und i Depp lass mi broatschlagn, daß i da herin vorlies! – Für lumpige zwoahundert Markl!
XAVER SPÖTTL: I hab a Buach vo Eahna kaaft. Neinazwanzg Mark san net grad billig. – I muaß ma mei Geld hart verdeana. Aber i sammelt signierte Büacha. *(trinkt vom Bier)* Wenn aa de meistn Schreiber nix wert san.
AUTOR: Ma muaß dera sattn Gsellschaft amoi d'Levitn lesn!
XAVER SPÖTTL: Wia moana'S jetzt dees?
AUTOR: Ja no, schaugn'S Eahna doch um, wias ausschaugt bei uns im Staat. Dekadent san de ganz schee!
XAVER SPÖTTL: Dekadent? – Was hoaßtn dees?
AUTOR: Geh, Sie werdn doch wissn, was dekadent is.
XAVER SPÖTTL: Woaß i net. Was is's nacha?
AUTOR: *(lacht das unsichere Lachen aller Fremdwörterbenützer)* Sie san da vielleicht so a Flaschn! – Habn'S Eahna des Gsindl net o'gschaugt da herin? – De habn doch bloß s'Fressn und s'Saufa im Sinn! Net oana hat se überhaupt erkundigt nach meim Büache! *(beleidigt)* Dabei laß i mi dazua herab und lies in dem Bumms vor …
XAVER SPÖTTL: Da braucha'S Eahna ehrlich net wundern. – Erstens is Eahna Büache z'teier, und zwoatens habn'S alle in d'Pfanna neighaut, de heitzutag no in d'Arbat gehnga. Sie habn doch indirekt gsagt, daß jeder, der in sei gregelte Arbat geht, a saubers Arschloch is. Stimmt's vielleicht net? Und de meistn vom Publikum müassn hoit in d'Arbat geh.
AUTOR: Müassn! Müassn! – Oiwei hör i müassn! – Nix muaß ma, dees sag Eahna i!
XAVER SPÖTTL: *(trocken)* I hab's ghört, wia'S glesn habn … Sie San oiwei no a Kommunist, oder?
AUTOR: Natürlich! Anders gaang's doch heitzutag nimmer!
XAVER SPÖTTL: … und arbatn tean'S vermutlich aa net?
AUTOR. Schaug i aus wia a Depp? – Moana'S, daß i aa mit dera amorphn Masse mitgeh! De solln se doch tot arbatn und im Geld dasticka!
XAVER SPÖTTL: Mögn Sie koa Geld net?
AUTOR: Wia kemma'S jetzt da drauf?
XAVER SPÖTTL: Weil'S so gega s'Geld san. – Aber na hättn'S a umasunst vorlesn müassn und net zwoahundert Markl für fuchzg Minutn kassiern derfa!
AUTOR: Dees ghört doch gar net da her. – Schließlich muaß i a lebn.
XAVER SPÖTTL: Sie braucha ja bloß arbatn.
AUTOR: I bin Schriftsteller!
XAVER SPÖTTL: Dees war da Grilllparzer aa. – Und trotzdem hat er alle Tag in sei Arbat geh müassn ois Bibliothekar.
AUTOR: Geh lassn'S ma mit de Gstorbna mei Ruah! – I leb heit und heit is' s'Lebn

bschissn; da kenna'S hischaugn wo'S woin!

XAVER SPÖTTL: Geht'S Eahna schlecht?

AUTOR: So guat net, wia Eahna!

XAVER SPÖTTL: I geh in d'Arbat. – Und sogar alle Tag!

AUTOR: Dafür fahrn'S aa an'mordtrumm Wagn!

XAVER SPÖTTL: Sie net?

AUTOR: *(zögernd)* Freili fahr i aa a Auterl ...

XAVER SPÖTTL: ... und an' Fernseher werdn'S aa habn?

AUTOR: Dees is bei mir was anders! Den brauch i für mei Schriftstellerei!

XAVER SPÖTTL: ... und zehn Moi in da Woch a Fleisch, oder?

AUTOR: A Schriftsteller muaß a lebn!

XAVER SPÖTTL: Dees habn'S scho amoi gsagt ...

AUTOR: Jedenfois san de meistn Leit heitzutag a Gschwerl, dees wo nimmer denka mag!

XAVER SPÖTTL: Aber dees Gschwerl soi Eahnare Büacha kaafa, oder vielleicht net? San'S ma net bös, aber dees find i paradox ... Sie san für d'Aussteiger und für d'Faulenzer und verherrlichn de aa no in Eahnare Büacha, aber kaafa soin's de, de wo in d'Arbat gehnga! Is ja klar: weil de andern koa Mark Geld habn!

AUTOR: *(böse)* Woin'S me beleidign?

XAVER SPÖTTL: Naa, gwieß net. – Dees waar ma vui z'blöd. – Aber i möcht von Eahna gern wissn, ob dees logisch is, wenn zum Beischpui a eigfleischter kommunistischer Schriftsteller durch seine Büacha und Theaterstückl plötzlich zum Millionär werd? I find', da hapert's an der kommunistischen Idee.

AUTOR: *(lächelt weise)* Dees hab i mir glei denkt, daß Sie de große Idee, de in da kommunistischn Reform drinsteckt, net begreifa kenna. – Dees is ja dees traurige an da ganzn Gschicht.

XAVER SPÖTTL: Jetzt beleidign'S mi, weil'S mi für an' komplettn Deppn o'schaugn! Was gibt's denn da groß zum versteh? I kenn koan oanzign Menschn, der net gern a Millionär sei möcht. Wenn dees so a kloana Wurschtl bestreit, na lüagt er ganz einfach! – Sie woin doch aa, daß Eahnare Büacha kaaft werdn! – Und am allerliabern in da zehntn Auflag! Oder stimmt dees vielleicht net?

AUTOR: Dees is doch ganz was anders! – A Schriftsteller ...

XAVER SPÖTTL: *(winkt ab)* ... muaß a lebn! – I woaß scho, was' sagn woin! Komisch is bloß dees, daß de größtn Kommunistn – wenn's plötzlich zu am' Haufa Geld kemma – auf oamoi koane Kommunistn mehr sei woin! *(lacht)* Und wissn'S warum? – Weil's nämlich na Angst um eahna Gerstl habn! – Is ja klar: jetzt müassertn's nämlich teiln! Oder is dees vielleicht net de kommunistische Ideologie?

AUTOR: Sie redn fei an' scheena Kaas daher! – Koa Ahnung habn, aber an'Schmarrn verzapfa! – Dees mag i!

XAVER SPÖTTL: I hab dees Gfuih, daß Sie koa Ahnung habn! – Nachplappern, was oam de andern vorkaun, dees is wirklich koa Kunst. – Aber i denk „gradaus", wenn'S verstehnga was i damit sagn wui. – Und beim „Gradausdenka" kummt ma so manchem auf de Schlich. Zum Beischpui, daß' koan Weltkommunismus gebn konn, wia Sie und no vui andere oiwei so schee schreibn. Und wissn'S warum? – Weil's nämlich auf da Welt oiwei wieder oa gebn werd, de fleißiger und besser san, wia de andern! – Und zu de „Bessern" zähln Eahna doch Sie aa, oder vielleicht net?

AUTOR: I bin net besser. – I ghör zum Volk.

XAVER SPÖTTL: Jetzt lüagn'S aber ganz schee!

AUTOR: *(wütend)* Spinna Sie vielleicht!!

XAVER SPÖTTL: *(belustigt)* Woin Sie vielleicht net, daß von Eahnare Büacha mehra verkaaft werdn, wia von Eahnare Kollegn? Und wenn dees net da Foi is, wia zum

Beischpui heit Abnds, na san'S beleidigt. – Aber zum Büachaschreibn ghört hoit a bissl mehra, net bloß a kommunistisch' Geplänkl. Da muaß ma spürn, daß oana was zum sagn hat! – Net bloß den gleichn Schmarrn wia hundert andere aa! Wissen'S, links denka und rechts kassiern, dees geht hoit amoi net! – Da is ma sofort verdächtig! Nehma'S zum Beischpui an' G. B. Shaw her, der hat amoi gsagt, daß a Mensch, der mit zwanzg Jahr koa Kommunist is, a harts Herz hat. Aber wenn der gleiche Mensch mit vierzg Jahr oiwei no a Kommunist is, na hat er a weiche Birn!

AUTOR: Sie mit Eahnare gstorbna Dichter! – Foit Eahna koa lebendiger ei?

XAVER SPÖTTL: Eingli net. – De habn doch alle nix zum sagn. Und wenn's amoi was sagn, was an' Zapf hat, na habn s'es de Gstorbna abgschriebn …

AUTOR: Oiso, so was bläds …

(rascher Vorhang)

Beim Ohrenarzt

Personen: Xaver Spöttl
Ohrenarzt

(Xaver Spöttl sitzt auf einem Stuhl, daneben der Arzt im weißen Kittel. Xaver Spöttl hat einen Verband auf den Ohren.)

ARZT: Jetzt können'S wieder hören, Herr Spöttl.
XAVER SPÖTTL: *(Hand am Ohr)* Was is los?
ARZT: *(lauter)* Sie können wieder hören.
XAVER SPÖTTL: *(Hand kam Ohr; vorgeneigt)* Was sagn'S, Herr Doktor?
ARZT: *(brüllt)* Sie können wieder hören!
XAVER SPÖTTL: *(lächelt erleichtert)* Wieder hörn. Ja ja. Endlich wieder.
ARZT: Ein Hörsturz ist keine Kleinigkeit.
XAVER SPÖTTL: *(Hand am Ohr)* Was moana'S, Herr Doktor?
ARZT: *(brüllend)* Sie hören wieder!
XAVER SPÖTTL: *(glücklich)* Ja, i hör wieder. – Was bin i Eahna schuidig, Herr Doktor?
ARZT: Zweitausend Mark.
XAVER SPÖTTL: *(Hand am Ohr)* Wiavui?
ARZT: *(brüllend)* Zweitausend Mark!
XAVER SPÖTTL: *(Hand am Ohr; vorgeneigt)* Wiavui? Dreitausend Mark?
ARZT: *(brüllend)* Jawoll!!!

In eigener Sache

Personen: Xaver Spöttl
Eine Dame
Fünf Herren

XAVER SPÖTTL: *(tritt vor den Vorhang)* Damit's net oiwei hoaßt, daß mir „Hinterwäldler" san, schpuin ma jetzt zwoa Szenen in „Schriftdeutsch". Weil „Hochdeutsch" is dees ja net. De erste Szene hoaßt „Glaube" und de zwoate „Der Weltfrieden". I hoff, Sie habn a'n Spaß dabei. *(ab)*

Glaube

ERSTER MANN: ... ich könnte keinen Menschen töten, mein christlicher Glaube verbietet mir das. Ich bin Pazifist, wissen Sie ...
ZWEITER MANN: Wenn jemand meine Familie angreift, töte ich ihn.
ERSTER MANN: Und Ihr Gewissen? Was glauben Sie, was Gott dazu sagen wird?
ZWEITER MANN: Nichts.
ERSTER MANN: *(irritiert)* Wieso nichts?
ZWEITER MANN: Es gibt keinen Gott.
ERSTER MANN: Sind Sie wahnsinnig?
ZWEITER MANN: Wieso? Gott ist nur ein abstrakter Begriff. Von Menschen erfunden.
ERSTER MANN: Woher nehmen Sie die Frechheit so etwas zu behaupten?
ZWEITER MANN: Ganz einfach weil ich weiß, dass es ein paar Milliarden Galaxien gibt, mit Milliarden von Sonnen, um die wiederum Milliarden von Planeten kreisen. Darum.
ERSTER MANN: Das hat doch mit einem Schöpfer nichts zu tun. Deshalb kann es auch Gott geben.
ZWEITER MANN: Dann müssen auch alle Lebewesen – selbst in der entferntesten Galaxis – uns Menschen gleichen. *(spöttisch)* Schließlich schuf Gott den Menschen nach seinem Ebenbild. So heißt es doch in der Bibel?
ERSTER MANN: So wörtlich darf man die Heilige Schrift nicht nehmen.
ZWEITER MANN: Seit wann denn? Seitdem unsere Teleskope stärker werden und damit die Vergangenheit immer näher holen?
ERSTER MANN: Ich begreife nicht, wie ein denkender Mensch Gott leugnen kann.
ZWEITER MANN: Und ich begreife nicht, wie ein denkender Mensch an Gott glauben kann. Der ja erst vom Menschen erfunden wurde, als er zu denken begann. Denn da erwachte gleichzeitig auch die Angst vor dem Sterben in ihm.
ERSTER MANN: Dann gibt es für Sie auch keine Schöpfung, wie?
ZWEITER MANN: Ganz richtig. Keine!
ERSTER MANN: Wie man nur so grenzenlos ignorant sein kann!
ZWEITER MANN: *(spöttisch)* Ich denke.
ERSTER MANN: Und eine heilige Mutter Gottes?
ZWEITER MANN: Jetzt verwechseln Sie die Begriffe. Das ist Religion. Das hat mit dem Glauben an Gott nichts zu tun. – Ich bitte Sie ...
ERSTER MANN: Jesus lebte wohl auch nicht, wie?
ZWEITER MANN: Natürlich lebte Jesus. Aber er war nicht Gottes Sohn, wie er behauptete, weil es Gott nicht gibt. Jesus war Religionsstifter wie Buddha und Mohammed. Um nur die bekanntesten zu nennen.
ERSTER MANN: Und die Schöpfung?

ZWEITER MANN: Evolution und Mutation. Nichts weiter. Schließlich brauchen die Tiere auch keinen Gott, weil sie das Wissen um ihren Tod nicht ein Leben lang mit sich herumschleppen.
ERSTER MANN: Wenn alle so dächten wie Sie, stürzte die Welt in ein Chaos.
ZWEITER MANN: Wenn nicht bald schon alle Menschen so denken wie ich, wird kein Chaos mehr stattfinden können. Weil der Mensch verschwinden wird. Er muss endlich die Verantwortung für sein Leben und für seine Welt selbst in die Hand nehmen.
ERSTER MANN: Was Sie da reden, ist absurd. Dann ist das Leben hoffnungslos.
ZWEITER MANN: Ganz im Gegenteil. – Aber sie begreifen das nicht.
ERSTER MANN: Ich will es nicht begreifen!
ZWEITER MANN: Eben. Weil Sie ohne Dogmas nicht leben können. Das Denken muss Ihnen abgenommen werden.
ERSTER MANN: *(zornig)* Wie reden Sie denn mit mir?
ZWEITER MANN: Nun werden Sie wütend.
ERSTER MANN: *(springt auf)* Ich werde nicht wütend. *(schreit)* Ich glaube an Gott! *(greift sich einen schweren Aschenbecher)* Sie verderben die Menschheit! *(schlägt ihm den Aschenbecher so lange auf den Kopf, bis der zweite Mann tot ist)* Und das lasse ich nicht zu! Niemals!

Der Weltfrieden

(Im Studio. Um einen Tisch sitzen der Moderator, ein Professor für Padagogik, ein Fräulein Doktor für Sozialwissenschaftsfragen, und ein Professor der Philosophie.)

MODERATOR: *(stellt die Herrschaften vor)* Ich begrüße Sie recht herzlich, meine Damen und Herren, zu unserer heutigen Sendung „Kurz vor Zwölf".
Heute geht es um den Frieden in unserer Welt.
Zu unserer Runde gehören Fräulein Doktor Fröhlich, ihres Zeichens Sozialwissenschaftlerin. *(Fräulein Fröhlich lächelt säuerlich)*
Herr Professor Doktor Heinrich Hannibal, Dozent für Philosophie an der Universität Bocksdornbüttel. *(Professor Hannibal verneigt sich spastisch)*
(Moderator lächelt) Und unser lieber und verehrter Schulpädagoge, Professor Doktor Kurt Kreide, Dozent an der Universität Puppendorf in Westmünsterheide, der ja schon einige Male unser Gast war. *(Professor Kreide winkt kindisch in die Kamera)*
Wenn Sie erlauben, möchte ich als ersten in unserer Runde, Professor Kreide das Wort erteilen. *(wendet sich an Professor Kreide)* Was halten Sie vom Frieden in der Welt, verehrter Herr Professor? Nein, formulieren wir es so: was halten Sie vom Weltfrieden? Ist er bedroht, oder nicht?
PROF. KREIDE: *(hüstelt)* Hätten wir nicht unserer Dame den Vorzug geben sollen?
MODERATOR: Fräulein Doktor Fröhlich wird uns das gewiss nicht übel nehmen, nicht? – Schließlich sind wir ja heute alle emanzipiert?
FRL. FRÖHLICH: *(übersprudelnd)* Aber keineswegs. Bitte sehr. Ich nehm Ihnen nichts übel. Fahren Sie ruhig fort. Aber bitte sehr. Nur nicht so schüchtern. *(lacht meckernd)*
MODERATOR: Was sagte ich Ihnen? – Fräulein Doktor Fröhlich ist nicht kleinlich. Nun, verehrter Herr Professor …
PROF. KREIDE: Wo waren wir stehen geblieben?
MODERATOR: Beim Weltfrieden, Herr Professor Kreide. *(Prof. Dr. Heinrich Hannibal hebt den Finger)*
(spitz) Was gibt es, lieber Herr Professor Hannibal?

PROF. HANNIBAL: *(räuspert sich unentwegt)* Ich wollte nur darauf hinweisen, dass Sie zuvor sagten, ob Professor Kreide den Weltfrieden als bedroht ansehen würde. Ja. Nein. – Das ist eigentlich alles.

MODERATOR: Danke für Ihren Hinweis, Herr Professor Hannibal. *(wendet sich wieder an Professor Kreide)* Nun, verehrter Herr Professor Kreide, glauben Sie, dass der Weltfrieden bedroht ist?

PROF. KREIDE: *(hüstelt)* Nun, aus der Sicht des Pädagogen glaube ich nicht, dass wir in absehbarer Zeit einen Strukturwechsel im schulischen Bereich zu befürchten haben. Es sei denn, dass die Lehrerausbildung so weiter geht. Ansonsten denke ich …

MODERATOR: *(unterbricht)* … und der Weltfriede?

PROF. KREIDE: Wie meinen Sie?

MODERATOR: Der Weltfriede! – Das Thema unseres heutigen Abends!

PROF. KREIDE: Verzeihen Sie meine Abschweifung vomThema. – Was den Weltfrieden betrifft, so glaube ich annehmen zu dürfen, dass nur ein Strukturwandel im pädagogischen Bereich eine dermaßen starke Brisanz ins Spiel bringen könnte, dass der Lehrerüberschuss einen sogenannten Weltfrieden im engeren Rahmen eventuell gefährden könnte …

PROF. HANNIBAL: *(mischt sich ein, unter andauerndem Räuspern)* Verzeihen Sie, verehrter Herr Kollege, wenn ich da nicht Ihrer Meinung bin. Ich glaube vielmehr, dass die angewandte Philosophie im Kernbereich des Denkens dazu Anlass gibt, das pädagogische Problem in den Hintergrund treten zu lassen. *(Prof. Kreide quatscht irgendwas dazwischen und Prof. Hannibal winkt ab)* Lassen Sie mich aussprechen, verehrter Herr Kollege! Ich bin der festen Überzeugung, dass sowohl Kant, als auch Schopenhauer dem Rechnung getragen hätten, wenn sie ein solches Problem auf uns zukommend geahnt hätten. Sie können das in meinem neu erschienenen Buch in allen Einzelheiten nachlesen!

MODERATOR: Um wieder auf unser Thema zurückzukommen, erteile ich Fräulein Doktor Fröhlich das Wort. *(Prof. Hannibal zeigt sein neues Buch in die Kamera)*

FRL. FRÖHLICH: Ich möchte mich nicht in die Diskussion der beiden Herren einmischen, doch ich glaube, dass nur im sozialwissenschaftlichen Bereich eine Antwort auf ihre Frage zu finden ist.

PROF. KREIDE: *(hüstelnd und zynisch)* Bleiben Sie mir nur mit dieser Pseudowissenschaft vom Hals, verehrtes Fräulein Doktor! Nur der erhöhte Lehrerauswurf ist dafür verantwortlich. *(wütend)* Ich bin nicht bereit, Konzessionen einzugehen! – Im Übrigen spreche ich Ihnen noch jede Erfahrung ab, dieses ernste Thema betreffend!

FRL. FRÖHLICH: *(wütend)* Wenn ich „Pseudowissenschaft“ aus Ihrem Mund höre, so kann ich diese Vokabel nur auf diePädagogik gemünzt sehen! – Im Übrigen glaube ich, dass nur ein radikaler Gesellschaftsstrukturwandel einen dauernden Weltfrieden gewährleisten wird! – Und dieser Strukturwandel muss herbeigeführt werden, und wenn das mit Gewalt geschehen müsste!

MODERATOR: Fräulein Doktor Fröhlich, sind Sie der Meinung, dass der Weltfrieden nun gefährdet ist, oder nicht?!

FRL. FRÖHLICH: So lange Professoren, wie Doktor Kreide, an Lehrstühlen kleben, unbedingt!

PROF. KREIDE: *(hüstelt stark)* Ich klebe nicht daran, wie Sie so trefflich formulieren, verehrtes Fräulein Doktor. Ich glaube aber … *(Schnitt)*

MODERATOR: Verzeihen Sie die Unterbrechung, aber Professor Hannibal hat sich soeben zu Wort gemeldet. – Bitte schön, Herr Professor!

PROF. HANNIBAL: *(räuspert sich anhaltend)* Nun, ich sehe schon, dass wir in unserer Diskussion nicht weiter kommen. Deshalb empfehle ich Ihnen allen, mein Buch zu

lesen. In Kapitel zweiundneunzig auf Seite sechshundertzwölf steht unter anderem …
(blättert im Buch und will zitieren; Moderator unterbricht ihn seufzend)

MODERATOR: Lieber und verehrter Herr Professor Hannibal, bitte jetzt keine Vorlesung! Unsere Zuschauer am Bildschirm werden sich gewiss Ihr neuestes Werk kaufen. Also bitte: bleiben wir beim Thema! *(allmählich wütend)* Ist der Weltfriede gefährdet? Fräulein Doktor Fröhlich bitte!

FRL. FRÖHLICH: Es liegt doch klar auf der Hand, dass der Weltfriede mehr denn je gefährdet ist. Und ich mache die Verknappung der Rohstoffe dafür verantwortlich. – Also ist das doch in erster Linie eine Frage der Sozialwissenschaft!

PROF. KREIDE: *(lacht hüstelnd)* Wer sagt Ihnen denn, dass die Rohstoffe knapp werden? – Das schreibe ich nur Ihrer mangelnden Erfahrung zugute, wenn Sie auf ein solches Geschwätz hereinfallen! – Die Rohstoffe, die der Mensch der Zukunft brauchen wird, sind nur noch nicht entdeckt, verehrtes Fräulein Doktor! *(wendet sich ab)* Ich habe es satt, mit Laien darüber zu diskutieren!

PROF. HANNIBAL: *(wütend)* Von Laien will ich aber nichts gehört haben, mein Lieber! – Nehmen Sie mein Buch zur Hand und lesen Sie …

PROF. KREIDE: … verschonen Sie mich mit ihrem Schmöker, den ein Laie fabriziert hat! Was verstehen Sie schon von Pädagogik! Erlauben Sie, dass ich lache! *(wird vom Husten geschüttelt)*

PROF. HANNIBAL: *(außer sich vor Wut)* Was erlauben Sie sich eigentlich, Sie Antipädagoge! Das nehmen Sie sofort zurück!

MODERATOR: *(versucht zu schlichten)* Aber meine Herren. Ich bitte Sie, denken Sie doch an unsere Zuschauer!

PROF. KREIDE: Die können mir den Buckel runterrutschen, wie dieser Pseudo-Professor und diese Pseudo-Sozialwissenschaftlerin!

FRL. FRÖHLICH: *(hysterisch)* Werfen Sie doch diesen Kerl raus!

MODERATOR: *(ringt die Hände)* Aber meine Herrschaften bitte! Bitte denken Sie doch an das Thema des heutigen Abends! – Ist der Weltfriede bedroht! –

(Prof. Kreide hat sich im Hemd von Prof. Hannibal verkrallt und Fräulein Fröhlich schüttet den Inhalt ihres Glases auf die beiden Raufbolde. Der Moderator schaut hilfesuchend zur Decke empor, ringt die Hände und wiederholt immer wieder den Satz: Ist nun der Weltfriede gefährdet, oder nicht? Prof. Hannibal stürzt zu Boden, Prof. Kreide über ihm und Fräulein Fröhlich leert alle Gläser auf die am Boden Liegenden. Licht langsam dunkel.)

Die Entdeckung

Personen. Xaver Spöttl
Ilse, seine Wirtin

XAVER SPÖTTL: *(sitzt am Tisch und trinkt soeben den letzten Schluck aus seinem Weißbierglas. Er stellt das Glas zurück und sagt:)* Birra a la vista!
ILSE: *(unsichtbar)* Was moanst', Xare?
XAVER SPÖTTL: Bring ma no a Hoibe Weiß'! – Aber a Dunkels …
ILSE: *(unsichtbar)* Du hast aber was anders gsagt …
XAVER SPÖTTL: Du moanst „Birra a la vista"?
ILSE: Genau …
XAVER SPÖTTL: Dees hat a Kollege vo Dir gsagt. Da Richard Süßmeier …
ILSE: *(bringt ein frisches, dunkles Weißbier)* Prost, Xare. – Was hoaßt'n dees?
XAVER SPÖTTL: *(belustigt)* Dees soi da Kolumbus gsagt habn, wia er den erstn Indianer mit a Trommel gsehng hat. Da hat er gmoant, dees is a Bierfaßl …
ILSE: Ehrlich?
XAVER SPÖTTL: Schmarrn. Du kennst doch an Süßmeier. *(grinsend)* „Birra" is doch italienisch, und da Kolumbus war doch ois spanischer Eroberer unterwegs. – Und da hätt' er „Cerveza" sagn müassn. Weil „Cerveza" hoaßt auf spanisch Bier. – Aber mei, da Kolumbus war hoit a Italiener …
ILSE: I hab oiwei gmoant, daß er was anders gsagt hat …
XAVER SPÖTTL: Klar, hat er aa. Aber da Süßmeier Richard hat's hoit umtauft. I glaab, „Tierra a la vista" soi er gsagt habn, wia er dees neie Land gsehng hat. – So is's wenigstens in da Zeitung gstandn …
ILSE: *(sinnend)* Vor fünfhundert Jahr war dees. I hab's aa glesn. Am 12. Oktober 1492 … Eingli no gar net so lang her …
XAVER SPÖTTl. No ja, fünfhundert Jahr san fünfhundert Jahr. Damois hat ma bei uns no rothaarate Weiba ois Hexn verbrennt.
ILSE: Net bloß bei uns. Und net bloß rothaarate …
XAVER SPÖTTL: Und da Kolumbus war net da erste in Amerika. Dees wo damois no gar net Amerika ghoaßn hat. D'Wikinger warn scho fünfhundert Jahr vor eahm dort. Aber d'Indianer habn's nausghaut, daß d'Fetzn gflogn san! – De übrigens damois aa no net Indianer ghoaßn habn …
ILSE: *(lacht)* Und aus'm Holz vo seim Schiff, da Santa Maria, habn's de erste Festung baut. Weil's z'blöd zum Landn gwen san …
XAVER SPÖTTL: Wia hat jetzt der glei wieder ghoaßn, nach dem s' dees Land tauft habn?
ILSE: Amerikaner hoit, wia sunst?
XAVER SPÖTTL: Schmarrn. *(trinkt)* Hoit, jetzt hab i's: Amerigo hat er ghoaßn. Und so ähnlich wie Vespa … Vespucci! – Genau. Amerigo Vespucci hat er ghoaßn.
ILSE: Jedenfalls gaab's koan Kaugummi, koa Coca-Cola, koa Mickymaus koan Mac Donalds, wenn's an Kolumbus net gebn hätt.
XAVER SPÖTTL: Dafür habn er und seine Männa de Ureinwohner ausgrott.
ILSE: Da Kolumbus?
XAVER SPÖTTL: Klar. Er und de, de wo nach eahm kemma san. – Sei Bruada, da Diego, hat d'Indianer reihenweise daschiaßn und Frauen, Kinder und Männer lebend seine Hund ois Hundsfuada vorschmeißn lassn. – Naa, mit de Spanier laßt ma mei Ruah. Dees warn aa de gnadenlosesten Inquisiteure. De habn in oana Hand an' Rosenkranz und s'Gebetbüache ghaltn und in da andern s'Schwert und d'Zündhölzl …

ILSE: Aber d'Zivilisation habn eahna d'Spanier dafür aa bracht. Und s'Christentum. Dees derfst' net vergessn.

XAVER SPÖTTL: Auf de zwoa Sachan hättn's gern verzicht, wenn ma's eahna net mit Gwoit aufzwunga hätt. – Friß oder stirb, hat's scho oiwei ghoaßn, wenn Fundamentalistn am Werk warn …

ILSE: Na waar's oiso besser gwen, wenn da Kolumbus Amerika net entdeckt hätt?

XAVER SPÖTTL: Besser waar's gwen. Für d'Ureinwohner. Aber es war net zum Aufhoitn. So wia ma heit in da Weltraumforschung s'Entdecka von neue Weltn net aufhoitn konn. – Wer woaß, wann so a Radioteleskop auf a Welt stößt, de bewohnt is …?

ILSE: *(ungläubig lachend)* Geh, Xare, de waar doch vui z'weit von unserer Welt entfernt.

XAVER SPÖTTL: Heit no. Aber wenn da Mensch an' Vorteil siehgt, na macht er oiß möglich. – Schau, der Eroberer von Chile, Pedro de Valdivia hat er ghoaßn, der hat alle Indianer unterworfa und na umbracht. D'Nasn und de rechte Hand hat er eahna abschneidn lassn. Zu Abertausenden san de Ureinwohner abgschlacht wordn, de wo vorher im Paradies glebt und koa persönlichs Besitzdenka kennt haben. De Welt, de eahna bekannt war, hat eahna alle ghört. De Utopie von Anarchie habn de praktiziert …

ILSE: *(bewundernd)* Wias da Du de Nama alle merka konnst? Dees is erstaunlich.

XAVER SPÖTTL: I hab a guats Gedächtnis für Welt-Schweinereien.

ILSE: Im Fernsehn habn's zoagt, daß de Ureinwohner vom heutign Amerika koane Waffen, koan Besitz und koa Gwand kennt habn. *(leise)* Und koane Gschlechtskrankheiten …

XAVER SPÖTTL: Genau. Und diese Pfundsmenschen habn de Weißn fast alle ausgrott. Im Zeichen des Christentums! – Schau her, in Guatemala-City guit heit no der Spruch: „Wer einen Indio tötet, tötet keinen Menschen."

ILSE: Oiso, dees haut me um.

XAVER SPÖTTL: Heit redt ma inNordamerika englisch und in Südamerika spanisch und portugiesisch. Und bei folkloristischn Veranstaltungen in Südamerika zoagt ma Goucho-Kunststückerl. D'Sprach und d'Kultur von de Ureinwohner san mit dene ausgrott wordn …

ILSE: Woher woaßt denn Du dees, Xare?

XAVER SPÖTTL: I war drübn.

ILSE: In Südamerika?

XAVER SPÖTTL: Logisch. – Und in Nordamerika aa. Ois Kriegsgefangener 1944.

ILSE: Du warst in amerikanischer Kriagsgfangenschaft …?

XAVER SPÖTTL: In Alabama. Beim Baumwollpflücka. Und mit uns habn d'Nega gschuft, de zerscht ois Soldaten an' Kopf für eahna Heimatland Amerika highoitn habn. De san schlechter behandelt wordn ois wia mir weißn Gfangenen.

ILSE: Geh, hör auf …

XAVER SPÖTTL: Mir habn Orangensaft zum Trinka kriagt und d'Nega net amoi an' Schluck Wasser! – Wia gsagt, de san 1944 und 1945 no behandelt wordn wia Sklaven. Bloß, daß's koane Ketten mehr an de Füaß ghabt habn …

ILSE: Magst no a Weiß', Xare?

XAVER SPÖTTL: Glei. – I sag Dir, daß da Kolumbus eine Massen-Menschenvernichtung eigleit hat, wia's auf da Welt einzigartig ist.

ILSE: Wia bei de Judn?

XAVER SPÖTTL: Genau. Bloß no vui verheerender. De jüdische Kultur is uns zum Glück erhoitn bliebn. – Und jetzt konnst' ma no a Weiß' bringa, Ilse. Aber a Dunkels …

(Licht aus)

Geschäftsmann

Personen: Xaver Spöttl
Schorsch, sein Freund

(Schorsch und Xaver schlendern zu einer Anlagenbank und setzen sich.)

XAVER: Mensch, Schorsch, wia lang habn uns mir scho nimmer gsehng?
SCHORSCH: Tausend Jahr, glaab i, is' her.
XAVER: So lang glaab i net. – Aber fünf Jahr werdn's scho sei. – Guat schaugst aus.
SCHOrsch. Du fei aa, Xaver. – Richtig frisch. – I taat sagn: rundum gsund!
XAVER: Mei Frau is gstorbn.
SCHORSCH: *(mit veränderter Stimme)* Mei Beileid.
XAVER: Vor vier Jahr.
SCHORSCH: Ach so, so lang scho.
XAVER: Aber Du schaugst guat aus, mei Liaba. *(betrachtet ihn)* An teiern Anzug, Wuidlederschuah. – Hast' im Lotto gwunna?
SCHORSCH: Naa. – I hab vor vier Jahr gheirat.
XAVER: A geh. Was'D net sagst. – A nette Frau?
SCHORSCH: *(kramt ein Bild hervor)* Da, dees is mei Weibi.
XAVER: *(erschüttert)* Mensch, Schorsch, sei ma net bös, aber de schaugt ja furchtbar aus. – Wennst'D net mei Freind waarst, taat i das net sagn. – De schaugt ja aus wia a Hex.
SCHORSCH: *(lacht)* Dees macht nix. Woaßt' Xaver, dees is guat für s'Gschäft.
XAVER: Für s'Gschäft?
SCHORSCH: *(zeigt ihm ein anderes Bild)* Und dees is mei Tochter. Vier Jahr is' oid.
XAVER: *(betrachtet das Bild)* Jetzt woaß i nimmer, was i sagn soi. Dei Tochter is ja no gräuslicher wia dei Frau.
SCHORSCH: *(lacht)* Ja mei, da kann ma nix macha. Dees liegt scheinbar in da Familie. – Aber für s'Gschäft is' guat!
XAVER: Wiaso für s'Gschäft?
SCHORSCH: *(reicht ihm ein anderes Bild)* ... und dees, dees is mei Sohn. Mei Stiefsohn halt. – Den hat's in d'Ehe mitbracht. Er ist scho zwanzg Jahr oid.
XAVER: *(erschrocken)* Mein Gott, Schorsch, der schaugt ja aus wia da Leibhaftige!
SCHORSCH: *(lacht unbändig)* Mir waar's liaba, wenn er no greislicher waar. – Na waar's nämlich für s'Gschäft no besser.
XAVER: *(gibt ihm das Bild zurück)* I versteh bloß Bahnhof. – Was kann denn bei a solchen greislichen Familie für s'Gschäft guat sei? – Mir taat's alle Tag aufs Neue grausn, wenn i mit solche Leit z'sammhausn müassert.
SCHORSCH: Dees verstehst Du net, Xaver.
XAVER: Da gibt's net vui zum Versteh.
SCHORSCH: I bin a Gschäftsmann. – Und mei Familie is mei Kapital.
XAVER: Jetzt möcht i wissn, was Du für a Gschäft hast?
SCHORSCH: *(schmunzelnd)* A Geisterbahn ...

Der schwarze Kasten

Personen: Xaver Spöttl
Sein Spezl

(Xaver Spöttl schlendert mit einem Freund am Spätnachmittag über die Oktoberwiesn.)

XAVER SPÖTTL: D'Wiesn is oiwei gleich. Unverändert seit Jahren ...
SPEZL: Wia früaher.
XAVER SPÖTTL: Seit wann warst denn Du nimmer heraus'?
SPEZL: Seit einer Ewigkeit. *(verhalten vor einer Bude)* Wia i s'letzte Mal auf da Wiesn war, is an dem Fleck *(deutet darauf)* da ELEKTRO-JOHN gstanden.
XAVER SPÖTTL: *(grinsend)* Dees is ehrlich scho a Ewigkeit her ...
SPEZL: *(liest ein Schild über dem Eingang der Bude)* Du Xare, lies amoi dees Schuidl übern Eingang.
XAVER SPÖTTL: WER'S NICHT ERRÄT; 100 Mark. – De Bude siehg i aa zum erstn Mal.
SPEZL: *(interessiert)* Was werd denn dees sei? Wer's nicht errät, 100 Mark? Dees is doch eingli a Schmarrn, was Xare?
XAVER SPÖTTL: Oiso i konn ma echt nix drunter vorstelln.
SPEZL: Wenn ma neigehnga und einfach unser Klappn hoitn, na kenn mas gar net erratn, was immer dees aa sei mag, und kassiern 100 Mark. – Was is, Xare, gehma eini?
XAVER SPÖTTL: Auf Ideen kemma d'Leit ... Aber vo mir aus, gehma eini ...
SPEZL: *(begeistert)* Na reiß ma uns den Hunderter untern Nagel, und gehnga hernach in d'Ochsnbraterei! *(er berappt zwei Karten und beide verschwinden im schummrigen Innern)*
XAVER SPÖTTL: *(schaut sich um; leise)* Koa Mensch da ...
SPEZL: ... bloß der schwarze Kastn da.
XAVER SPÖTTL: ... mit dem Loch in da Mittn. *(sie warten, doch nichts ereignet sich)* Da hat se doch oana an' zerma Scherz mit uns erlaubt. Kumm, geh weida, gehma wieder ... *(schickt sich an zu gehen, da ertönt plötzlich eine Grabesstimme)*
GRABESSTIMME: WER'S NICHT ERRÄT, 100 Mark. *(und nach einer kleinen Pause)* STECKE DEINE HAND HEREIN!
XAVER SPÖTTL: Naa, i net!
SPEZL: *(aufgergt)* Geh, da is doch nix dabei. Dees mach i. Und i sag kein Wort, na konn i aa nix erratn, und na kassier i 100 Mark! *(steckt seine Hand in das Loch des schwarzen Kastens und wartet. Schaut hilfesuchend auf Xaver Spöttl, aber da ertönt die Grabesstimmr erneut)*
GRABESSTIMME: ZIEHE DEINE HAND HERAUS!
SPEZL: *(zieht seine Hand heraus, starrt entgeistert darauf und riecht angewidert. Zu Xaver Spöttl)* Du, Xare,dees riacht wia Scheiße!
GRABESSTIMME: ERRATEN ...

(Licht sofort aus)

Unterschiede

Personen: Xaver Spöttl
„Urbayer"

(Tisch in der Fischervroni auf der Wiesn)

URBAYER: Varreck, saure Mari! Zerm is' heit wieda. – Jetzt wer i mir no a Maaßerl abischüttn!

XAVER SPÖTTL: *(trinkt ohne Kommentar)*

URBAYER: Geh weida, Spezi, trink mit mir auf „Du". Prost, oide Hüttn! An Haufn Preißn san wieder da, weil's bei uns was Guats zum Fressn und zum Saufa gibt. – Kennst Du eigentlich de Steigerung vo am Preißn? Net? Preiß , Saupreiß Ostpreiß! *(lacht dröhnend)* Guat, haa?

XAVER SPÖTTL: *(trocken)* Ganz guat. I kaannt mi totlacha …

URBAYER: Aber mir zoagn's eahna scho, dene Nordgermanen. Sie soin se nur unsere Postkartn kaafa, na sehgn's, was mir für gstandne Leit san. – Prost, oide Fischhaut! *(säuft)* Vorigs Jahr war i in Berlin drobn. In da Lederhosn und mim Gamsbart. Mei Liaba, da habn's Augn gmacht. I hab's alle untern Tisch nei gsuffa. – Woaßt Du an Unterschied zwischn am' Kaminkehrer und am' Schnee? Net? – Da Kaminkehrer muaß in da Früah aufsteh und da Schnee derf liegn bleim! *(lacht dröhnend)* Guat, haa?

XAVER SPÖTTL: *(trocken)* Zum Umfoin guat …

URBAYER: Und wia i dene da drobn vo unsere scheena Bräuch verzählt hab, vom Kammerfensterln, vom Schuahplattln und vom Wuidern, na habn's d'Ohrwaaschl gspitzt, dees versprich i Dir, Du oide Kampftablettn. Da warn's sprachlos. Und an' Ganghofer hat aa no koana kennt, vo dene Woaßl. *(säuft)* Varreck, is dees Gsüff wieder guat heit. Da trink i glei no a Maß. – Kennst Du an' Unerschied zwischn am'Rabn und am' Verkehrsfliaga? – Net? – Du bist da vielleicht so a Vogl. – Da Rabe hat koane Fenster! *(lacht dröhnend)* Guat, haa?

XAVER SPÖTTL: *(trocken)* Und wia. Gar net zum sagn …

URBAYER: Was habn's denn scho da drobn? Nix habn's, sag i. Koane Berg, koan Starnberger See und koa Hofbräuhaus. A lausiger Landstrich. – I taat mi aufhänga wenn i da drobn lebn müassert. – Und de Leit! I sag ja, lauter Preißn! *(singt)* Oans, zwoa, gsuffa! Dees is a Gmüatlichkeit, da laß i mir s'Lebn eigeh. – Kennst Du den Unterschied zwischn am' Storch? – Kennst' aa net? Alle zwoa Füaß san gleich lang, bsonders da rechte. *(lacht dröhnend)* Guat, haa?

XAVER SPÖTTL: Sie san da vielleicht a Witzboid. Sowas wia Sie, ghörat eingli in' Tierpark. Wenn'S wieda amoi nach Norddeutschland fahrn, na sagn'S um Himmelswuin, daß Sie da letzte Bayer san. Sunst müaß ma uns ehrlich schaama.

URBAYER: *(streisüchtig)* Bloß net pampig werdn, Manndei! Sunst vergiß i, daß Du scho a oida Depp bist und hau Dir a paar Fotzn runter! – Eahm schaugts o! – Da is ma freindlich zu so am Glätzn und na fangt er auf amoi zum streitn o.

XAVER SPÖTTL: Dafanger'S Eahna nur wieder. I wollt a so grad geh. – Aber oan Unterschied möcht i Eahna zum Schluß no sagn: Kenna Sie an' Unterschied zwischn Eahna ois Bayer und mir ois Bayer?

URBAYER: *(überlegt)* Naa, den kenn i net.

XAVER SPÖTTL: Dees hab i mir glei denkt. – Sie san nämlich a Arschloch und i net! *(ab)*

Dialog im Alter

Personen: Xaver Spöttl
Seine Frau

(Xaver Spöttl sitzt am Tisch und liest die Todesanzeigen einer Großstadt. Seine Frau bügelt.)

XAVER SPÖTTL: *(enttäuscht)* Koa oanziger steht drin aus unsam Bekanntnkreis. Dabei müaßt's an Maurer Guste scho längst grissn habn mit seim Trumm Magngschwür. – Heit Abnds machst' ma a Suppnfleisch und an' Kartoffisalat, gell?

FRAU: *(lange Ehejahre haben sie einsilbig gemacht)* Vo mir aus.

XAVER SPÖTTL: Wia er's nur grad oiwei wieda ferti bringt, daß er am' Boandlkrama vo da Schaufe hupft? Zaach is da Guate, wia a oide Rindviechhaut. Geh, Bawett, bring ma no a Hoibe, magst?

FRAU: *(stellt wortlos eine Flasche Bier vor ihn hin)*

XAVER SPÖTTL: Naa, was de Leit Geld für a Todesanzeig ausgebn, dees is schier net zum fassn. Davo kaanntn mir zwoa leicht drei Wocha lebn. Und den wo's ogeht, der hat ja schließlich nix mehr davo. Für mi brauchst' amoi net so vui Geld ausgebn, Bawett; dees reiat mi net schierle. Hast' as ghört, Bawett?

FRAU: Wennst'D moanst.

XAVER SPÖTTL: Eingli kaanntst ma auf d'Nacht aa a sauers Nierl macha? Dees hab i aa scho lang nimma g'essn. – Magst' dringa?

FRAU: Naa.

XAVER SPÖTTL: *(liest weiter)* Ja da schaug her. Steht oiso doch a Bekannte drin. D'Schormeierin hat's dawischt. Dees war d'Hausmoasterin vo Zwoarazwanzge. Um de oide Bissgurn is net schad. De hat aa nix andas kenna, ois wia d'Leit ausrichtn. Jetzt hat's an Dreeg im Schachterl.

FRAU: Wann is'n Beerdigung?

XAVER SPÖTTL: Am Freitag Namittag. Da gehst' ma aber net hi! Sunst moana d'Leit, mir warn bekannt mit dera. Verstehst' mi, Bawett?

FRAU: Wennst'D moanst, na bleib i hoit dahoam …

XAVER SPÖTTL: I woaß's net recht, ob i net doch zur Flamme geh soi? Werst'as sehng, in hundert Jahr grabn's a so koan mehr ei. Und auf de Friedhöf werdn's Wohnunga baun. Na brauchst' de aa ums Grab net bekümmern. – Woaßt' was, Bawett, Du kannst ma aa amoi wieda a Beuscherl macha? Mit am' Semmeknödl? Dees hab i aa scho lang nimma ghabt.

FRAU: Wenn's Di oweigt ….

XAVER SPÖTTL: Taat's mi scho. Vielleicht machst' mas heit auf d'Nacht?

FRAU: Vo mir aus …

XAVER SPÖTTL: I bin direkt gspannt, wann i amoi drin steh in da Zeitung. Aber so schnell wer i dees net dalebn. I bin no ganz guat beinand, moanst' net aa, Bawett?

FRAU: Freili …

XAVER SPÖTTL: Wenn's wirkli amoi oan vo uns zwoa dawischt, na nimmst' Da hoit a kloanere Wohnung. Na kummst'D scho z'Schuss mit da Rente.

FRAU: Na scho …

XAVER SPÖTTL: Geh, Bawett, bring ma no a Hoibe, magst'?

FRAU: Glei.

XAVER SPÖTTL: Und heit Abnds machst' ma doch a Suppnfleisch, gell?

FRAU: Wennst'D moanst …

XAVER SPÖTTL: Und glei morgn meldst' mi bei da Flamme o. Da Beitrag is ja da gleiche, wia beim Begräbnisverein. Wer woaß, wann's soweit is. – Und morgn auf d'Nacht machst' ma a sauers Nierl …

Willi Harlander

Xaver Spöttls Geist

Personen: Xaver Spöttl
Wirt
Gast

(Dämmrige Wirtshausecke, Stammtisch von Spöttl)

XAVER SPÖTTL: Geh, Beni, bring ma no a Hoibe.
WIRT: *(bringt das Gewünschte)* Prost, Xaver. Laß Dir's schmecka.
XAVER SPÖTTL: Du, Beni, heit möchte i mei Ruah. Laß koan an mein Tisch hera.
WIRT: Mach i, Xaver.
XAVER SPÖTTL: Und wenn doch oana kumma sollt, na tuast'ois wia wennst' mi net sehgn taatst, gell? Dees anda mach i na scho. Heit möcht i mei Ruah ham. I glaab, i hab heit mein sinnieratn Tag.
WIRT: Dees konn i versteh, Xaver. Vo mir aus hast' Dei Ruah.
XAVER SPÖTTL: Und hernach bringst' ma no a Paar Dicke.
WIRT: Is scho recht. I leg's glei ins Wasser. *(ab)*
(Xaver Spöttl vertieft sich in die Zeitung. Gleich darauf erscheint ein Gast.)
GAST: Ist es gestattet?
XAVER SPÖTTL: Wias da Teifi habn wui.
GAST: Wie bitte?
XAVER SPÖTTL: *(geheimnisvoll)* Vom Teifi hab i gred'. Wissen'S, vo dem Tisch da, san scho vui weggstorbn.
GAST: *(lacht unsicher)* Ihr Bayern habt einen eigenartigen Sinn für Humor. *(setzt sich)*
XAVER SPÖTTL: *(wärmt mit den Händen sein Bier)* Dees is koa Gspaß net. Im Ernst, i bin eingli aa scho tot, Herr Nachbar.
GAST: Solche Tote, die Bier trinken, lass ich mir gefallen.
XAVER SPÖTTL: Dees moana Sie, Herr Nachbar. Aber dees is bloß mei Geist, der wo a Bier trinkt. Wissn'S, in der Ewigkeit gibt's halt koa Bier und dees is für an Bayern scho a saudumme Gschicht. Drum ziahgt's mi oiwei wieda runter.
GAST: Jetzt freu ich mich direkt darüber, daß ich an Ihrem Tisch Platz genommen habe. Sie sind ja ein lustiger Kerl.
XAVER SPÖTTL: Langa'S mi amoi o, na sehgn'S wia kalt daß i bin.
GAST: *(tut dies)* In der Tat, Sie haben ja eiskalte Hände.
XAVER SPÖTTL: Wia's halt a Geist so hat. Rutschn'S a bröckl näher her, na verzähl i Eahna de Gschicht.
GAST: Darauf bin ich aber gespannt.
XAVER SPÖTTL: Es is saudumm ganga. A Operation hab i ghabt.
GAST: Eine Operation?
XAVER SPÖTTL: Ja, und a ganz a gaache.
GAST: Eine schwere Operation vermutlich?
XAVER SPÖTTL: Wia i scho gsagt hab: a gaache. Und wia i so im Operationssaal lieg und mei Narkose kriag, beigt se da Dokta so über mi und sagt, i soll ganz ruhig zähln.
GAST: Das ist üblich bei Operationen.
XAVER SPÖTTL: Und ein netter Arzt is dees gwen. Mei, a ganz a liaba und junga. I habn direkt gern mögn.
GAST: Und was geschah weiter?
XAVER SPÖTTL: Jetzt wartn'S nur grad, Herr Nachbar. Oiso wia gsagt, i lieg aufm

Operationstisch und schee langsam vaschwimmt dees junge Gsicht vo meim Dokta.

GAST: Und weiter?

XAVER SPÖTTL: Weiter war nix. I war hoit dann weg.

GAST: Ein guter Witz.

XAVER SPOÖTTL: *(geheimnisvoll)* Dees is koa Witz. Jetzt kimmt's erst. Oiso, wia i wieder aufwach, is dees Gsicht vo meim Arzt no oiwei über mir. Aber er hat an langa, graua Bart ghabt.

GAST: Hat denn die Operation so lange gedauert?

XAVER SPÖTTL: Sehngn'S, dees hab i aa glaabt. Aber da hat mir da Fankerl was pfiffa.

GAST: Der Fankerl?

XAVER SPÖTTL: No, da Teifi hoit. Dees war nämlich gar net da Arzt gwesn, sondern da Petrus.

GAST: Ein gelungener Scherz.

XAVER SPÖTTL: Wenn Sie dees lustig findn, i net. I war nämlich tot.

GAST: Ein ziemlich lebendiger Toter sind Sie, mein Freund.

XAVER SPÖTTL: Langa'S mi no amoi o, wia koit daß i bin, na merka'S es scho, daß i a Geist bin.

GAST: Mich können Sie nicht erschrecken. *(lacht unsicher)* Kann denn der Wirt die Ecke nicht ein wenig heller machen?

XAVER SPÖTTL: I brauch koa Liacht. Mir arma Seeln sehgn aa im Dunkln guat. Dees is da Vorteil vomTotsei.

(In diesem Moment erscheint der Wirt mit den Würsten. Er stutzt)

GAST: Na also, ein Geist, der Würste isst, soll mir recht sein.

WIRT: Wen moana'S denn da?

GAST: Na den Herrn da neben mir.

WIRT: Neba Eahna soll a Herr sei?

GAST: *(zögernd)* Ich bitte Sie, den Herrn neben mir meine ich.

WIRT: I siehg koan Herrn neba Eahna.

GAST: Wem gehören dann die Würste, die Sie in der Hand halten?

WIRT: Dees vastehnga Sie net. Da is vor am halbn Jahr oana gstorbn und aus Pietät stell i oiwei auf sein Platz de Dickn hi, die er oiwei so gern g'essn hat. – Aber Sie kenna de Würscht gern habn, na leg i a Paar neie ins Wasser?

GAST: *(erhebt sich ruckartig)* Sie sehen also den Herrn dort nicht sitzen?

WIRT: *(lacht)* Jetzt glaab i's aber. Da müaßn'S Eahna täuschn, weils'Liacht a wengerl dunkl is. Sie sitzn ganz alloa an dem Tisch. – Was is jetzt, mögn'S die Würscht?

GAST: Nein, danke. Auf keinen Fall, Adieu. *(eilt rasch davon)*

XAVER SPÖTTL: Jetzt konnst'ma meineWürscht gebn, Beni, wenn's no warm san. Ab und zua hat's hoit doch sei Guats, daß Dei Bier so kalt is und daß i's oiwei mit de Händ wärma muaß. – Woaßt' Beni, a Geist muaß koite Händ habn. Hast' mi?

WIRT: *(grinsend)* Und wia! – Du bist scho a Hund a varreckta!

Drei Szenen

XAVER SPÖTTL: *(schlendert auf die Bühne)* Es gibt oiwei wieder Themen über de ma net gern redt'.
Da Tod is so a Thema. Oder Krankheitn. Wia zum Beischpui Aids, des ma auf de verschiedenste Weise kriagn konn. Durch a Bluatübertragung zum Beischpui. Oder auf a ganz merkwürdige Art, de i Eahna verzähln muaß. Dees hoaßt: i laß' am bestn vorschpuin. Sie werdn scho merka, daß' mir net so „toternst" moana!
Mir habn drei Szenen zsammghängt. *(deutet auf ein Gitter)* Da drübn sitzt oana in da Todeszelle. Vielleicht wissn Sie dees gar net, daß mir in Bayern oiwei no de Todesstrafe hättn, wenn ma net an des restliche Deutschland o'gschlossn waarn. *(deutet auf zwei Stühle, die gegenüber stehen)* Und da sitzt a Aidskranker mit einer „neuen Bekanntschaft", *(deutet auf einen Tisch mit zwei Stühlen)* Und da sitzt a Bestseller-Autorin; de interviewt werd. Natürlich aa auf a bissl a merkwürdige Art.
Oiso, nacha, vui Spaß hoit na … *(ab)*

1.Szene:

Personen: Mann
Frau

(Ein Mann und eine Frau sitzen sich gegenüber)

MANN: I muaß Dir sagn: i bin positiv ..
FRAU: Positiv?
MANN: I hab Aids …
FRAU: Nein.
MANN: Leider, Herzi …
FRAU: Und mit dem Kondom?
MANN: Da gaang's …
FRAU: Dann komm. – Bist Du etwa schwul?
MANN: Naa, wia kummst' jetzt da drauf?
FRAU: Ich dachte nur …
MANN: I hab aa koane andern Hasn …
FRAU: Woher hast Du dann …?
MANN: I war vor zwoa Jahr im Australischn Busch …
FRAU: Und da …?
MANN: Mit am' guatn Freind …
FRAU: Und der war schwul?
MANN: Na, aber er hat Aids ghabt …
FRAU: Woher?
MANN: Was woaß i. – I hab damois net gwußt, daß er Aids hat …
FRAU: Und Du hast, Du hast mit ihm geschlafen?
MANN: I hab D'as doch gsagt, daß i net schwul bin …
FRAU: Bisexuell?
MANN: Na, Kruzifünferl …
FRAU: Aber wieso dann …
MANN: Er is von a Schlanga bissn wordn …

FRAU: Und?
MANN: Sie war giftig!
FRAU: Ist er tot?
MANN: Genau, dees is er …
FRAU: Von der Schlange?
MANN: I hab de Bisswundn ausgsaugt, obwoi i an' schlechtn Zahn ghabt hab …
FRAU: Und er starb dennoch?
MANN: Net an dem Schlangenbiss. I hab ja s'Gift auszuzelt …
FRAU: Obwohl Du einen defekten Zahn hattest …?
MANN: Mei Körper war scheinbar immun gega des Gift …
FRAU: Woran starb Dein Freund?
MANN: An Aids. Des hab i Dir doch gsagt …
FRAU: Und nun hast Du's auch?
MANN: Genau.
FRAU: Du wirst auch daran sterben.
MANN: Wahrscheinlich. Wia alle …
FRAU: *(zärtlich)* Komm, nimm ein Kondom. – Noch ist es nicht so weit.
MANN: *(erfreut)* Du bist a Schau! Du hast a Herz! – Kumm, gehma zu mir …

(Licht aus)

2.Szene

Nebeneinander

Personen: Schriftstellerin (Sie)
Interviewer (Er)

ER: Nun haben Sie die Schallgrenze von einer Million verkaufter Exemplare Ihres Buches überschritten. Wie fühlt man sich denn als Bestseller-Autorin?
SIE: Ich hab als junges Mädl auf unserm Hof die Hosen von sieben Brüdern flicken müssen. Wenn Sie sich das vorstellen? Sieben Hosen …
ER: Ja ja. - Und wie war Ihre Reaktion, als bereits hunderttausend Exemplare verkauft waren? Schließlich verkaufen sich Bücher von erstklassigen Autoren heutzutage nur zögernd.
SIE: Sie dürfen nicht vergessen, dass die Buben fast täglich ihre Hosen total zerrissen hatten. Und wer musste sie flicken? – Natürlich ich. Sieben Hosen jeden Tag …
ER: Werden Sie ein zweites Buch schreiben? Jetzt, wo ein Riesenerfolg zu erwarten ist?
SIE: Ja manchmal musste ich die eine oder andere Hose gleich zweimal flicken. Solche Buben sind unberechenbar. – Und das jeden Tag!
ER: Glauben Sie, dass Sie an Ihrem jetzigen Erfolg mit einem neuen Buch anknüpfen könnten?
SIE: Ich weiß nicht, ob ich das heute noch könnte. Ob ich heute noch diese Ausdauer hätte, die ich als junges Mädl gehabt hab. – Sieben Hosen täglich flicken …
ER: Worauf führen Sie Ihren schriftstellerischen Erfolg zurück?
SIE: Ich glaube, dass die Hosen meiner sieben Brüder mein junges Leben ganz ausgefüllt hatten. Jeden Tag am Abend hieß es, raus hieß es, raus mit Nadel und Garn, und die Löcher geflickt – und wenn sie noch so groß waren. Da gab es kein Pardon!
ER: *(ungeduldig)* Haben sich Ihre Brüder denn nicht irgendwann einmal neue Hosen leisten

können?

SIE: Das habe ich alles in meinem Buch geschrieben. Das steht alles haarklein in meinem Buch.

ER: ...das gerade ins Spanische, Italienische, Rumänische und Japanische übersetzt wird.

SIE: *(heftig)* Ja, wenn ich nicht täglich die sieben Hosen meiner Brüder hätte flicken müssen, dann, ja dann hätte ich gewiss ein weitaus dickeres Buch schreiben können. Aber so ist es natürlich nicht gegangen. Ich musste flicken, flicken und wieder flicken!

ER: Glauben Sie, dass Sie irgendetwas versäumt haben in Ihrem Leben?

SIE: Versäumt?

ER: Nun ja, gewissermaßen in Ihrer Jugend. Als Sie nichts anderes tun konnten, da Sie ja nur immer die Hosen Ihrer sieben Brüder flicken mussten.

SIE: Versäumt habe ich, glaube ich, nichts.

ER: Jedenfalls sind Sie durch Ihr Buch zur mehrfachen Millionärin geworden.

SIE: ...und ich brauch keine Hosen mehr flicken.

ER: Abschließend vielleicht noch eine Frage: Was halten Sie von der derzeitigen politischen Lage?

Sie. Ja wissen Sie, wenn ich früher nicht immer die Hosen meiner sieben Brüder hätte flicken müssen. Dann! *(das Licht erlischt)* Dann hätte ich mich ein bisschen mit Politik befassen können. Aber so ging's ja nicht. Ich musste täglich sieben Hosen flicken. – Ich hab das beschrieben in meinem Buch. – Dieses Buch müssen Sie lesen. Echt. *(böse)* Ich kann keine Nadel und keinen Faden mehr sehen ... *(Dunkel – Schluss)*

Letzter Wunsch

Personen: Priester – 30 Jahre
Verurteilter – 60 Jahre

(In der Todeszelle)

PRIESTER: Nun wirst du bald vor deinem obersten Richer stehen, mein Sohn.

VERURTEILTER: Ich weiß ...

PRIESTER: *(streng)* Hast du alle deine Sünden bereut, mein Sohn?

VERURTEILTER: Ja, Hochwürden ...

PRIESTER: *(sieht ihn streng an)* Alle? – Auch die lässlichen, nicht nur die Todsünden?

VERURTEILTER: Alle, Hochwürden ...

PRIESTER: Nun denn, dann mache dich gefasst auf den letzten Weg.

VERURTEILTER: Ja, Hochwürden ...

PRIESTER: *(lauernd)* Hast du noch einen letzten Wunsch, mein Sohn?

VERURTEILTER: *(zögernd)* Ob das geht?

PRIESTER: *(jovial)* Sag es frei heraus, mein Sohn. Was willst du?

VERURTEILTER: *(drückt herum)* Bitte, Hochwürden, vielleicht haben Sie die Güte und holen meinen Wagen ab. Der steht seit fünf Jahren im Parkverbot ...

(Licht aus)

Serenade für Streichquartett

Personen: Xaver Spöttl
Verkäuferin

(In einem Musikgeschäft)

XAVER SPOÖTTL: … für mi sans ja net, de Notn. I soll's bloß bsorgn für mein' Nachbar, der Hausmusik betreibt. – Geign schpuit er …
VERKÄUFERIN: Aber von einem Komponisten „Hofstetter" wird nie etwas verlangt.
XAVER SPÖTTL: *(zieht einen Zettel aus der Tasche und liest)* Eine Serenade für Streichquartett soll er komponiert habn.
VERKÄUFERIN: Wann hat denn der Dings …
XAVER SPÖTTL: Hofstetter …
VERKÄUFERIN: … der Hofstetter gelebt?
XAVER SPÖTTL: *(liest)* Er war a Zeitgenosse vom Mozart …
VERKÄUFERIN: *(blättert in einem dicken Katalog)* Eine Serenade, sagn'S?
XAVER SPÖTTL: … für Streichquartett. Oiso für viere …
VERKÄUFERIN: Und Sie täuschen sich nicht? – Hofstetter hieß der Komponist?
XAVER SPÖTTL: Genau. – A guater Komponist muaß dees gwesn sei.- Leider a unbekannter. De Serenade für dees Streichquartett hat seim Verleger umbande guat gfoin. *(liest vom Zettel)* Aber er – da Verleger – hat gsagt, daß er de Notn nia verkaafa konn, weil an Hofstetter koa S…, koa Mensch net kennt.
VERKÄUFERIN: Dann hat der Verleger also die Noten nicht veröffentlicht, von diesem Dings …
XAVER SPÖTTL: Hofstetter …
VERKÄUFERIN: … von diesem Hofstetter?
XAVER SPÖTTL: Freili. – Da Hofstetter war ja auf dees Honorar ogwiesn. Er waar sunst glatt verhungert, der arme Teifi. – Oiso hat der Verleger de Komposition einfach unter dem Nama „Haydn" druckt und rausgebn, und de Notn haben se verkaaft wia warme Semmeln.
VERKÄUFERIN: Ja warum sagen Sie das nicht gleich? *(blättert im Katalog)* Haydn, Haydn, Haydn – ja da haben wir es schon. *(liest laut)* „Joseph Haydn, Serenade für Streichquartett" *(beugt sich über das Buch)* wie heißt gleich das Kleingedruckte, ach ja, „von Hofstetter". *(triumphierend)* Bitte sehr, Haydn-Noten haben wir natürlich auf Lager. Moment bitte … *(eilt in einen Lagerraum)*
XAVER SPÖTTL: *(seufzt)* Armer Hofstetter …

(Licht aus)

Auslegung

Personen: Xaver Spöttl
Verkäuferin in einem Supermarkt

(Xaver Spöttl steht mit seinem vollen Einkaufskorb an der Kasse, um zu bezahlen. Die Verkäuferin tippt die einzelnen Beträge in die Registrierkasse.)

VERKÄUFERIN: Is dees oiß?
XAVER SPÖTTL: I glaab scho.
VERKÄUFERIN: *(schaut streng auf ihn)* Sunst oiso nix mehr?
XAVER SPÖTTL: *(zieht seine Geldbörse)* Naa.
VERKÄUFERIN: Woin'S a Tütn?
XAVER SPÖTTL: I hab mein' Korb dabei.
VERKÄUFERIN: Unsere Tütn kostn zwoa Mark, weil ma Einemarkneunzig dem Umweltfond zuaführn. – Oiso?
XAVER SPÖTTL: Naa. I hab mein' Korb dabei, weil i d'Umwelt net belastn wui.
VERKÄUFERIN: … aber aa nix für sie toa. Dees is typisch.
XAVER SPÖTTL: I tua doch was dafür.
VERKÄUFERIN: Eahna Körbi moana'S? Dees tean vui. Aber zoihn, zoihn woin de Wenigsten. – Ein finanzielles Opfer bringen, verstehnga'S?
XAVER SPÖTTL: *(tückisch)* Aus was san denn de Tütn?
VERKÄUFERIN: Aus Plastik natürlich. Was moana denn Sie?
XAVER SPÖTTL: *(triumphierend)* Aus Plastik oiso! Aha.
VERKÄUFERIN: Was „Aha"? – Unsere Tütn san grün. Und Einemarkneunzig führn ma …
XAVER SPÖTTL: … dem Umweltfond zua. I hab scho verstandn.
VERKÄUFERIN: Was gibt's n'dagegn zum sagn?
XAVER SPÖTTL: *(grinsend)* Wissn'S, dees kimmt ma so ähnlich vor, wia im Fernsehn de Schallplattenreklame. Da hoaßt's aa oiwei: „Die LP kostet im Handel zwanzig Mark und davon gehen zwei Mark an die Krebshilfe." – Oder woaß da Teifi wohi. – Jetzt auf Weihnachten is' ganz schlimm …
VERKÄUFERIN: Und dees finden Sie foisch?
XAVER SPÖTTL: Foisch net, aber betrügerisch. Denn mit achtzehn Mark is de Plattn oiwei no a guats Gschäft für de Plattnfirma. – Und de „sozialen zwoa Mark" reizn d'Leit zum Kaafa.
VERKÄUFERIN: Was hat denn Eahna Plattn-Schmarrn mit unsere Tütn zum toa?
XAVER SPÖÖTTL: Da is' genauso. Früher hat de Tütn a Zehnerl kost', und jetzt haut ma Einemarkneunzig für a'n guatn Zweck darauf, und scho verkaafa sich de Millionen Tütn wieder guat, de ma sunst wegschmeißn hätt müassn, wega da Umweltbelastung.
VERKÄUFERIN: *(patzig)* Woin'S jetzt a Tütn, ja oder naa?
XAVER SPÖTTL: Naa. I hob mei Körbi dabei.
VERKÄUFERIN: Dees is typisch, bloß oiwei davo redn, aber net tatkräftig was toa für d'Umwelt.
XAVER SPÖTTL: I tua was dafür. Aber I bin net blöd. – Was macht's?
VERKÄUFERIN: *(spitz)* Sechsadreißgmarkachtzge bittschön …
XAVER SPÖTTL: *(reicht ihr zwei Zwanzigmarkscheine)* Da, und den Rest tean'S in d'Umweltkasse eini … *(ab)*
VERKÄUFERIN: *(perplex)* Naa sowas … (*starrt ihm nach und das Licht erlischt)*

Weiser Rat

Personen: Xaver Spöttl
Junger Schriftsteller

XAVER SPÖTTL: Wia war de gestrige Party?
SCHRIFTSTELLER: Es ging. Lauter berühmte Leute.
XAVER SPÖTTL: Und? – Hast' mit eahna gredt?
SCHRIFTSTELLER: Es ist mir peinlich, mich so einfach anzuwanzen.
XAVER SPÖTTL: Du bist ung'schickt. Wichtige und einflussreiche Leit helfn Dir nach vorn.
SCHRIFTSTELLER: Ich weiß.
XAVER SPÖTTL: Warum redst' dann net mit eahna?
SCHRIFTSTELLER: Es ist nicht meine Art.
XAVER SPÖTTL: Aber Du wuist a's doch schaffa, oder?
SCHRIFTSTELLER: Natürlich.
XAVER SPÖTTL: Dann derfst aa bloß mit wichtige Leit verkehrn, sunst schaffst as nia.
SCHRIFTSTELLER: Und Du glaubst, daß die mir weiter helfen werden?
XAVER SPÖTTL: Wennst' as richtig ostellst, scho. Du muaßt di wichtig macha, trotzdem devot sei, eahna schmeicheln, und eahnare Gegner lächerlich macha. – Du muaßt eahna ganz einfach des Gfuih gebn, daß sie wichtiger für Di san, wia Vater und Muatter.
SCHRIFTSTELLER: Das ist nicht leicht.
XAVER SPÖTTL: Was is scho leicht auf unserer Welt? Nix is leicht. – Und nur einflussreiche Leit könna Dir nach obn verhelfa. Oiso vergiss alle andern, de bringa Dir nix. Im Gegenteil, sie wartn wia Du auf eahna Chance. Und bloß de eiskaltesten unter eahna schaffn dees. – Und zu dene muaßt Du gehörn!
SCHRIFTSTELLER: Die Einflussreichsten sind nicht die Sympathischten.
XAVER SPÖTTL: Was schpuit dees für a Roin? – Du muaßt sie ja net heiratn …
SCHRIFTSTELLER: Und alle meine Freunde?
XAVER SPÖTTL: Aufgebn! – De bringa Dir alle nix.
SCHRIFTSTELLER: Ich frage mich nur, warum Du nicht nach diesem Rezept lebst?
XAVER SPÖTTL: I konn dees net. Leider.
SCHRIFTSTELLER: Wieso leider? – So schwer kann das doch nicht sein?
XAVER SPÖTTL: I möcht meine Freindln net aufgebn. In meim Alter …
SCHRIFTSTELLER: Aber die bringen Dir doch nichts. Du musst Dir einflussreiche Freunde suchen.
XAVER SPÖTTL: Dees woaß i.
SCHRIFTSTELLER: Zum Teufel, warum tust Du es dann nicht?
XAVER SPÖTTL: Meine Stückl, die i schreib, werdn dadurch net besser.
SCHRIFTSTELLER: Aber sie werden aufgeführt!
XAVER SPÖTTL: Dees scho …
SCHRIFTSTELLER: Ich versteh' Dich nicht. Schau Dich doch an? Nur Kellertheater spielen Deine Stücke.
XAVER SPÖTTL: Dafür hab i no alle meine Freind …
SCHRIFTSTELLER: Auf das pfeife ich! Ich will nach oben! *(fanatisch)* Dazu ist mir jedes Mittel recht! – Du bist eine Flasche!
XAVER SPÖTTL: *(resigniert)* Dees woiß i …
SCHRIFTSTELLER: Warum unternimmst Du dann nichts?
XAVER SPÖTTL: Weil i mei Lebn und mein Charakter net verändern wui …

SCHRIFTSTELLER: Dann wirst Du es nicht mehr schaffen!
XAVER SPÖTTL: Dees woaß i ...
SCHRIFTSTELLER: Also, ich verstehe Dich nicht. Mir gibst Du einen Rat, den Du selber nicht befolgst.
XAVER SPÖTTL: Schau, Bua, fast alle de a'n guatn Rat gebn, befolgn selber koan guatn Rat. Sunst kaannt's ja koan guatn Rat gebn, weils'n net wissen taan. Hast' mi?
SCHRIFTSTELLER: *(verständnislos)* Nein.
XAVER SPÖTTL: Dees macht nix. Du bist no jung, und werst es scho no merka, was i moan. – Jetzt trink ma no a Hoibe, geh weida ...

(Licht aus)

Mein roter Bruder

Personen: Xaver Spöttl als Indianer
Elfriede – in einem Faschingskostüm (evtl. Charleston-Zeit)

(Eine Bank vor einem Saal, in dem ein Faschingsball abgezogen wird. An einem Ende sitzt Elfriede im Kostüm und wedelt sich mit einem Fächer Kühlung zu. Sie raucht aus einer langen Zigarettenspitze und hustet.)

ELFRIEDE: Pfui Deifi! *(drückt die Zigarette in einem Aschenbecher aus)* Wia ma no dees Zeigl raacha konn … *(angeekelt)* Und i blöde Urschl muaß aa raacha. – Weil's zum Kostüm passt, hat da Verleiher gmoant … So ein Kaas. Na müaßt i aa Koks schnupfa …
XAVER SPÖTTL: *(erscheint im prächtigen Indianerkostüm und setzt sich)* Is' erlaubt?
ELFRIEDE: Jetzt sitzn'S ja scho.
XAVER SPÖTTL: *(wischt sich über die Stirn)* Hoaß is', was?
ELFRIEDE: Es geht. In Afrika is' heaßer … *(betrachtet ihn von der Seite)* Gehnga'S ois Indianer?
XAVER SPÖTTL: *(trocken)* I glaab scho. – Seitdem d'Ingrid Steeger oan g'heirat hat, san d'Indianer wieder „in".
ELFRIEDE: Bei uns vielleicht. In Amerika net.
XAVER SPÖTTL: Mögn Sie Amerika net?
ELFRIEDE: Was hoaaßt mögn?! D'Amerikaner san auf d'Nega und auf d'Indianer net scharf. Dees woaß doch a jeda …
XAVER SPÖTTL: *(betrachtet sie unverhohlen)* Gehnga Sie ois Ingrid Steeger?
ELFRIEDE: I? – Ois Ingrid Steeger? – Wia kemma'S jetzt da drauf?
XAVER SPÖTTL: No, wega Eahnam Kleidl. – Sie schaugn aus wia a Schauspielerin …
ELFRIEDE: I bin aber koane. Und Sie werdn aa koane Gedichte schreiben, oder?
XAVER SPÖTTL: Gedichte? – I? – Ja nia! *(überlegt)* Wiaso eingli?
ELFRIEDE: Ja no, weil da Ingrid Steeger ihr Indianer Gedichte schreibt.
XAVER SPÖTTL: Sie san aber net d'Ingrid Steeger, oder?
ELFRIEDE: *(lacht)* Schau i so aus? *(dreht sich im Kreis)*
XAVER SPÖTTL: *(betrachtet sie)* Naa, eingli net.
ELFRIEDE: *(droht ihm mit dem Finger)* Sie, gellns …!
XAVER SPÖTTL: So war's net gmoant. – Sie san a dantschigs Weiberl …
ELFRIEDE: *(verlegen)* Ah geh, dees sagn'S ja bloß …
XAVER SPÖTTL: *(drei Finger aufs Herz)* A Indianer lüagt net!
ELFRIEDE: San'S, san'S verheirat?
XAVER SPÖTTL: Ja.
ELFRIEDE: *(enttäuscht)* Na habn'S oiso a Squaw?
XAVER SPÖTTL: *(belustigt)* Naa.
ELFRIEDE: Aber Sie habn doch grad gsagt, daß' verheirat' san …?
XAVER SPÖTTL: Ja und na. – Mei Frau ist tot.
ELFRIEDE: *(atmet auf; lächelt)* Ja dees is guat?!
XAVER SPÖTTL: *(gespielt streng)* Was is'n da guat?!
ELFRIEDE: *(verheddert sich)* Dees, dees is net guat, dees hoaßt, i moan, dees is schlimm, daß … no ja, dees tuat ma leid …
XAVER SPÖTTL: *(lächelnd in Indianerpose, mit einer Hand am Herzen)* Das warrr vor acht Sommern, daß meine Squaw eingeritten ist zu Manitou in die ewigen Jagdgründe. Uff!
ELFRIEDE: *(nüchtern)* Aha. Na is' oiso vor acht Jahrl abtanzt Eahna Frau. *(drückt herum)*

San'S alloa da? I moan heit?
XAVER SPÖTTL: Mei oida Spezl is mit seina Freindin dabei.
ELFRIEDE: *(zögernd)* Aa tot?
XAVER SPÖTTL: *(grinsend)* Naa, gschiedn.
ELFRIEDE: Aha.
XAVER SPÖTTL: *(deutet in den Saal)* Da, der nackate Indianer is'! Der mit dera schwarzn Perückn is mei rota Bruada ...
ELFRIEDE: *(schaut angestrengt in den Saal)* Aha, der. – Der schaugt recht guat aus ...
XAVER SPÖTTL: Wenn ma Indianer mag, scho. – Aber i bin Häuptling!
ELFRIEDE: *(schaut intensiv in den Saal; sinnend)* Irgendwie kimmt ma der Indianer bekannt vor ...
XAVER SPÖTTL: Dees konn net sei. Oa Indianer schaugt wia da ander aus. *(schlägt sich vor die Brust)* Bis auf uns Häuptling natürlich! – Außerdem war mei Spezl zehn Jahr in Amerika ...
ELFRIEDE: Zehn Jahr?
XAVER SPÖTTL: Genau. Und guat fuchzehn Jahr is er gschiedn. – I hab sein' Dracha ja net kennt. Dees muaß a furchtbars Weib gwesn sei. *(springt auf und saust in den Saal)* Hoit, zwoa Glasl Schampus bittschön ... *(kommt mit zwei vollen Gläsern zurück und reicht Elfriede eins davon)* Sodala, Sie san so nett, bittschön trinka'S a Glasl mit mir. Prost ...
ELFRIEDE: *(schüchtern)* Geh, dees geht doch net ...
XAVER SPÖTTL: Macht Eahna Mo a Wede, wenn er uns siehgt ...?
ELFRIEDE: I hab koan Mo. I bin mit meiner Freindin da.
XAVER SPÖTTL: Is er aa scho in de ewign Jagdgründe eigrittn, Eahna Mo?
ELFRIEDE: Naa. Woaß da Deifi, wo der higrittn is. – *(leise)* I bin nämlich aa gschiedn ...
XAVER SPÖTTL: Da schau her. Dees muaß ja a scheena Depp gwesn sei, der sich von so a'm nettn Weibi scheidn lasst. Der ghörat wegen Blödheit eigsperrt. *(hebt sein Glas)* Oiso, Prost! Ich habe gesprochen. Hugh! *(beide trinken)* Tanz ma hernach amoi? Wenn'S mögn ...
ELFRIEDE: *(rasch)* Gern. I tanz für mei Leben gern. Und mit a'm Häuptling scho glei gar ... *(erhebt sich)*
XAVER SPÖTTL: *(schaut in den Saal)* Heinz, geh weida, geh her, i möcht Dir wen vorstelln! – Dein Roter Bruder hat eine neue Squaw aufgerissen, Hugh!
ELFRIEDE: Heinz?? *(starrt in den Saal)* Wo war er, sagn Sie? In Amerika? Und er is seit fuchzehn Jahr gschiedn?
XAVER SPÖTTL: Genau. – Aber was habn'S denn jetzt auf oamoa?
ELFRIEDE: *(unbeirrt)* Und Heinz hoaßt er??
XAVER SPÖTTL: *(ärgerlich)* Ja Kruzifünferl, was konn denn i dafür, daß er Heinz hoaßt!
ELFRIEDE: Daxlbauer vielleicht aa no??
XAVER SPÖTTL: Jetzt schlagt's aber dreizehn! Wiaso wissn Sie dees?
ELFRIEDE: Er hoaßt oiso Daxlbauer?
XAVER SPÖTTL: Ja, er hoaßt Daxlbauer ... Warum?
ELFRIEDE: *(setzt sich mit einem Plumpser auf die Bank)* Weil Eahna rota Bruada mei gschiedner Mo is ...

(Licht aus)

Der kleine Unterschied

Personen: Xaver Spöttl
Seine Freundin

FREUNDIN: *(eifersüchtig)* Was hat sie anders als ich? Was ist bei ihr anders?
XAVER SPÖTTL: *(ruhig)* Oiso, was Du glaabst auf koan Foi.
FREUNDIN: Was ist dann anders bei ihr? Was hat sie, was ich nicht habe?
XAVER SPÖTTL: *(zögernd)* Dees is gar net so einfach ...
FREUNDIN: *(triumphierend)* Na bitte! – Dann muss es ja wohl ihr Geld sein!
XAVER SPÖTTL: *(rasch)* Naa. Auf gar koan Foi!
FREUNDIN: *(schreit)* Was dann zum Teufel?! Was unterscheidet die Frauen voneinander?
XAVER SPÖTTL: *(zögernd)* Na, vielleicht eahnare Brüsterl ...
FREUNDIN: Die Brüste?
XAVER SPÖTTL: Eigentlich aa net. Bloß weilst' Du so bohrat fragst ...
FREUNDIN: Irgendetwas muss doch bei ihr anders sein, als bei mir?
XAVER SPÖTTL: Woaßt', bei manche Frauen san de Brüsterl birnenförmig ...
FREUNDIN: Birnenförmig?
XAVER SPÖTTL: Na ja, oder sie stehnga weiter auseinander ...
FREUNDIN: Auseinander?
XAVER SPÖTTL: ... oder sie hänga a bisserl oder san kleana wia bei a andern Frau. Vielleicht aa unterschiedlich groß ...?
FREUNDIN: Und wie sind meine?
XAVER SPÖTTL: *(rasch)* Tadellos. Ehrlich. I schwör D'as!
FREUNDIN: Was hat die andere dann?
XAVER SPÖTTL: Eigentlich nix, was bei Dir anders waar ...
FREUNDIN: *(den Tränen nahe)* Weshalb verlässt Du mich dann wegen ihr, wenn sie nichts anderes hat, als ich?
XAVER SPÖTTL: Woaßt Du, ob a Frau größere oder kloanare Brüsterl hat, is net auschlaggebend. Aa d'Form net ...
FREUNDIN: Was dann um Himmelswillen??
XAVER SPÖTTL: Woaßt, sie hat a'm linkn Ohr a'n kloana Leberfleck ...
FREUNDIN: Einen Leberfleck?
XAVER SPÖTTL: Ja, a'n Leberfleck.
FREUNDIN: Und dieses Fleckens wegen verlässt Du micht?
XAVER SPÖTTL: *(überlegt)* Paß auf, vielleicht hilft Dir dees weiter. Bevor i Di kennaglernt hab, bin i mit da Gertrud Dannenhauser ganga. Woaßt' D'as no?
FREUNDIN: Natürlich weiß ich das noch! Dieses vollbusige dunkelhaarige Flittchen!
XAVER SPÖTTL: Und na hab i Di kennaglernt. Genauso vollbusig und dunkelhaarig wia sie.
FREUNDIN: Ich war kein Flittchen!!
XAVER SPÖTTL: Gertrud aa net ...
FREUNDIN: Was hatte ich, was sie nicht hatte?
XAVER SPÖTTL: A Grüaberl ...
FREUNDIN: Ein Grübchen??
XAVER SPÖTTL: Genau. A Grüaberl am Keansl ...
FREUNDIN: Und das gab den Ausschlag?
XAVER SPÖTTL: Deine Gaudinockerl jedenfois net.
FREUNDIN: Und das ist alles? Nur weil sie einen Leberfleck am Hals hat, verlässt Du mich?

XAVER SPÖTTL: Am Ohr. Ihr Leberfleck is am Ohr. Am linkn Ohrwaschl …

FREUNDIN: *(aufbrausend)* Das ist doch piepegal, wo sich dieser blöde Leberfleck befindet!

XAVER SPÖTTL: Naa. Ganz und gar net! Wennst Du koa Grüaberl am Keansl ghabt hättst, sondern am Backa, na hätt i vermutlich Gertrud Dannhauser gheirat …

FREUNDIN: Das kann ich beim besten Willen nicht begreifen. Wegen so einer Kleinigkeit geht man doch nicht auseinander …

XAVER SPÖTTL: Jedenfois is net da Busn. Und s'"andere" aa net …

FREUNDIN: *(resigniert)* Es ist der Leberfleck …

XAVER SPÖTTL: Genau der is! I konn da nix andas sagn. Pfüadi nacha … *(ab)*

(Licht aus)

Dramatiker

Personen: Xaver Spöttl
Dramatiker

DRAMATIKER: *(fast schluchzend)* Diese Arschlöcher haben mein Stück total missverstanden.
XAVER SPÖTTL: Oa Kritiker hat net schlecht drüber gschriebn …
DRAMATIKER: Und alle anderen zerrissen es! – Und das Publikum buhte. – Ich will nicht mehr leben. Das Publikum hat mich getötet …
XAVER SPÖTTL: Ah geh, dees waarn zwoa oder drei berufsmäßige Buher!
DRAMATIKER: Zwei? Drei?
XAVER SPÖTTL: Oder oa Dutzend höchstens. – Was is dees scho?
DRAMATIKER: In diesem Stück steckt mein Herzblut.
XAVER SPÖTTL: Natürlich. I kenn dees. Aa i hab amoi Stücke gschriebn …
DRAMATIKER: Das Stück ist gut! Ich schrieb es in einem Wurf nieder. Verstehst Du? – Fast in Trance. – Die Dialoge sind gut. Der Aufbau erstklassig. – Und zweimal eine Peripetie! Was will man mehr?
XAVER SPÖTTL: I find Dei Stückl guat, ehrlich …
DRAMATIKER: Ich weiß, dass es gut ist. Und diese Kläffer zerrissen es! Mein Stück! Das man noch spielen wird, wenn diese Kläffer längst tot sind!
XAVER SPÖTTL: Es erinnert mi an Shakespeare …
DRAMATIKER: An Shakespeare?
XAVER SPÖTTL: Bsonders in der 213. Szene, wia de Engl – oder warn des Fliaga – auf'n Bodn gschwebt san …
DRAMATIKER: Ach ja, diese Szene meinst Du. – Wahrhaftig sie hat etwas shakespearehaftes. In der Tat, Du hast Recht. Ich empfinde es genau so.
XAVER SPÖTTL: Es is ähnlich wia bei Meierbeer. Aa eahm spricht ma shakespearehafte Streckn zua …
DRAMATIKER: *(kurz)* Meinst Du etwa „Die goldene Gans"?
XAVER SPÖTTL: Genau. Dees Stückl moan i …
DRAMATIKER: Stück sagst Du zu diesem Mist?
XAVER SPÖTTL: Geh weida! Meierbeer is aa guater Dramatiker …
DRAMATIKER: Ach was. Der kann doch keine Stücke schreiben! Die Dialoge miserabel. Keine Handlung, und die Dramaturgie zum Kotzen.
XAVER SPÖTTL: I find, daß Meierbeers Stückl guat san. Und er werd gschpuit!
DRAMATIKER: *(erbost)* Und ich finde seine Stücke zum Kotzen!
XAVER SPÖTTL: Der Kritiker, der Dei Stückl am schlimmstn z'rissn hat, hat a'n Meierbeer sei Stückl sauber globt.
DRAMATIKER: Dieser Scheißkritiker ist doch nicht kompetent!
XAVER SPÖTTL: Aber er schreibt immerhin für de größte Tageszeitung!
DRAMATIKER: Meierbeers „Goldene Scheißgans" ist ein Antistück!
XAVER SPÖTTL: *(amüsiert)* … dees allerbestns okimmt!
DRAMATIKER: Ha! – Nur bei Spießern!
(Licht allmählich dunkel)
XAVER SPÖTTL: … auf de größtn Bühnen …
DRAMATIKER: … in Kleinstädten!
XAVER SPÖTTL: Es is für a'n Dramatikerpreis vorgschlagn …
DRAMATIKER: … von Ignoranten und dramaturgischen Seiltänzern!

XAVER SPÖTTL: … Meierbeer is guat …
DRAMATIKER: … er ist Scheiße! Seine Stücke sind Scheiße! Alles an Meierbeer ist Scheiße!
XAVER SPÖTTL: … da täuscht' Di aber …
DRAMATIKER: Nein!
XAVER SPÖTTL: Und wia!
DRAMATIKER: Nein!
XAVER SPÖTTL: Geh hörn ma auf …

(Licht aus)

Abgefackelt

Personen: Xaver Spöttl
Ein etwa neunzehnjähriger „Ossi"
Sein gleichaltriger „Wessi-Freund"

(An einem Wirtshaustisch vor einem Nebenzimmer. Gedämpfte Männerstimmen durch die Türe, die alte Nazilieder grölen.)

WESSI: Daß Sie in dera Wirtschaft verkehrn, dees hab i gar net gwusst, Herr Spöttl.

XAVER SPÖTTL: Da hast Du no in d'Windln bieselt, da hab i da herin scho mei Bier trunka.

OSSI: *(quängelnd)* Mensch, Mann, komm schon endlich! Was unterhältst De Dich mit dem alten Knacker.

XAVER SPÖTTL: Dir gib i glei a'n Knacker, Du Lausbua!

WESSI: *(zum Ossi)* Jetzt gib a Ruah. I kimm glei. Da Herr Spöttl wohnt bei uns im Block.

XAVER SPÖTTL: *(wieder ruhig)* Wia i so oid war wia Du, hab i mei Madl mitgnomma in d'Wirtschaft.

WESSI: Heit is Heimabend und da habn d'Weiber nix zum suacha bei uns.

XAVER SPÖTTL: Wiats Ihr daherreds ...

OSSI: Wir haben noch Ideale!

XAVER SPÖTTL: Aber aa erst seit d'Mauer gfoin is. Vorher habts eicha Mäu net so weit aufgrissen.

WESSI: San'S staad, Herr Spöttl. Bittscheen.

XAVER SPÖTTL: Is ja wahr aa. Net amoi schnaufa habn sa se traut, und jetzt laßn's d'Sau raus.

OSSI: Früher war es besser bei uns, als die Mauer noch jestanden hat. Seit dem Anschluss geht's uns beschissen. Keene Arbeit, nichts ... Und die paar Arbeitsplätze, de et jibt, nehmen uns die Kanaken weg. Ik sag, die jehörn abjefackelt!

WESSI: Spinnst Du! I taat no lauter plärrn!

XAVER SPÖTTL: *(betrachtet den Ossi von unten nach oben)* A so wiast Du ausschaugst, Buale, konn ma de natürllich nirgends braucha. – Tätowiert überoi, a Plattn, und ein Aufzug wia da „Stallone" in seiner bestn Zeit! – Liest Du eingli nia d'Zeitung? In da Süddeutschn stehnga am Wochenende Hunderte von Stellenangebote. Ihr seids bloß z'faul zum arbatn. Dees is' ...

OSSI: Ik sag: Deutschland für die Deutschen! Raus mit dem Ausländergeschmeiß!

WESSI: *(ärgerlich)* Jetzt hoit amoi Dei blöde Goschn.

OSSI: He he, is wat los mit Dir?

XAVER SPÖTTL: Wenn unsere ausländischn Arbeiter auf oan Schlag aufhörn, und de ausländischn Gschäftsleit eahnare Lädn zuasperrn, na is Deutschland von oaner Stund zur andern erledigt. – Aber dees geht ja in Dei glattrasierte Birn net nei!

WESSI: So unrecht hat er net, da Herr Spöttl. – Wer isst denn alle Tag a Pizza? – Du, Bruada!

XAVER SPÖTTL: Ha ha, so is' recht. Auf d'Ausländer schimpfa, aber bei eahna essn! Und ins Ausland fahrn im Urlaub! – Aber a'm türkischn Nachbarn in Deutschland s'Haus o'zündn und seine Kinder vabrenna! – Brav sag i, de richtign Nazimethodn, dees muaß i sagn.

WESSI: Mir zündn nix o, Herr Spöttl.

XAVER SPÖTTL: *(gutmütig)* Schaug Di doch o, Walter, wiast' ausschaugst? A Hakenkreuz hast' da auf'n Arm nauf tätowiern lassn. – Woaßt Du, daß Du dees nimmer rausbringst? – Wia damois de Nummer im KZ. – Daßt's Ihr dene Republikaner oiß glaabts? Dees is doch a Gschwerl, Walter. Ehrlich. Heit konn ma se nimmer absondern. Schaug de doch um, überoi foin d'Grenzn. Da Mensch muaß heitzutag zammhoitn, sunst is er erledigt …

WESSI: De Reps wähln mir net. Mir woin bloß d'Gsellschaft verändern.

OSSI: Genau. Dat isses.

XAVER SPÖTTL: Wia d'Kommunistn damois, was? Aber dees hat aa net klappt, weil da Mensch unterschiedlich veranlagt ist. Und i hoff, daß sich daran gar nichts ändert, und er unterschiedlich bleibt. *(zum Ossi)* Dees müasserst Du eingli ganz genau wissen. Bei Eich habn doch bloß d'Funktionäre was ghabt. – Von wegen: Gleichheit für alle! Da warn mir im Westn vui kommunistischer …

OSSI: Wieso? Det versteh ich nicht.

XAVER SPÖTTL: *(grinsend)* No, weil bei uns alle a'n Kühlschrank, a'n Fernseher und a Auterl ghabt habn. Verstehtst', Buale, alle?! – Net bloß d'Politiker, oder wia bei Eich d'Funktionäre.

OSSI: Ach was. Quark. Ik sag: Deutschland für die Deutschen!

XAVER SPÖTTL: *(belustigt)* Da taan ma aber blöd schaugn in de Ferien, wenn d'Italiener sagn taan: Italien für die Italiener! Na taat's am Gardasee zum Beischpui ganz schee laar werdn …

OSSI: Blödsinn …

XAVER SPÖTTL: Freili, so muaßt' daherredn. – Schau, wenn koane Römer über d'Alpn kemma waarn, na taan ma heit no im Fell rumlaafa und vo de Salzstoana in Reichenhall schlecka. Weil ma koa anders Gwürz net kenna taatn. – Und nimm unser Sprach her; de is aus lauter internationale Brocka zammgsetzt …

WESSI: Dees stimmt. Dees habn ma scho in da Schui glernt. – Zum Beschpui „Abort" …

XAVER SPÖTTL: *(grinsend)* Was bessers foit da net ei, was?

WESSI: No ja, freili gibt's no vui andere Wörter …

OSSI: *(winkt mit der Hand ab)* Ach was, Blödsinn alles. Ik bin für klare Verhältnisse. Ik brauch keene Pizza. Ik ess' Kartoffeln.

XAVER SPÖTTL: *(laut lachend)* De kemma aber aa vom Ausland. Aus Amerika, verstehst'?

OSSI: *(unruhig)* Is ja egal. Aber die Amis wolln auch keene Nigger! Der Ku-Klux-Klan fackelt die auch ab.

XAVER SPÖTTL: *(fast sanft)* Du bist a ganz a dummer Bua. Du hast keine Ahnung, wia de meistn in deim Alter. – Schau, wenn's koane Ausländer gebn taat, na gab's koan oanzign Amerikaner. Und de Chesterfield, de wost Du grad raachst, gaab's aa net. Siehgst ´as Du a'm Michael Jackson no o, daß sei Ur-ur-ur-urgroßvater no a Sklave war? – Entweder hoit da Mensch ois „Art" zamm und ois „Rass", oder er werd vo da Welt verschwindn wia d'Saurier. – Sodala und jetzt lad i Euch zu a'm Cognac ei, der kimmt nämlich aa vom Ausland …

(Licht aus)

Kunstverständnis

Personen: Xaver Spöttl
Dr. Grimmighausen
Eine Stimme

XAVER SPÖTTL: Wir befinden uns auf einem Seminar für bayerische Dialektik. Der norddeutsche Seminarleiter im Trachtenanzug, Doktor Grimmighausen, steht am Pult und beginnt seinen Unterricht. Eine Stimme aus dem Dunkel ist bei passender Gelegenheit zu hören. Oiso, vui Spaß ... *(ab)*

DR: GRIMMIGHAUSEN: Guten Abend meine Damen und Herren. Mein Name ist Doktor Grimmighausen. Ich werde das Seminar zur „Erlernung der bayerischen Sprache", des „formal richtig gebauten Gedichts", also der Kunst schlechthin, leiten und die Vorträge selbst abhalten. – Ich studierte Germanistik, Literatur und Theaterwissenschaft.
Bei dieser Gelegenheit darf ich vielleicht auf mein Buch „Der Bayer in seiner bayerischen Sprache in seiner bayerischen Heimat" hinweisen. Die zweite Auflage wird soeben vorbereitet. – Doch das nur am Rande. – Der Ladenverkaufspreis beträgt übrigens DM 32,50. Sie sollten sich das Buch anschaffen, damit Sie meinen Ausführungen leichter folgen können.
Nun, wir alle wissen, wie sehr die bayerische Sprache unter pseudobayerischen Dilettanten in den letzten Jahren in unserer Heimat gelitten hat.
Wie grauenhaft klingt das zum Beispiel, wenn einer da reimt:
Heit möcht i riacha
an vablüahte Rosn,
heit hab i Zeitlang
nach Buamakniahosn ...
um nur einen kurzen Ausschnitt aus Hubert Schusters Gedicht zu bringen!
Wie anders verhält es sich dagegen mit einem Gedicht von Hermann Kupfer:
oiwei wennsd a gäid brauxd
soit i fia di an gäidscheissa schbuin
& des ged ma sche lanxam
aufn oasch
In diesem Gedicht steckt Kraft! – Das ist echt gewachsene Urwüchsigkeit! – Beachten Sie bitte, meine Damen und Herren, dass der Dichter „brauxd" und „lanxam" mit „X" schreibt und vor allen Dingen völlig neue Wege geht, da er das banale Wörtchen „und" durch ein Schreibmaschinenkürzel ersetzt. Kupfer verabscheut Interpunktion und bedient sich der moderenen Kleinschreibweise.
Sie werden an diesem ersten Beispiel schon den gewaltigen Unterschied zwischen Herbert Schuster und Hermann Kupfer erkannt haben! *(hüstelt und lächelt geringschätzig)*
Und erst dieser Raugeis! – Oh Gott, wie weit ist der von bayerischer Dichtung entfernt!
Hören Sie nur, meine geschätzten Zuhörer:
Üban Schattnberg und Schattnwoid
bricht da neie Tog o, seidngmoit.
Fliagt a Voglkettn gstrecktalengs,
lange Häis hams: Antn oder Gens.
Fliagt a Voglstrich, a schwarza schwaara.
Und da laare Himmi is no laara.

Ich bitte Sie, meine Damen und Herren! – Das ist doch glatter Nonsens! – Dagegen ein Gedicht von Johann Weißmann, das in seiner formalen Vollendung wohl beispielhaft für die bayerische Literatur sein dürfte. Obgleich auch Weißmann die Kleinschreiung bevorzugt und die Interpunktion streng vermeidet. – Lauschen Sie, meine Damen und Herren!

du bisd so blääd
wia an huawabauan sei ganserer:
dea is drei jor
mid de schbozn gflogn
bisa gschband hod
daßado
need dazuaghead

Das sind Gedichtschöpfungen, die in der gesamten bayerischen Literaturszene als einsame Giganten des geschriebenen, bayerischen Wortes dastehen. Hier findet man keinen gekünstelten Reim. Das ist reine Sprachschöpfung, nicht austauschbar und in der Grammatik für Jahrhunderte richtungsweisend. Da wir gerade bei der Festlegung gültiger Werte sind, muss ich Ihnen, meine verehrten Seminarteilnehmer, noch zwei Gedichte zu Gehör bringen, die bis heute als unübertroffen anzusprechen sind.

Das erste Gedicht ist von Hans Beinlinger, diesem markigen Bayern, der alle Schablonen verabscheut und völlig neue Wege geht, wie Sie gleich hören werden. Geschrieben wirken seine Gedichte sogar dem Suaheli-Dialekt verwandt, das heißt mit leichten Anklängen zum Japanischen. – Doch gesprochen ... hören Sie selbst!

Abrisddung!
Glaubsd du des?
I ned.
Sichaheitskonferenz!
Glaubsd du des?
I ned.
Risdungsbeschränggung !
Glaubsd du des ?
I ned.
Atomspeavodrag!
Glaubsd du des?
I net.

Und so geht dieses großartige Gedicht noch über einige Zeit weiter. Sie haben gewiss bemerkt, dass das soziale Element die lyrische Form in geradezu verblüffender Weise durchtränkt. *(hebt die Stimme)* Und da behaupten die Neider dieser Dichter, dass man aus Zeitungsartikeln Gedichte fabrizieren könnte, sofern man die Wörter untereinander schreiben würde! – *(schrill)* Das ist gelinde gesagt Blasphemie!! – Wie Ihnen das Beispiel von Rudi Sockel zeigen wird!

Tausnd Foitn
hods im Gsicht.
A paar
ghern woi an Vadda.
Zwoa, drei,
kaum mehra, da Schwesta.
De andan Foitn
im Gsicht von da Muadda
san olle mei.

(schnäuzt sich gerührt) Bei diesem Gedicht versagen mir die Worte. Es ist so tief

empfunden. Von solch andächtiger Frömmigkeit, dass man zutiefst davon aufgerüttelt wird. – Das ist Dichtkunst, meine Damen und Herren! Daran können Sie ermessen, ob Sie es überhaupt wagen sollen, jemals ein Gedicht in bayerischer Sprache zu schreiben. Dagegen dieses Machwerk eines Walter Schleiffer! Ich lese Ihnen mit Absicht nur die erste Strophe vor, damit Sie sich überzeugen können, was ein Gedicht ist und was nicht!

Du konnst nix hoitn
auf da Welt.
Koa Fliederblüah,
koan Rosenduft.
Dees wo für di
im Lebn bloß zählt,
macht se davo
ois wia a Schuft.

Dafür habe ich nur ein Hohnlachen übrig! Hahaha!

Doch verzeihen Sie mir, wenn ich nun ernst werde. Oskar Scheindl, der tragisch verunglückte österreichische Dichter, dessen Namen ein bayerischer Literaturpreis sein Entstehen verdankt, und den zu erringen Ihnen allen ein Zukunftstraum sein sollte, sagte in einem heute schon klassichen Gedicht alles, was es darüber zu sagen gibt:

mia mochtn eich
a „x" fia „y" voa
unds "z" vakafma eich

Auch er bevorzugte die Kleinschreibung ohne Interpunktion. Ein österreichischer Dichter, der in Bayern seinen Markstein gesetzt hat.

STIMME: *(aus dem Dunkel)* Dees is ja oiß ganz schee und guat, aber mir woin jetzt endli amoi was hörn, was uns weida bringt, Herr Dokta Grimmighausen!

DR. GRIMMIGHAUSEN: *(nervös)* Gewiss, gewiss, so haben Sie doch Geduld, mein Lieber!

STIMME: *(unwirsch)* I bin net Eahna Liaba, mei Liaba! – Für mei Geld möcht i was habn!

DR. GRIMMIGHAUSEN: So gedulden Sie sich doch noch einen Augenblick. – Ich will und darf einfach nicht versäumen, Ihnen noch einen sogenannten Dichter vorzustellen, der sich in die Reihe der vorhin genannten Verseschmiede vortrefflich einfügt.

Heinz Zapf ist sein Name. – Und dieser Professor behauptet sogar, dass ein Maler erst durch Zeichnungen beweisen muss, dass er sehr wohl fähig ist, die Natur abkonterfeien zu können, ehe er ein abstraktes Gemälde malt. *(hüstelt von oben herab)* Ich frage mich als studierter Germanist, was das mit Dichtung zu tun hat?

Doch hören Sie selbst:

I lieg am Bodn und hör an Wind,
wiara se stroaft im Gras;
koa Uhr is da, de wo mi zwingt
und sagt ma: dua jetzt was!
I blinzlt in de warme Sonn
und denk mir bloß: wia schee!
... Schad, daß ma nix derhaltn konn.
Geh weiter, Zeit, bleib steh!

STIMME: Dees is doch net schlecht! – Oiso i find' dees Gedicht guat!

DR. GRIMMIGHAUSEN: *(zornig)* Sind Sie von Sinnen, Mensch! In meinem Seminar dulde ich für dieses Machwerk den Namen „Gedicht" nicht! Wollen Sie etwas lernen, oder nicht! – Dann halten Sie sich gefälligst an meine Ausführungen!

STIMME: I möcht mei Geld wieder z'ruck!

DR. GRIMMIGHAUSEN: *(schrill)* Das können Sie haben, Sie Banause!

STIMME: A Schmarrn is', sag i!

DR. GRIMMIGHAUSEN: *(mühsam nach seiner Fassung ringend)* Ich werde Ihnen, meine sehr verehrten Damen und Herren, nun ein Gedicht von mir vortragen, das ich aus meinem neuen Buch, erschienen im Selbstverlag, ausgewählt habe.

STIMME: *(Pfeifkonzert)*

DR. GRIMMIGHAUSEN: Ruhe zum Donnerwetter! – Sonst werde ich meinen Vertrag mit der Volkshochschule annulieren!
Ich beginne! *(sehr theatralisch)*
Sterne!
Sterne!
- Mond –
Sterne!
Keiner weine!
Atome,
Gischt,
laufende Bilanzen –
Sterne!
Sterne!
- Mond – *(Pfeifkonzert)*
Sterne!
(kommt total aus dem Konzept)
Waldlichtung!
Sterne!
(ab unter Schreien)
Sterne!
- Mond –
Sterne!

(rascher Vorhang)

No future!

Personen: Xaver Spöttl
Ein „Griesgram“

(Das Hinterteil eines neuen Autos oder Kotflügel davon ist zu sehen. Daneben eine Anlagenbank, auf der der Besitzer des neuen Wagens mit griesgrämigem Gesicht sitzt. Nach einer Weile erscheint Xaver Spöttl im grauen Arbeitskittel. Er stellt seinen Werkzeugkasten vor sich auf den Boden, zieht ein Wurstbrot aus der Tasche und beginnt hastig zu essen. Offenbar hat er kurz Mittagspause.
Der Griesgrämige beobachtet ihn angewidert.
Da verhält Xaver Spöttl und schaut auf den Griesgram.)

XAVER SPÖTTL: Was is denn Eahna über s'Leberl glaafa?
GRIESGRAM: Oiß is Scheiße. S'ganze Lebn is scheiße. Ehrlich ...
XAVER SPÖTTL: Dees woaß i aa. Dees is nix neis. *(schaut auf seine Armbanduhr)*
GRIESGRAM: Wenn S'es wissen, warum pressiert's Eahna dann so?
XAVER SPÖTTL: Sie san guat! – I hab net so lang Mittagszeit wia Sie.
GRIESGRAM: I hab überhaupt koa Mittagszeit, weil i nix arbat.
XAVER SPÖTTL: San'S oiso arbatslos?
GRIESGRAM: So konn ma aa dazua sagn. – I hab g'kündigt ...
XAVER SPÖTTL: Wiaso denn dees? – Wo heitzutag a jeder froh is, wenn er an' Arbatsplatz hat.
GRIESGRAM: Is doch oiß scheiße. D'Welt varreckt doch sowieso boid.
XAVER SPÖTTL: No ja, so schnell werd dees na aa wieder net geh.
GRIESGRAM: I an Eahnara Stell taat mi schee am Arsch lecka lassn. Is doch oiß umasunst, was Sie macha. Ehrlich ...
XAVER SPÖTTL: *(schaut wiederholt auf die Uhr)* Sie mit Eahnan Schmarrn. Mir pressiert's. Um Zwoa kummt de neie Schicht. Und da muaß i am Platz sei! I huif aus ...
GRIESGRAM: Oiso i versteh Eahna net. I taat an Eahnara Stell koan Stroach mehr. Is doch oiß für d'Katz.
XAVER SPÖTTL: Wenn koa Mensch mehr arbat, na geht d'Welt z'Grund. – Dees is amoi klar.
GRIESGRAM: I rüah koan Finger mehr. I bin doch net bläd. D'Welt hat an' letztn Schnaufa to. Ehrlich ...
XAVER SPÖTTL: Von mir aus tean Sie was' woin. I muaß jedenfois wieder ogreifa.
GRIESGRAM: Für was frag i mi?
XAVER SPÖTTL: Damit i a Gerstl verdien, dees is doch klar! *(verstaut den Rest seiner Brotzeit)*
GRIESGRAM: Sie werdn ma aa no amoi Recht gebn. Ehrlich ...
XAVER SPÖTTL: Wenn koana mehr an' Finger rüahn taat, na kriagatn sie aa koa Arbatslosnunterstützung mehr. Dees is aa klar, oder?
GRIESGRAM: Dees waar ma aa wurscht. D'Welt is im Arsch, da gibt's gar nix dro zum Rütteln. – Keine Zukunft mehr, Versteh'S Herr Nachbar? Absolut keine Zukunft mehr. Alles im Arsch. Ehrlich ...
XAVER SPÖTTL: *(packt alles zusammen, schaut auf seine Uhr und geht ab)* I muaß de neie Schicht eilerna. I hab koa Zeit, daß i über d'Zukunft mit Eahna red. I muaß in da Gegenwart arbatn, weil sunst mei Familie nix zum Beißn hat, verstehnga'S mi, Herr Nachbar?! *(ab)*

GRIESGRAM: *(schreit ihm nach)* Is doch oiß für d'Katz! Absolut koa Zukunft mehr. *(erhebt sich ebenfalls, zieht ein frisches Taschentuch hervor, geht zum Autoheck und beginnt zu polieren)* Oiß liegt doch im Arsch! No Future! Ehrlich. Nix mehr …

(Licht wird langsam dunkel, während er poliert und poliert ...)

Ruheraum der Toten

Personen: Xaver Spöttl
Junges Mädchen

(Im Innern der Aussegnungshalle am St. Martins Platz; beide schauen Seite an Seite durch das Glasfenster)

XAVER SPÖTTL: *(nach einer Weile)* Wenn ma da amoi drin liegt, na hat mas überstandn. Na gibt's koa Leid und koan Ärger mehr.
MÄDCHEN: Und auch keine Freude.
XAVER SPÖTTL: Ganz recht, Freilein, und aa koa Freid nimma. Dees Lebn is scho a seltsame Angelegenheit. Wenn ma bedenkt, daß ma de Tag gradaso runterlebt, ois wia wenn's ewig dauern taan.
MÄDCHEN: Und wie leichtfertig man mit dem Leben anderer oftmals umgeht.
XAVER SPÖTTL: Richtig, Freilein. Und wia blöd daß manche Leit san. Sie hetzn vo oam Termin zum andern, bis' amoi –bumms – macht, und na flackas da. – Und wia damisch daß' oft daherredn: „Ja wenn doch de Woch nur grad schneller vergaang" – und na vergeht's und sie merka net amoi, daß' wieder a Woch älter wordn san und s'Lebn a Trumm kürzer wordn is.
Aber da derf ma net drüber nachdenga, sunst werad ma glei spintisierad aa.

Marianne Lindner, Willi Harlander

MÄDCHEN: Ein bisschen nachdenken über das Leben schadet aber gewiss nicht.
XAVER SPÖTTL: Dees net. Aber z'vui nachdenga is aa net guat. – Sie san net vo da?
MÄDCHEN: Nein, ich bin nicht von hier. Ich studiere an der Universität Philosophie. Ich arbeite gerade an meiner Doktorarbeit.
XAVER SPÖTTL: So so, Eahna Doktorarbeit schreibn'S grad. Da wünsch i Eahna hoit vui Glück dabei.
MÄDCHEN: Das kann ich brauchen.
XAVER SPÖTTL: I glaab, wenn i dees Gsicht vo dera Totn so betracht, daß' leicht gstorbn is. Was moana Sie, Freilein?
MÄDCHEN: Darüber hab ich mir auch schon Gedanken gemacht. Es sieht ziemlich friedlich aus.
XAVER SPÖTTL: Über was schreibn'S na a Doktorarbeit, wenn i fragn derf?
MÄDCHEN: Über die Physiognomie des Todes.
XAVER SPÖTTL: Dees is ja hochintressant.
MÄDCHEN: Ich bin fest davon überzeugt, dass man von einem Totengesicht in groben Zügen das gelebte Leben ablesen kann. Vielleicht sogar Details, wenn man sich übt darin.
XAVER SPÖTTL: Sie moana oiso, Freilein, daß ma am Gsicht von am Totn siehgt, wia er glebt hat?
MÄDCHEN: Genau das meine ich. Und darüber schreibe ich meine Doktorarbeit.
XAVER SPÖTTL: Wia moana'S jetzt zum Beischpui, daß de Frau da hinter der Scheibn wohl glebt habn mag?
MÄDCHEN: Sie muss ein sehr ausgefülltes Leben gehabt haben. Einen Mann, der sie liebte und Kinder.
XAVER SPÖTTL: An was sehng'S jetzt dees?
MÄDCHEN: An der ausgeprägten Falte über der Nase. Und sie muss wohl auch sehr viel Humor besessen haben. Das bezeugen die Lachfalten in den äußeren Augenwinkeln.
XAVER SPÖTTL: I möcht Eahna Selbstvertraun net zerstörn, Freilein, aber i glaab net, daß de Frau vui Humor ghabt hat. Aber …
MÄDCHEN: … aber sehen Sie doch nur die verschieden gefurchten Stirnfalten? Betrachten Sie die genau. Das zeugt von einem intensiv gelebten Leben. – Von Reisen in ferne Länder und vielen fremden Menschen.
XAVER SPÖTTL: Oiso, daß' vui greist is, glaab i net. Dees hoaßt, dees woaß i sogar gwieß.
MÄDCHEN: Sie war auch sehr musisch gewesen. Das zeigt die hohe Stirn. Und die kleinen Einbuchtungen an den Schläfen deuten auf ein sensibles Wesen hin. Sehen Sie sich das Gesicht einmal genau an?
XAVER SPÖTTL: I kenn's guat dees Gsicht. Und von musisch siehg i rein gar nix. I find' vui mehr, daß' a ganz a einfachs Gsicht hat. A provinzialisch, wenn'S mi verstehnga, was i moan?
MÄDCHEN: Sie schließen auf ein einfaches, bäuerliches Wesen? Ich kann Sie sehr gut verstehen; Sie sind eben nicht geübt darin, in den Gesichtern Verstorbener zu lesen. Doch glauben Sie mir, dass ich mit meiner Annahme Recht habe.
XAVER SPÖTTL: I taat's Eahna ja wünschn. Scho alloa wega Eahnara Doktorarbat. Aber de Frau da dort war a ganz a einfache Frau im Lebn gwesn. Sie war net verheirat und hat aa koane Kinder ghabt. Und von musisch steht scho gar nix im Busch. Sie hat mit Ach und Krach ihran eigna Nama schreibn kenna. Und beim Pfarrer „Riedlechner" war's Pfarrersköchin vierzg Jahr lang gwesn.
MÄDCHEN: Ich bin sprachlos. Haben Sie etwa auch Physiognomie studiert?
XAVER SPÖTTL: Naa. Aber de Tote war mei Schwester …

Mausi

Personen: Xaver Spöttl

(Xaver Spöttl putzt seinen Weihnachtsbaum auf)
Naa, oiß was recht is, da hätt ma glatt der Staandlverkäufer vom Christkindlmarkt Plastikkugeln für mein' Baam aufschwätzn woin. Weil de net brecha taatn, hat er gsagt. – A traurige Welt is dees. Oiß werd oiwei künstlicher. Und net bloß beim Essn. *(Eine Kugel fällt ihm aus der Hand und zerbricht)* Varreck, is scho hi. – Macht nix, scheena san's trotzdem de gläsern Kugln. *(Schweigen)*
Ob mi d'Rohrmoser Mausi heit bsuacha werd? Sie is doch aa alloa. Ihra Mo is seit drei Jahr tot.
Oid is' wordn, d'Mausi. Und dabei war's früahas so a saubers Madl. Alle habn mas o'gspunna. I war direkt krank gwesn, wias an' Brandl Max gheirat hat. Und heit is er tot, da Max. Und d'Mausi is alloa, wia i aa. *(Schweigen)* Herrschaftseitn, is da dees was mit dene Bluatsaufhänga! Da konn ja koa Kugl hoitn, mit dem neimodischn Zeigl! An' Kaas machas scho z'samm, de Herrn Erfinder. – Mim Max hat's in Dreeg nei glangt, d'Mausi. Der hat se doch ins Grab nei gsuffa. I glaab, daß mir zwoa besser auskumma waarn, d'Mausi und i. Aber sagn konn ma gar nix. Vielleicht hätt i aa s'Saufa o'gfangt. – *(Schweigen)*
Schee werd er, da Baam. Wia früahas, wia i no a kloana Bua gwen bin. *(nimmt einen Engel, der als Spitze dient, aus der Schachtel)* Du bist aa scho oid wordn, mei liaba Engl? A bissl zrupft schaugst' aus. I woaß no guat, wia di d'Muadda damois am Christkindlmarkt kaaft hat. Und heit bist' oiwei no bei mir. An' Kriag und de schlechte Zeit danach hast' überstandn. Und mi werst aa no überlebn. – Aber na werdn's di in d'Aschntonna werfa. Weilst' hoit doch nimma da schönste Engl bist. Mach da nix draus; mi schmeißn's aa in d'Gruabn abi. – Am Heilign Abnd merkst' as eigentlich am deutlichstn, d'Einsamkeit. Unterm Jahr foits da gar net so auf. – *(Schweigen)*
Hoffentlich kummt d'Mausi heit zu mir. I taat mi ehrlich gfrein. Eigentlich hätt i doch wieder heiratn soin. Da Mensch taugt nix, wenn er alloa bleibt. Dees merkt ma aber erst, wenn ma oid is. Wenn i a Frau hätt, na waarn ma heit zu Zwoat. Dees waar vui scheena. Na waar's ma a wurscht, ob d'Mausi kaamat, oder net. Aber a so …
(Schweigen)
Ois junga Mensch is ma doch a glatter Depp. Ma lebt as Lebn a so dahi, ois wia wenn's ewig dauern taat. Ma macht se koane Gedankn. Ma denkt net ans Alter, wenn amoi d'Füaß und d'Augn auslassn. Wenn ma nimma gscheit hört und sich nix mehr merka konn. Ma werkelt und schaugt, daß ma zu was kimmt. Doch für wen eigentlich? Und für was? – Scheiße is', wenn ma oid werd. Koa Mensch hat mehr Interesse an oam. Wennst a Freindschaft wuist, na muaßt' zahln dafür. Und je älter daß'd werst, desto teierer werd d'Freindschaft.
(Schweigen)
Aber ins Altersheim bringt mi koa Sau net! Da gaangat i drauf. Dees is da Friedhof für Lebendige! *(nimmt einen Glasvogel aus der Schachtel)* Mei, dees Vogerl is aa no von früaher. Wia de Zeit vergeht? Ois Bua hab i's scho in da Hand ghabt. Und jetzt ois oida Depp halt i's wieda in da Hand. Ja Kruzifix, wo san denn de Jahrl bloß higanga? Dees war doch alles erst gestern? I hab doch gar net so lang glebt. Und jetzt soll i scho ans Sterbn denga? Naa, nia! I möchte no lebn! I hab ja no kaum glebt! I hab no Pläne! I bin no guat beim Zeigl! Herrschaftseitn, dees derf doch no net aus sei! *(Schweigen)*
Hoffentlich kommt d'Mausi heit. Vielleicht heiratn wir zwoa doch no? Na san ma nimma

so alloa. Zu Zwoat geht oiß leichter. – Daß' nix hörn laßt? Sie hätt scho längst o'ruafa könna. Sie werd doch net wo anders higeh? Wenn's heit net kimmt, na geh i zum Wirt und sauf ma an' Trumm Rausch o. Ehrlich!

(Schweigen)

Jetzt fangt's z'schneibn o. Ganz große Flockn. Schee is dees. Da werdn se alle Kinder frein. Und i frei mi genauso ois oida Depp. Da Schnee schaugt oiwei gleich aus. Der ändert se nia. Der war gwieß vor zehntausend Jahr aa scho so. Merkwürdig is dees. Bloß giftiger is er hoit. Aber ausschaugn tuat er genau so. Am liabstn gaang i auf d'Straß nunter und taat Schneeballschmeißn. Aber na taans mi wahrscheinlich nach Haar außi zu de Narrischn. Auf was ma im Alter net oiß verzichtn muaß? A Kreiz is dees. Und dabei taat mas genauso gern, wia früaha. I wissat aa no guat, was i mit am junga Madl o'fanga müaßt. Aber ois oida Mensch derf mas ganz einfach nimma. Und wenn's oana amoi wirkli tuat, na deit ma mit de Finga auf eahm. Ois oida Mensch hoaßt's zruckstecka und wenn's oam no so schwer o'kimmt.

(Schweigen)

Sodala, jetzt is er fertig. Schee is er wordn, mei Baam. Wia alle Jahr. – Und schneibn tuat's wia damisch. Wenn nur grad d'Mausi kaam. Dees waar mei Weihnachtswunsch. Und heit werad net lang umanand gfacklt; heit fragat i sie, obs mi heiratn taat. Sunst vergeht wieda a Jahr und auf oamoi waar's na gar. Mir zwoa kaanntn uns doch noch a paar scheene Jahrl macha. Heit, wo ma überall hifliagn ko. – Mausi, kimm! – I bitt Di gar schee. *(es klingelt)* Mausi! – Hoffentlich is' d'Mausi! – I bitt bloß um oans, daß' d'Mausi is! Weil nacha geht s'Lebn wieder weida …